내적치유 쉽게하는법

강요셉 지음

내적치유를 쉽게 빨리 바르게 받도록 알려주는 책

내적상처는 성도의 만가지 문제의 근원이다.
성도는 필수적으로 내적치유를 받아야한다.

내면의 상처가 치유되어야 아브라함의 복을 받는다.

성령출판사

내적치유
쉽게 하는 법

성령

들어가는 말

필자는 하나님의 은혜로 영성치유 사역을 14년 이상을 했습니다. 성도들을 영적으로 바꾸는 영적인 사역을 전문으로 하다가 보니 어떤 사역이 중요한가를 저절로 알게 되었습니다. 성도를 영적으로 바꾸는 사역에는 여러 가지가 있을 수 있습니다. 여러 사역 중에 내적치유는 참으로 중요한 사역입니다. 마음의 밭이 영적이 되어야 생명의 말씀의 씨앗이 떨어졌을 때 100배 60배 30배의 결실을 맺을 수가 있기 때문입니다.

필자가 그동안 내적치유를 받고 내적치유 사역을 하면서 체험한 바로는 내적치유는 2박 3일 받아서 상처가 치유되는 것이 아니더라는 것입니다. 바르게 성령이 깊은 역사로 치유 받는 것은 물론 중요합니다. 그래서 내적치유를 받으려면 자신이 내적치유의 원리를 터득하여 예배와 기도 시간을 이용하여 치유 받아야 한다는 것입니다.

내면의 상처치유를 내척치유 센터에서 받는 것으로 알고 치유 센터를 의지하면 평생 깊은 상처를 치유 받지 못할 수도 있습니다. 자신이 내적치유의 원리를 이해하고 스스로 예배드리면서, 기도하면서 치유 받는 것이 제일로 좋은 방법입니다. 이 방법이 빨리 상처를 치유 받을 수 있는 길입니다.

이 책에는 현재 실시되는 내적치유의 문제점을 지적하고 바른 해결책을 제시합니다. 스스로 바르고 빨리 내면의 상처를 치유 받을 수 있는 비결을 제시합니다.

물론 성령으로 세례를 받는 것도 중요합니다. 성령의 역사가 있어야 무의식의 상처를 내적치유 할 수 있기 때문입니다. 그런데 제가 성령치유 사역을 하다가 체험한 바로는 성령의 세례와 내적치유가 동시에 일어나는 경우가 많았습니다. 하나님은 성령으로 장악을 하면서 내면의 상처를 치유하시기 때문입니다.

그러므로 내적치유가 일어나지 않는 성령의 세례는 있을 수 없다는 것입니다. 반드시 성령의 역사 시에는 내적인 상처가 치유됩니다. 내적치유는 아담이 에덴동산에서 하나님과 함께 거닐면서 대화하던 영성으로 회복되는 것이기 때문입니다.

마음의 치유 없이는 하나님과 친밀한 영성에 도달할 수가 없다고 생각합니다. 이렇게 중요한 내적치유를 많은 목회자나 성도들이 바르게 알지 못하고 있는 것이 사실입니다.

필자가 이 책을 통하여 내적치유를 바르게 알고 적용하게 하여 에덴동산에서의 영성으로 회복하는데 적게나마 기여하고자, 그동안 내적치유사역을 하면서 나름대로 체험한 내용을 정리하여 한권의 책으로 완성하였습니다. 이 책을 통하여 내면의 상처를 치유 받아 영성을 깊게 하시기를 바랍니다.

주후 2014년 2월 20일

중만한 교회 성전에서

저자 강요셉목사.

내적치유 세부목차

들어가는 말

1부 내적치유 쉽게 바르게 받는 법

1장 상처로 일어나는 영육의 고통

(히 12:14-16)"모든 사람과 더불어 화평함과 거룩함을 따르라 이것이 없이는 아무도 주를 보지 못하리라. 너희는 하나님의 은혜에 이르지 못하는 자가 없도록 하고 또 쓴 뿌리가 나서 괴롭게 하여 많은 사람이 이로 말미암아 더럽게 되지 않게 하며, 음행하는 자와 혹 한 그릇 음식을 위하여 장자의 명분을 판 에서와 같이 망령된 자가 없도록 살피라"

하나님은 예수를 믿는 성도들이 마음의 상처를 치유하여 영성을 회복하기를 소원하십니다. 하지만 많은 성도들이 내면의 상처로 인하여 불필요한 고통을 당하면서 살아가는 분들이 많습니다. 하나님은 치유하시는 분입니다. 치유라고 하면 꼭 병이 들고 우울증이 생겨야 치유 받는 것으로 생각을 합니다. 필자가 말하는 치유는 하나님과 대화하면서 지내던 에덴동산의 영성을 회복하는 것을 치유라고 말합니다. 예수를 믿은 성도는 모두 치유의 대상입니다. 영성을 회복해야 하나님과 친밀하게 지낼 수 있기 때문입니다. 필자가 그동안 성령 사역을 하면서 체험한 바로 마음의 상처로 발생하는 영육의 고통은 이렇습니다.

1. 담임목사 설교에 상처를 잘 받는다.

많은 성도들이 담임목사 설교에 상처를 받는 다고 말합니다. 결론부터 말하면 본인에게 문제가 있는 것입니다. 문제가 무엇일까요? 성령이 충만하지 못하여 마음이 평안하지 않은 것입니다. 마음이 평안하지 못하니 조그마한 말에도 쉽게 상처를 받는 것입니다. 직설적으로 말하면 무의식에 상처가 많은 것입니다. 상처가 많으니 성령 충만을 받지 못하는 것입니다. 상처가 영의 통로를 막고 있기 때문입니다. 사람의 삼령의 상태에 따라 은혜를 받기도 하고 상처를 받기도 하는 것입니다.

이는 영적인 법칙입니다. 유유상종(類類相從)이라는 말을 들어보셨을 것입니다. 이 말은 상처는 상처를 끌어들이고, 성령의 은혜는 성령의 은혜를 끌어들인다는 것입니다. 자신의 마음에 상처가 있으니 상처가 자꾸 들어오는 것입니다. 그래서 담임목사님이 하시는 조그마한 말씀에도 예민하게 반응하여 상처를 받게 되는 것입니다.

제가 평신도 생활을 할 때 이런 체험을 했습니다. 담임 목사님이 하시는 말씀이 꼭 저에게 하는 말로 들립니다. 아니 가슴을 팍팍 찌릅니다. 가슴에 화살이 박히는 것과 같이 아픕니다. 그래서 왜 담임목사님은 나를 이렇게 못살게 하는 거야! 하면서 하소연을 하기도 했습니다. 그 당시에는 담임목사는 상처만 주는 분으로 생각을 했습니다. 그런데 제가 내적인 상처가 치유가 되고 성령이 충만 해지니 전에 상처를 받던 것과 동일한 말에도 상처를 받지 않았습니다.

이런 분들은 말씀과 성령으로 무의식의 상처를 치유하여 영성을 강하게 해야 합니다. 자신의 영이 약하기 때문에 상처가 들어오는 것입니다. 영성을 강화하면 상처가 들어오지 않습니다. 모든 문제가 자신의 마음에 있다는 것을 인정하고 지유를 받으면 빨리 회복이 될 것입니다. 깊은 영의기도를 하면서 성령을 충만하게 유지하면 더 이상 상처받지 않습니다.

2. 나이가 들면 몸의 이곳저곳이 아프다.

예수를 믿고 교회에 다니면서 열심히 기도하고 신앙생활을 잘하는 분들 중에 50살이 넘어가면서 온몸이 다 아프다고 하시는 분들이 있습니다. 심지어는 자신이 다니는 교회 목사님이 신유은사가 있어 안수를 받고 치유를 받아도 치유가 되지 않는 다고 하소연을 합니다. 몸이 아픈 다른 사람들은 목사님의 안수를 받고 치유가 되었다고 하는데 자신은 치유되지 않는 다는 것입니다. 왜 이렇게 온몸이 아프냐는 것입니다.

몸에 상처 때문입니다. 상처를 말씀과 성령으로 치유하여 배출을 했어야 하는데 그냥 지내다가 보니까 온몸에 퍼진 것입니다. 세상 한의학에서는 몸에 독이 쌓여있다고 합니다. 사람의 몸에 독이 쌓이는 원인 제공자는 스트레스, 환경의 영향, 음식이라고 합니다. 사람의 몸에 독소가 쌓인 것을 구분할 때 6단계로 구분을 합니다. 1-2단계는 피곤하고 졸리는 것입니다. 3-4단계는 소화기관에 문제가 생깁니다. 소화가 잘 안되고 배변이 잘되지 않습니다. 조그마한 일에도 짜증을 잘 내게 됩니다. 5-6단계는 성인 질병으로 나타납니다. 심장병, 당뇨병, 고혈압, 각종 암으로 나타납니다.

문제는 어떻게 치유하느냐 입니다. 우리는 예수를 믿음으로 치유받기가 쉽습니다. 먼저 성령으로 세례를 받아야 합니다. 성령으로 세례 받고 마음의 상처를 치유해야 합니다. 내적인 상처를 치유하는데 이성적인 치유가 아니라 영적인 치유를 받아야 합니다. 지금 교계에는 이성적인 내적치유를 하는 곳이 많습니다. 이성적인 치유를 받으면 근원이 치유되지 않습니다.

영적인 치유란 성령께서 하시는 치유로서 상처를 드러내어 밖으로 배출하는 것입니다. 배출은 기침이나 하품, 토함, 트림, 울음, 재채기 등등을 통해서 몸 안에 쌓여있는 상처(사기)를 배출해야 합니다. 상당한 기간 동안 지속적으로 상처를 밖으로 배출해야 합니다. 시간이 걸리는 일입니다. 절대로 단기간에 되지 않습니다. 마음을 느긋하게 먹어야 합니다.

저는 항상 강조하는 것이 성도는 상처를 마음과 육체에 쌓이게 하지 말아야 한다고 합니다. 미리미리 예방신앙을 하라는 것입니다. 자신의 몸에 이상증세가 나타난 다음에 치유 받으려고 하면 그만큼 시간이 많이 걸리게 됩니다. 그래서 주일을 잘 활용해야 합니다. 주일날 성령이 충만한 예배를 드리면서 치유 받는 것입니다. 하나님께 예배도 드리고, 성령 충만도 받고, 말씀으로 영도 깨우고, 말씀과 성령으로 내적인 상처를 치유 받는 것입니다. 우리 충만한 교회는 매주일 오전에는 40분 이상, 오후에는 50분 이상 기도하면서 성령 충만 받고, 성령의 역사로 내적인 상처를 밖으로 배출하는 기도를 합니다.

3. 항상 마음이 답답하다.

신앙생활을 오래하신 분들 중에 마음이 답답해서 미치겠다고 하시는 분들이 있습니다. 답답함을 치유하려고 이곳저곳 방황하는 분들도 있습니다. 성령이 충만하고 능력이 있다는 이곳저곳을 돌아다녀도 좀처럼 해결되지 않습니다. 저의 개인적인 생각으로는 마음 안에 계신 성령님이 상처와 육에 눌려서 답답해하시는 것이라고 생각을 합니다. 자신의 영이 자기 기능을 다하지 못하기 때문에 답답한 것입니다. 한 마디로 영의 질병이 발생한 것입니다. 이러한 상태를 치유 받아 해방되지 않으면 육체의 질병으로 나타납니다. 빨리 영적인 치유를 받아야 합니다.

우리가 치유를 받으려면 무엇이 답답하게 하는지 원인을 알아야 합니다. 원인을 바르게 알아야 치유를 받을 수 있기 때문입니다. 답답하게 하는 원인은 첫째, 마음의 상처 때문입니다. 상처가 영을 누르고 압박하고 있기 때문입니다. 둘째는 영적인 문제입니다. 마음을 답답하게 하는 귀신이 있다는 것입니다. 저는 매주 토요일 날 집중 치유를 합니다.

집중 치유할 때 다수의 성도(목사, 사모, 권사)가 "아이고 답답해 아이고 답답해"합니다. 성령을 체험하고 성령의 역사로 내면의 상처가 치유되면 제가 답답하게 하는 귀신을 축귀합니다. 그러면 귀신들이 떠나갑니다. 한참 귀신이 떠나가면 "아이고 시원해 아이고 시원해"하면서 기도합니다.

이렇게 몇 번만 치유하면 가슴이 뻥 뚫리면서 깊은 영의기도가 열립니다. 원인이 없는 문제는 없습니다. 원인을 찾으면 치유는 쉽습니다. 이렇게 마음이 답답한 분들은 단기 치유가 불가능합니다. 성령이 심령을 장악하는 시간이 많이 걸리기 때문입니다. 이렇게 전문적인 치유를 받아야 빨리 해방될 수가 있습니다. 순간 치유 받으려고 이곳저곳을 다녀도 쉽게 해결되지 않습니다.

반드시 강한 성령의 역사와 깊은 곳의 상처를 치유하는 목회자가 인도하는 집회에 참석하여 본인도 기도하고 안수도 받아야 합니다. 우선 성령의 강한 역사가 있어서 치유되기 시작하기 때문입니다. 어느 정도 마음이 열리고 성령의 역사가 자신을 장악하면 집중치유를 받으면 좀 더 빨리 해방될 수가 있습니다.

토요일날 하는 집중치유는 이런 분들을 위해서 하는 것입니다. 너무 강하게 묶여서 힘든 분들이 받는 사역입니다.

4. 영이 만족을 못하여 방황한다.

　방황하는 성도들의 보편적인 문제는 영의 통로가 막혀 영의 만족을 누리지 못하기 때문에 방황합니다. 사람은 영적인 존재이기 때문에 영의 만족을 누리려는 노력을 하게 됩니다. 저는 강북에 있는 믿음교회 김 권사입니다. 저는 영적으로 갈급하여 참으로 방황을 많이 했습니다. 교회에서 목사님은 열심히 하면 형통해진다고 하여 무조건 열심히 신앙생활을 했습니다. 열심히 하면 하나님이 다 해주실 줄 믿었습니다. 새벽기도를 빠뜨리지 않고 열심히 다녔습니다. 예배는 모두 빠지지 않고 열심히 참석을 했습니다. 십일조 한번을 거르지 않고 했습니다. 교회 행사를 하면 앞장서서 봉사를 했습니다. 구역장을 10년 넘게 봉사를 했고, 여전도회장을 2년을 했습니다. 교회를 건축 할 때 건축헌금도 드렸습니다. 누구든지 밖으로 보면 정말로 모범적인 성도였습니다. 이렇게 열심히 하는데 문제 하나가 있었습니다. 저의 심령이 날마다 갈급한 것입니다. 무엇인지 모르게 항상 갈급했습니다. 마음에 채워지지 않은 그 무엇이 있었습니다. 그래서 교회에 가서 기도를 하면 조금 나아지는가 싶다가 조금 지나면 다시 갈급한 것입니다. 그래서 국민일보를 보고 성령과 영성 집회를 한다는 광고만 보면 찾아가서 은혜를 받았습니다. 그런데 문제는 그때 뿐 이었다는 것입니다. 다시 갈급해지는 것입니다. 어느 영성원에는 거의 2년을 다녔습니다. 그래도 해소가 되지를 않았습니다. 사람들은 성령의 불을 받아야 한다고 해서 성령의 불을 받으려고 성령의 불의 역사가 있다는 곳은 다 다녔습니다. 그래도 심령이 갈급한 것은 마찬가지 이였습니다. 우연하게 서점에 갔다가 "**하나님의 복을 전이 받는 법**"이라는 책을 보니 마음에 감동이 와서 사다가 읽었습니다. 읽어 보니, 한번 가보고 싶은 생각이 들었습니다. 전화를 해보니 매주 집회가 있다는 것입니다. 사모함으로 집회에 참석해서 인지 첫날부터 말씀과 성령의 역사에 은혜를 받았습니다. 집회에 참석한지 이틀이 지난 후였습니다. 오후 시간이었습니다. 사모님이 찬양을 인도하셨습니다. 마음을 열고 영으로 찬양을 불렀습니다. 찬양을 부르는 중에 마음속에서 뜨거운 기운이 올라오는 것을 느꼈습니다. 연이어 강요셉 목사님이 전하시는 영성과 성령세례에 관한 말씀을 들을 때 너무나 은혜를 받았습니다. 말씀 속에 제가 끌려들어가는 체험을 했습니다. 말씀에 은혜를 받으니 마음이 열렸습니다. 말씀을 마치시고 일어서서 자신의 의자 앞에 서서 찬양을 하라고 했습니다.

그래서 일어서서 찬송을 불렀습니다. 같은 찬송을 반복해서 부르게 하셨습니다. 찬송을 반복해서 부르는데 여기저기서 소리를 지르고 흐느끼면서 울부짖었습니다. 저 역시 몸을 가누지 못할 정도로 몸이 앞뒤로 흔들렸습니다. 가슴이 답답해졌습니다. 가슴에서 불덩어리가 올라오는 느낌을 받았습니다. 눈에서는 계속 눈물이 흘러 내렸습니다. 그러면서 서러움이 속에서 올라왔습니다. 그래서 울음을 참지 못하고 터트렸습니다. 막 울었습니다.

몸은 가누지 못할 정도로 흔들렸습니다.

도저히 서서 찬송을 부르지 못할 지경에 이르렀습니다. 그래서 의자에 앉아서 찬송을 불렀습니다. 이제 몸에 진동이 오기 시작을 했습니다. 막 떨리는 것 이었습니다. 나도 모르게 막 팔을 흔들면서 소리를 질렀습니다. 그러면서 방언이 터졌습니다. 방언을 하면서 진동이 더 강하게 일어났습니다. 의자에서 30cm 정도 뛰면서 기도를 했습니다. 그러다가 중심을 잃고 의자 아래로 떨어졌습니다. 그러자 강요셉 목사님이 오셔서 안수를 해주셨습니다. 안수를 하면서 더 강하게 역사하여 주시옵소서. 하고 기도하니까, 제 속에서 비명이 나왔습니다.

그러면서 몸이 뒤틀리기 시작을 했습니다. 정말 내가 감당할 수 없었습니다. 몸이 뒤틀리면서 속에서 괴성이 계속 나왔습니다. 그러니까 강 목사님은 성령님 더 강하게 역사하여 주시옵소서. 하시면서 안수를 하셨습니다. 그러자 제 다리가 머리위로 올라오면서 발작을 했습니다. 자연히 그런 현상이 일어나니 제가 의자를 모두 차고 다니면서 발작을 했습니다. 아마 그때 충만한 교회 의자를 모두 차고 다녔을 것입니다. 어느 정도 시간이 경과되니 몸이 안정이 되는 것을 체험하게 되었습니다. 그러자 강 목사님이 "지금까지 이렇게 진동하게 한 더러운 영은 기침으로 떠나갈지어다" 하며 명령을 하시는 것이었습니다.

그러자 기침을 멈출 수가 없을 정도로 기침이 많이 나왔습니다. 기침을 하는데 가슴이 뻥하고 뚫리는 기분이 들었습니다. 정말로 시원했습니다. 십년 묵은 체증이 내려가는 기분이었습니다. 한참 기침을 하고 나니 이제 속에서 방언이 나오는 것입니다. 제가 그때까지 하던 방언소리와 다른 방언이 터져 나왔습니다. 방언을 한참 했습니다. 그러자 온몸이 뜨거워지는 것입니다. 내 몸이 불덩어리가 되는 것 같은 기분이 들었습니다. 너무 뜨거워서 성령님 너무 뜨겁습니다. 하며 소리를 질렀습니다. 한참을 그렇게 지내다가 잠잠해졌습니다. 그러나 몸은 여전히 뜨거운 것이었습니다. 그때 강 목사님이 저에게 이게 성령의 불세례라는 것입니다. 오늘이야 성령의 불세례를 받았습니다. 오늘 드디어 영의 통로가 열렸습니다. 그러시는 것입니다. 정말 생전 처음 그런 신비한 현상을 체험했습니다.

기도를 하는데 정말로 은혜롭게 술술 나왔습니다. 그 이후로 말씀을 보면 너무나 꿀맛입니다. 기도가 저절로 되었습니다. 항상 입술에는 찬양이 넘치고 있습니다. 혈기가 사라지고 있습니다. 마음이 너무나 평안해 졌습니다. 십년동안 기도하던 소원이 성취되었습니다. 지금 삼 개월을 다니고 있습니다. 너무나 평안합니다. 강 목사님이 하시는 말씀이 무조건 열심히 하는 신앙은 사람을 변화시키지 못합니다. 기독교는 머리로 아는 종교가 아니고 알고 느끼고 나타나는 생명의 종교라는 것입니다. 알고 있는 만큼 변하는 것이 눈으로 보이고 몸으로 느껴야 한다는 것입니다. 그래서 성령으로 충만하여 영의 통로가 열려야 한다는 것입니다. 그 다음에 성령의 인도를 받으며 열심히 해야 심령이 변하고 환경이 변하면서 영적으로 깊어집니다. 사람은 영적인 존재이기 때문에 영의 통로가 열려 영의 만족을 누려야 방황을 멈춘다는 것입니다. 지금 저는 뼈에 사무치게 느끼고 있습니다. 마음이 편안해지니 정말로 마음의 천국을 누리고 있습니다. 모두 말씀과 성령으로 영의통로를 뚫어야 영의 만족을 느낍니다.

5. 열심히 믿음생활해도 변하지 않는다.

저는 이렇게 말합니다. 예수를 믿고 교회에 들어와 기도하면서 성령의 세례를 받아 성령의 인도를 받는 성도는 변하게 되어 있다는 것입니다. 변하지 않는다면 무엇인가 문제가 있으니 찾아서 해결하라고 권면을 잘 합니다. 성도는 변해야 합니다. 저를 변하게 하신 하나님께 영광을 돌립니다. 제대로 성령을 체험하지 못하고 입만 가지고 믿음 생활을 했습니다. 한 마디로 교회는 다니지만 상처가 많아 하나님과 영의통로가 꽉 막힌 것입니다. 상처로 인하여 영의통로가 막히니 심령이 치유되지 못한 것입니다. 치유 되지 못한 마음 깊은 곳에 저도 잘 모르는 응어리 분노의 상처가 미움이란 탈을 쓰고 나타나 남편을 사랑하지 못했습니다. 미움만 주고받아 늘 평안함 보다 부부의 불화가 더 많았습니다. 강요셉 목사님이 상처치유를 위하여 안수하실 때 가슴을 뜯어내는 성령의 강하고 깊은 불세례를 체험하였습니다.

생전처음 그렇게 뜨거운 불의 역사를 체험 했습니다. 성령의 불이 임하니 기침을 하면서 분노의 영들이 떠나갔습니다. 손과 발, 사지가 꼬이면서 귀신들이 떠나가는 체험을 했습니다. 괴성을 얼마나 질렀는지 모릅니다. 정말 창피한 줄도 모르고 괴성을 사정없이 질렀습니다. 이것이 다 내 안에 잠재해있는 분노의 상처들인 것입니다. 강 목사님의 강한 치유 안수기도 중 가슴이 뜯기는 아픔과 함께 기침으로 어떤 뭉치 같은 것이 쏟아졌습니다. 그다음부터 제가 스스로 축귀를 했습니다.

목사님이 알려 주신대로 호흡을 들이쉬고 내쉬면서 성령의 임재를 요청하여 성령의 임재가 충만해지면 옛날 상처를 받던 모습을 영상기도를 했습니다. 영상기도를 하면서 회개와 용서를 했습니다. 그러면서 마음으로 명령을 했습니다. 나에게 들어와 혈기를 발하게 하는 귀신은 예수 이름으로 명하노니 떠나가라. 명령을 했습니다. 그러니 아랫배가 아프면서 하품이 말도 못하게 나왔습니다. 또 성령께서 분노의 영을 축귀하라고 하셨습니다. 나에게 들어와 분노하게 하는 귀신은 예수 이름으로 명하노니 떠나가라. 명령을 했습니다. 그러니 기침이 사정없이 나오면서 귀신들이 떠나갔습니다. 속에서 악을 쓰는 소리가 나면서 귀신들이 기침으로 떠나갔습니다. 갑자기 우리 부부관계가 나빠진 것도 귀신의 역사라는 생각이 들었습니다.

그래서 나에게 들어와 부부관계를 파괴하는 귀신은 예수 이름으로 명하노니 떠나가라. 명령을 했습니다. 가슴이 터질듯이 아프더니 재채기를 통하여 귀신이 떠나가는 것입니다. 이렇게 날마다 기도를 하면서 축귀를 하고 나니 남편을 향한 미움이 없어지는 것 이었습니다. 차츰 하나님의 사랑이 차면서 다툼도 거의 없으며, 똑같은 상황인데도 전에는 말대꾸하고 마음이 상했는데, 이제는 저도 모르게 속에서 온유의 마음으로 대하게 되니 집안에 다시 평안이 감돌고 있습니다. 예수님을 믿고 나서 용서와 사랑을 배웠지만 실천이 되지 않아 늘 갈등했는데 성령님의 강한 역사로 귀신들이 떠나간 날부터 남편을 대하는 저의 마음이 눈에 띄게 변해 갔습니다. 남편이 저에게 하는 말이 이제야 예수를 믿는 사람답다는 것입니다. 확실한 체험으로 몸의 증거를 주시면서 미움을 몰아내니 미워할래야 미워 할 수가 없으니 참으로 신기하고 감사합니다.

이젠 마음이 부드러운 사람으로 변하게 해달라는 말씀으로 목사님이 기도해 주실 때 그 말씀 붙잡고 몸부림치는 저를 하나님께서 불쌍히 여기사 치료해 주실 줄 믿습니다. 마음이 넉넉해지고 하나님의 사랑이 가득하게 되면 모든 일에 자신감이 있고 누구든지 감쌀 수 있는 넉넉한 사람이 되고 싶은 것이 저의 소망이었는데 이제야 이루어지고 있습니다. "예수님의 새 계명 내가 너희를 사랑한 것같이 너희도 서로 사랑하라"를 지킬 수 있으니 얼마나 감사한지요, 가장 힘든 가까운 남편을 도구로 사용하신 하나님 내가 얼마나 부족했으면 남편하나 용납하고 섬기지 못하였으나 끝까지 참으시고 나를 훈련시키시고 사랑의 사람이 되게 하신 하나님께 감사드립니다. 영의통로가 열려 마음에 평안을 느끼게 하신 하나님께 영광을 돌립니다.

6. 조그만 일에도 화를 잘 낸다.

마음에 상처가 있으면 조그마한 일에도 혈기나 분노를 잘 냅니다. 순간순간 화를 잘 냅니다. 그래서 마음의 상처는 만가지 문제의 원인이라는 것입니다. 저는 어렸을 때의 환경이 아주 좋지 못했던 안수 집사입니다. 상처로 인하여 마음 안에 계신 하나님과 영의통로가 막혀서 예수를 믿어도 변화되지 못하고 못된 짓만 했습니다. 제 안에 자리하고 있던 치유되지 않은 분노로 인하여 교회에서 목사님을 몰아내는 일등공신을 하는 집사였습니다. 그러다가 현재의 목사님을 쫓아내려고 목사님을 괴롭히다가 목사님의 조언을 듣고 내적 치유 받고 이제야 성도가 된 안수집사입니다. 정말 안수 집사라는 직분이 아까운 집사였습니다. 그래도 공무원으로 시청에서 과장급으로 근무를 하는 사람입니다.

그런데 이상하게 저에게는 윗사람을 보거나 대화를 하다 보면 가슴이 답답하고 분노가 올라오는 것입니다. 그래서 직장에서는 어떻게 할 수가 없고 교회에서 목사님들의 약점을 물고 늘어져 목사님들에게 화풀이를 했습니다. 이제 저의 성장 과정을 이야기하겠습니다. 이 이야기는 저의 집사람도 잘 모르는 이야기입니다. 저는 고아원에서 자랐습니다. 제가 초등학교 오학년 때 저의 어머니가 돌아 가셨습니다. 아버지는 가끔 술을 드시고 집에 들어와서 어머니를 괴롭히는 것입니다. 그리고 어머니가 힘들게 벌어놓은 돈을 모두 가지고 나가는 것입니다. 이런 모습을 볼 때 마다 아버지를 죽이고 싶을 때도 있었습니다.

그런데 어머니가 아버지에게 심한 고통을 당하다가 중병이 걸려 돌아가신 것입니다. 그당시 제 아래로 동생들이 넷이나 있었습니다. 아버지는 집을 나가신지 오래 되었는데도 나타나지를 않으니 어떻게 할 수가 없으니까, 동네 사람들이 저희들을 고아원에 데려다 주었습니다. 그래서 여러 고아원으로 흩어져서 자랐습니다. 저는 고아원에서 고등학교까지 공부를 시켜주어서 공무원 시험에 합격하여 공무원이 되었습니다. 그러다가 예수를 믿는 지금 집사람을 만나 결혼을 했습니다. 집사람을 따라서 열심히 신앙생활을 해서 안수집사로서 안수도 받았습니다.

그런데 지금 저의 아버지가 저를 찾아와서 저의 집에 함께 기거하고 계십니다. 그런데 건강한 상태에서 오신 것이 아니고 중풍이 걸려서 오신 것입니다. 제가 시청에서 일을 마치고 아파트를 열고 들어가면 소파에 아버지가 계실 때도 있습니다. 그런데 그 때마다 저에게서 분노가 치솟아 올라, 아버지를 들어서 베란다 밖으로 던져 버리고 싶은 적이 한두 번이 아닙니다. 이렇게 분노가 많으니까, 기도도 잘 되지 않고 목사님들의 설교도 들리지를 않는 것입니다. 그러니까 죄 없는 목사님들의 흠집을 잡아가지고 교회를 나가시게 한 것이 한두 번이 아닙니다.

그러다가 지금 목사님도 나가시도록 하려고 대화하다가 분위기가 반전되어 저의 이야기를 들은 목사님이 저에게 휴가를 내어 내적치유를 한번 받아보라고 권면하셨습니다. 그래서 내적치유를 받게 된 것입니다. 내적치유를 받으면서 수없이 울었습니다. 저의 잘못을 회개 했습니다. 수없는 상처들이 떠나갔습니다. 그러면서 분노의 영들이 소리를 지르면서 떠나갔습니다. 그러면서 내면세계에 대하여 깨닫게 되었습니다.

예수를 믿는 성도라도 상처 뒤에 귀신이 있다는 것도 인정하게 되었습니다. 제가 지금까지 마귀의 하수인 노릇을 많이 했다는 것도 알게 되었습니다. 내적치유의 중요성을 알았습니다. 지금까지 목사님들이 문제가 아니었고 전부 저에게 문제가 있었다는 것을 깨달아 알았습니다. 이렇게 3박 4일 이지만 내적치유를 통하여 저의 인생에 많은 변화를 느꼈습니다.

제일 중요한 것은 내 안에 계신 하나님과 영의 통로가 뚫렸다는 것입니다. 그래서 지금은 우리 교회 성도들에게 내적치유 받을 것을 권면합니다. 정말 하나님께 감사를 드립니다. 내적치유를 알게 하신 목사님께도 감사를 드립니다. 그리고 용서를 빕니다. 영적인 세계와 내면세계를 모르고 저지른 죄악을 회개합니다.

7. 기도가 깊어지지 않는다.

저는 항상 믿음 생활하기가 너무나 힘들다고 불평하며 지낸 집사입니다. 제일 힘이 드는 것이 기도였습니다. 좀처럼 기도하기가 쉽지가 않았습니다. 다른 성도들은 몇 시간씩 기도를 한다고 자랑을 하는데 저는 십 분을 하지 못했습니다. 집안에 일이 있어서 새벽기도에 가도 기도가 되지를 않아 그냥오기 일수였습니다. 기도를 하지 못하니 자연히 마음이 답답해지고 조그마한 소리에도 혈기를 잘 내는 것입니다. 남편이 한 마디 하면 저는 세 마디로 대꾸를 합니다. 남편은 교회 다니는 집사가 어떻게 그렇게 혈기가 심하냐고 할 정도입니다. 저도 혈기를 내지 말아야 하겠다고 생각은 합니다. 그러나 막상 사람과의 관계에서는 절제가 되지 않았습니다. 그래서 왜 제가 기도가 되지 않고 마음이 답답하고 혈기가 심할까! 혼자 고민을 하는데 구역 예배에 갔다가 구역장이 저의 이야기를 듣고 충만한 교회를 소개하여 주었습니다. 그래서 홈페이지에 들어가서 프로그램을 보고 집회에 참석을 했습니다. 집회에 하루 참석하여 말씀을 듣고 기도하니 조금 나아지는 것 같았습니다. 다음날 상담을 신청하여 저의 상태를 강 목사님에게 말씀을 드렸습니다. 강 목사님이 하시는 말씀이 마음의 상처로 인하여 영의 통로가 막혀서 기도도 안 되고 혈기도 심하다는 것입니다. 이런 상태로 계속 살아가다가 갱년기에 들어서면 육체의 질병과 우울증으로 고생을 할 것이라고 했습니다. 육신의 건강을 위해서라도 영의 통로를 뚫고 상처를 치유해야 한다는 것입니다. 어떻게 하면 영의 통로가 뚫리느냐고 질문을 했더니 계속 참석하면서 말씀을 듣고 기도를 하면 된다고 하시면서 기도 방법을 바꾸어 보라고 하셨습니다. 그냥 호흡을 들이쉬고 내쉬면서 배에서 나오는 소리로 주여! 주여! 주여! 를 계속하면 성령의 역사가 일어나 영의 통로가 자연스럽게 뚫리게 된다는 것입니다. 절대로 욕심을 부린다고 빨리 뚫리는 것이 아니니 성령께서 하라는 대로 따라가라는 것입니다. 그렇게 순종하고 기도하면 목사님이 돌아다니면서 안수하여 영의 통로가 뚫리도록 해준다는 것입니다. 그래서 순종하기로 했습니다. 무엇보다 두려운 것은 갱년기에 질병과 우울증으로 고통을 당할 수도 있다는 말 이였습니다.

집회에 참석하여 전하는 말씀을 열심히 들었습니다. 말씀을 들을 때 저의 가슴이 답답해지는 것을 느꼈습니다. 그래서 나는 이상했지만 성령의 역사로 인하여 나타나는 현상이라는 것을 알았습니다. 말씀을 듣고 찬양을 부르고 기도 시간이 되었습니다. 강 목사님이 알려주신 대로 숨을 들이쉬고 내쉬면서 배에서 나오는 소리를 열심히 했습니다. 숨을 들이쉬고 내쉬면서 배에서 나오는 소리로 주여! 주여! 주여! 를 계속했습니다. 이렇게 기도에 몰입을 했습니다. 그러자 저에게 진동이 오기 시작을 했습니다. 손이 떨리기 시작을 하더니 온몸이 떨리는 것입니다. 그래도 기도에 몰입을 했습니다. 그러자 이제 손가락이 움추러들고, 오그라드는 것입니다. 그러면서 제 몸이 뒤틀리는 현상이 일어나는 것입니다. 가슴이 답답해 오는 것입니다. 이제 제의지로 무엇을 할 수가 없었습니다. 성령이 역사하는 대로 따라서 기도를 했습니다. 그러니까 제 안에서 불이 올라오는 것입니다.

아주 뜨거운 불이 올라옵니다. 온몸이 뜨거워집니다. 얼굴이 뜨거워집니다. 몸이 뒤틀립니다. 아주 정신을 차릴 수가 없이 성령이 역사를 하는 것입니다. 그러기를 한 30분 한 것 같습니다.

이제 제가 잠잠해지기 시작을 했습니다. 그러자 강 목사님이 오셔서 안수해 주셨습니다. "이렇게 뒤틀리게 했던 더러운 영은 물러갈지어다." "기침을 통해서 떠나갈지어다." 하며 명령을 했습니다. 그러자 기침이 사정없이 나오는 것입니다. 그러면서 내 속에서 방언기도가 터져 나오는 것입니다.

그때 나에게 감동이 오기를 이제 성령의 불세례를 체험하고 영에서 나오는 방언을 하는 것이라는 것입니다. 영의 통로가 뚫렸다는 생각이 나를 주장했습니다. 너무나 감사했습니다. 그래서 계속 방언기도를 하니 몸이 가벼워지며 머리가 상쾌해졌습니다. 너무나 좋아서 지금 두 달째 다니고 있습니다. 말로 표현 못하는 평안을 느끼고 있습니다. 성격이 유순해졌습니다. 혈기가 없어졌습니다. 기도 시간이 즐거워집니다. 저의 남편이 이제 집사 같다는 것입니다. 제가 지금 느끼는 것은 바른 신앙지도를 받으면 좀 더 빨리 깊이 있고 변화된 성도가 될 수 있다는 것입니다. 정말 하나님의 평안을 몸으로 느끼면서 삶을 살아가고 있습니다.

8. 혈기나 분이 많아진다.

저는 무조건 열심히 하는 행위중심의 신앙생활을 했습니다. 성령 체험도 몰랐습니다. 그렇게 열심히 신앙생활을 했는데 남은 것은 혈기와 무릎 관절통증과 아랫배 통증, 두통, 비염, 좌우지간 여러 가지 질병으로 고생을 하며 지냈습니다. 그러던 어느날 남편 목사님께서 내적치유에 대한 책을 한권 사다주면서 읽어보라고 해서 읽어보는데 웬지 모르게 속에서 서러움이 올라오는 것입니다. 그래서 남편에게 이야기를 했더니 다시 내적치유 테이프를 구입하여 들으라고 하는 것입니다. 테이프를 들으면서 수 없이 울었습니다. 아랫배가 아프고 머리가 어지러운 현상이 일어났습니다. 그래서 남편에게 이야기를 했더니 자신하고 같이 서울에 있는 충만한 교회에 가서 치유를 받자고 했습니다. 그래서 남편 따라서 치유를 받게 되었습니다.

그런데 하루가 지나고 이틀이 지나는데 정말 머리가 아프고 괴로워서 가지 못할 정도까지 되었습니다. 그래서 남편보고 못가겠다고 했더니, 지금 포기하면 영영 치유 받지 못하니 괴로워도 같이 가자고 했습니다. 그래서 남편의 부축을 받고 충만한 교회에 가서 치유를 받았습니다. 그런데 그날은 오후 시간에 태중의 상처를 치유 받는 시간 이였습니다. 강 목사님으로부터 태중의 상처에 대한 강의를 듣고 안수기도를 받으니까, 갑자기 두려움이 찾아오는 것입니다. 그리고 사람들의 싸우는 소리가 들리는 것입니다.

그러면서 제가 무의식적으로 귀를 막으면서 시끄러워하면서 조용히 하지 않으면 찔러죽일 거야 하는 것입니다. 그러면서 환상이 보이는 데 남자가 여자를 때리면서 싸우는 모습을 보여주시는 것입니다. 너무나 큰 두려움이 저를 장악하면서 저의 목이 다리 사이로 들어가면서 움추러드는 것입니다. 그러면서 소리를 막지르는 것입니다. 그러니까 사모님이 오셔서 안수를 해주시면서 지금 태중에서 일어나는 현상을 치유하면서 나타나는 현상이니 두려워하지 말고 성령의 역사에 따르라고 했습니다. 그러면서 안수를 해주셨습니다. 그러자 제 속에서 큰 소리를 지르면서 상처들이 막 떠나갔습니다. 기침을 한 시간 정도 했을 것입니다. 그러고 나니 머리 아픈 것과 어지러운 현상이 없어지고, 마음이 평안하고, 정말 날아갈 정도로 몸이 가벼워지는 것입니다. 한마디로 성령을 체험하여 영의통로가 열린 것입니다. 그런데 남편은 웬지는 몰라도 금식을 하면서 다니는 것입니다. 나중에 안 사실인데 남편 역시 상처가 드러나서 괴로우니까, 금식을 한 것이라고 했습니다.

그러면서 저보고 좀 더 다니면서 치유를 받자고 했습니다. 그래서 저도 태중의 상처를 치유 받고 너무나 좋아서 한 십 개월 정도 다니면서 강요셉 목사님이 집회에 사용하시는 세미나 교재를 다 배우고, 분노와 혈기도 치유 받고, 질병도 완전하게 치유 받고, 여러 가지 성령의 은사와 능력도 받았습니다. 이제 저도 사람을 보면 심령이 읽어지고 손을 얹으면 치유가 일어납니다. 그러니 우리 교회 여성 성도들이 얼마나 저에게 안수를 받으려고 하는지 모릅니다. 그래서 제가 늘 마음으로 하는 말이 사모도 능력이 있어야 성도들에게 대접을 받는 것이구나 하면서 주님에게 쓰임 받고 있습니다. 그러면서 역시 영적인 일은 시간과 물질을 투자해야 된다고 느끼면서 남편 목사님의 목회를 돕고 있습니다. 정말로 감사할 일입니다. 제가 이렇게 되리라고는 생각을 하지 못했습니다.

9.여러 질병으로 고통당한다.

저는 20년이 넘도록 악성 빈혈과 심장병, 우울증으로 고통을 당하면서 지냈습니다. 그러다 성령님의 인도로 충만한 교회 강요섭 목사님을 만나 치유 받고 새로운 삶을 살고 있는 여 목회자입니다. 제가 목회자가 된 것도 이 질병 때문에 된 것입니다. 어느 분이 예언을 하는데 목회자의 사명이 있는데 사명을 감당하지 않으니 그런 질병으로 고통을 당한다는 것입니다. 만약 순종하면 질병은 금방 치유가 된다는 말을 믿고 신학을 하여 목회자가 된 것입니다. 그런데 목회자가 되니까 몸이 더 심하게 아픈 것입니다.

만약 이 간증을 읽는 분이 저와 같은 경우라면 절대 속지 말고 내적치유를 받으시기를 바랍니다. 그리고 성령으로 세례를 받고 영의 통로를 뚫으시기 바랍니다. 저의 체험으로 목회자가 된다고 질병이 치유되는 것이 아닙니다. 또한 여러 문제도 해결되는 것이 절대로 아닙니다. 직접 치유를 받아야 해결되는 것이라는 것을 저는 뼈저리게 체험했습니다. 좌우지간 저는 국민일보 광고를 보니 제가 사는 근처에서 강요섭 목사님이 오셔서 치유집회를 한다는 광고를 보고 참석하여 첫날부터 많은 은혜를 받았습니다. 그때까지 체험하지 못한 여러 가지 체험을 했습니다.

수많은 상처들이 떠나갔습니다. 귀신들도 많이 떠나갔습니다. 점점 몸이 가벼워지고 우울한 기분이 사라지는 것을 체험적으로 느꼈습니다. 그래서 집중 치유를 받겠다는 욕심을 가지고 충만한 교회에 등록을 하여 치유를 받았습니다. 특히 충만한 교회는 주일 오후 예배에 집중 치유하는 시간이 있는데 이때 성령의 역사가 강하게 일어납니다. 그 시간에 더 많은 상처를 치유 받은 것 같습니다. 정말 말로 표현 못하는 현상을 하면서 상처가 치유되었습니다. 점점 빈혈이 없어지고 가슴이 답답한 것도 사라지는 것입니다. 제가 이렇게 몸이 건강해지니 남편도 너무나 좋아하는 것입니다. 그래서 몇 개월간 치유를 받다가 병원에 가서 검진을 받아보니 모두 정상으로 나오는 것입니다. 그래서 참 신기하기도하다, 그렇게 많은 세월 약을 먹고, 나름대로 치유를 받겠다고 여기저기 다녔는데도 해결 받지 못했는데, 충만한 교회에 와서 집중적으로 내적치유를 받고 건강하게 되니 얼마나 감사한지 모릅니다. 그런데 제가 치유 받으면서 여러 환상을 보았습니다.

엄마가 저를 임신하고 괴로우니까, 저를 지우려고 하는 것입니다. 그때 충격으로 상처가 되어 우울증과 심장병에 혈액의 문제까지 당하고 세상을 산 것입니다. 그런데 치유를 받으면서 부모님을 용서하고, 그 때 생긴 태중의 상처를 치유하고, 두려워할 때 들어온 귀신들을 축사하고 나니, 난치의 질병들이 치유가 된 것입니다. 태중에서 상처가 있으니까, 계속 연속적으로 두려워하고 놀라는 일만 생기는 것입니다. 아버지와 어머니가 사고로 한꺼번에 돌아가셨습니다. 그때 얼마나 큰 충격을 받았는지 모릅니다. 그래서 저의 나이 스물에 소녀 가장이 된 것입니다. 그 모든 상처들을 하나님이 치유하여 주셨습니다. 앞으로 저같이 상처로 고생하는 사람들을 치유하는 사역자가 되겠습니다.

2장 내적치유 쉽게 바르게 받는 방법

(살전 5:23)"평강의 하나님이 친히 너희를 온전히 거룩하게 하시고 또 너희의 온 영과 혼과 몸이 우리 주 예수 그리스도께서 강림하실 때에 흠 없게 보전되기를 원하노라"

내적치유는 생명의 말씀과 성령께서 하시는 깊은 차원의 치유입니다. 무의식 깊은 곳의 아픔, 마음의 상처를 치유하는 것입니다. 성령의 깊은 임재로 사역하는 잠재의식, 무의식의 치유입니다. 또 내적치유는 인간관계의 치유입니다. 반드시 생명의 말씀과 성령의 역사로 깊은 차원의 치유를 해야 합니다. 인간은 영적이고 심리적인 존재이기 때문에 인간관계는 감정의 관계, 심리적인 관계입니다. 그런데 감정이나 심리상태, 영적 상태가 좋지 못하면 인간관계가 좋지 못하게 되며, 한걸음 더 나아가 하나님과 좋은 관계를 맺지 못합니다. 사람들은 하나님을 믿지만, 하나님과 좋은 관계를 맺지 못하고 있습니다.

내적치유는 이러한 관계성을 치유하는 것입니다. 내적치유는 인간의 가장 내적인 부분인 영으로부터 시작하여 성품, 인간관계, 하나님과의 관계까지도 치유하며, 육신의 질병까지도 치유합니다. 내적치유는 전인격적인 치유로서 성령의 깊은 역사로 이루어지는 사역입니다. 사람은 하나님의 형상으로 창조되었습니다(창 1:27-28).

사람이 하나님의 형상이라는 의미는 하나님의 대리자, 하나님과 같은 권세로서, 하나님을 대신해서 이 세상을 다스리고 지배하고 보살피는 존재라는 것입니다. 사람은 원래 이러한 존재로 창조되었습니다. 이를 위해서 하나님이 오직 사람에게만 영을 주셨습니다. "여호와 하나님이 땅의 흙으로 사람을 지으시고 생기를 그 코에 불어넣으시니 사람이 생령이 되니라"(창 2:7).

영을 가진 영적 존재가 된다는 것은 영에서 나오는 권세, 힘, 생명력으로 환경을 장악하고, 이 사명을 감당하는 존재가 되라는 것입니다. 영으로 혼과 육, 환경을 지배하며 다스리는 존재가 되라는 것입니다. 영으로 늘 성령하나님과 교제함으로 하나님께서 주시는 권세를 늘 소유하며, 하나님의 뜻을 받아서 권능을 사용하며, 하나님께서 맡기신 일을 하여야 하는 것입니다. 참으로 영적 존재인 사람은 주께서 내안에, 내가 주안에 늘 교제함으로 주님과 내가 하나가 되는 것과(요15:4-10), 하나님 하신 일을 우리도 하는 존재인 것입니다.

(요 14:12)"내가 진실로 진실로 너희에게 이르노니 나를 믿는 자는 내가 하는 일을 그도 할 것이요 또한 그보다 큰일도 하리니 이는 내가 아버지께로 감이라"

그런데 아담의 범죄 이후 모든 인간의 영성이 잠들어버리게 되었고, 이 세상은 오직 육과 이성이 다스리는 세상이 되었습니다. 죄가 다스리는 세상이 된 것입니다(창 15:13-14,16). 그래서 마음의 상처가 생기고 마귀에게 당하며 사는 신세가 되었습니다(창 15:13-14,16).

하나님의 선민, 택한 백성, 하나님의 은혜를 받는 사람이 된다는 것은 이렇게 죄로 관영한 세상의 죄를 물리치는 사람으로 선택받은 신분이라는 것입니다. 죄와 싸우고 죄를 물리칠 신분이라는 것입니다. 그런데 우리는 우리 스스로는 그렇게 할 힘이 없습니다. 능력도 없습니다. 이러한 능력은 오직 하나님에게만 있습니다. 그러므로 이렇게 택한 백성에게 하나님은 "내가 이스라엘 자손 중에 거하여 그들의 하나님이 되리니, 그들은 내가 그들의 하나님 여호와로서 그들 중에 거하려고 그들을 애굽 땅에서 인도하여 낸 줄을 알리라 나는 그들의 하나님 여호와니라"(출29:45-46)고 말씀하십니다.

즉 하나님의 선택을 받은 사람이라는 것은 예수를 영접하는 순간부터 하나님을 자신 안에 모시는 존재가 된다는 것입니다. 그래서 하나님을 모시고 이 세상에 가득한 죄와 사망을 물리치고 생명과 축복을 만들어 가는 존재로 선택받았다는 것입니다. 이렇게 택한 백성일지라도 죄인입니다. 하나님께서는 그대로는 그들 중에 거하실 수도 없고, 그들을 쓰실 수가 없으십니다. 그러므로 하나님은 이스라엘 백성들에게 피를 요구하셨습니다. 메시야의 피를 대신할, 모형의 피인 염소와 송아지의 피를 뿌림으로 이들은 하나님을 섬겼습니다. 메시아 예수 그리스도의 보혈을 믿음으로 (담보하여) 하나님을 그들 중에 모실 수가 있었던 것입니다(히 9:13-14). 그러나 이러한 섬김은 어디까지나 잠정적이었고, 조건적이었으므로 그들은 세상에 만연한 죄와 싸워 이길 수도 없었고, 하나님을 그들 중에 영원히 모실 수도 없었고, 하나님과의 깊은 교제와 사귐도 없었습니다(요일1:3).

그러나 이제 예수 그리스도의 십자가 보혈의 공로로 말미암아 하나님의 자녀가 된 크리스천은 아담 이후로 이제야말로 제대로 하나님을 섬길 수 있는 존재가 된 것입니다. 하나님을 가장 깊은 속에 모시게 된 것입니다. 이제는 하나님과 깊은 교제를 하며 영원히 하나님을 모시게 되었습니다. 아담의 죄로 말미암아 영이 죽었던 사람이 다시 영이 살게 되었으므로 하나님과 교제하고 사귀는 영적인 사람이 됩니다. 영이신 하나님의 성품을 가지게 된다는 것이며, 영이신 하나님을 닮아 간다는 것입니다. 이제야말로 제대로 죄와 싸워 이기고, 저주와 싸워서 이기고, 환경을 지배하고 변화시킬 수 있는 존재가 된 것입니다(고전 6:19-20).

그러나 이 모든 것은 하나님을 우리 속에 모시고 늘 교제함으로만이 가능한 것입니다. 이것이 성도의 신분입니다. 그리고 이렇게 하나님을 안에 모시기 위해서 하나님은 우리에게 "내가 거룩하니 너희도 거룩할 지어다"(벧전1:16) 하고 거룩함을 요구하십니다. 피뿌림 받고 죄 사함 받아 구원받은 하나님의 자녀들은 이제부터 하나님을 모시는 생활, 하나님과 교제하고 하나님을 섬기는 생활, 환경을 지배하고 다스리는 생활을 하기 위해서 반드시 거룩해져야 합니다. 우리 영-혼-육의 모든 더러움을 생명의 말씀과 성령으로 기도하며 계속 씻어내야 합니다. 이것이 성화의 길이요, 이것이 바로 내적 치유입니다. 하나님은 살전 5장 23절에서 "평강의 하나님이 친히 너희를 온전히 거룩하게 하시고 또 너희의 온 영과 혼과 몸이 우리 주 예수 그리스도께서 강림하실 때에 흠 없게 보전되기를 원하노라" 말씀하십니다.

하나님은 우리의 영-혼-육 모든 부분이 온전하기를 원하십니다(살전5:23). 가정의 화평함, 좋은 인간관계, 사회에서의 밝은 삶을 살기를 원하십니다. 내적 치유는 이러한 하나님의 관심에 가장 가까운 깊은 차원의 치유입니다. 인간의 지체는 영-혼-육이 서로 밀접한 관계를 가집니다. 눈으로 보이는 부분의 상처만을 치유함으로 온전한 치유가 되지는 않습니다. 원인이 되는 더 깊은 곳, 다른 부분까지도 치유해야 온전한 치유가 되는 것입니다. 이는 성령님만 할 수 있는 사역입니다. 성령의 깊은 임재로 무의식의 상처를 현실로 드러내어 치유해야 합니다. 성령의 역사가 없이는 할 수 없는 사역입니다. 반드시 성령으로 세례를 받아야 할 수 있는 깊은 차원의 치유입니다.

그러므로 내적 치유는 하나님의 뜻에 가장 가까운 치유입니다. 영적존재인 인간은 같은 영적인 존재인 하나님과 이웃과의 관계성을 가지고 사는 존재입니다. 그런데 많은 사람들이 이 관계성이 잘되어 있지 않음으로 내적으로 문제를 가지게 됩니다. 인간이 갖고 있는 신체, 심리적인 질병중 대다수가 상한 감정이나 영적인 문제와 긴밀한 관계를 가지고 있기 때문에 내적 치유는 이런 영역들을 중점적으로 다룹니다. 영에 있는 성령의 권능으로 마음과 육체에 있는 상처를 치유하는 것입니다. 내적치유를 바르게 하는 것은 생명의 말씀과 성령의 깊은 역사로 사역을 해야 합니다. 내적치유를 받는 성도들도 생명의 말씀과 성령으로 내적 치유하는 장소에서 치유를 받아야 합니다. 세상에는 심리적인 방법과 인간의 기교로 치유하는 곳이 있습니다. 심리적인 방법과 인간의 기교로는 무의식의 상처가 치유되지 않습니다. 상처로 고생하는 성도들은 바른 분별력을 가지고 정확한 곳에 가서 내적치유를 받아야 합니다.

그리고 내적치유는 내적치유 전문센터에서 받아야 한다는 고정 관념에서 벗어나야 합니다. 내적치유는 저문 센터에서 치유하는 방법을 터득한 다음, 자신이 교적을 두고 있는 교회에서 치유를 받으려고 해야 합니다. 단 자신이 교적을 둔 교회가 성령의 역사가 있는 교회라야 모든 예배와 기도시간에 치유를 받을 수가 있습니다. 그래서 마음의 상처와 질병과 영육의 문제로 고생하는 성도는 교회를 잘 정해야 합니다. 성도는 교회가 아주 중요합니다. 그래야 주일날을 이용하여 치유를 받을 수가 있기 때문입니다.

○ 사람들은 과거보다는 현실을 더 중시합니다. 그러나 과거-현재-미래는 다 연결됩니다. 결코 분리되지 않습니다. 미래는 현재로부터, 현재는 과거로부터 쌓여져가는 것입니다. 시간은 사건이 쌓여서 이루어진 것입니다. 과거의 사건은 사라진 것이 아니라, 현재의 밑에 쌓여 있습니다. 깊숙이 쌓여 있습니다. 과거는 우리의 깊숙한 곳에 무거운 짐으로 우리를 날아오르지 못하게 얽어매고 있습니다(히 12:1).

눈에 보이는 부분만이 나무가 아니라, 밑의 뿌리로부터 나무입니다. 뿌리로부터 윗부분이 지탱됩니다. 뿌리가 우리의 과거입니다. 그러므로 오늘의 나는 과거가 쌓이고 모여서 된 것입니다. 과거의 사건들은 나무의 뿌리처럼 어떤 형태로든 현재의 나와 연관을 맺고 있습니다. 비록 겉으로 보이지 않고 안에(내적으로) 감추어져 있지만, 이러한 사건들이 바로 오늘의 나를 만들고 있는 것입니다. 그리고 오늘은 내일과 연결되는 것입니다. 인간이 받는 모든 상처는 크건 작건 모든 것이 나무의 나이테처럼 사라지는 것이 아니라, 우리의 잠재의식에 가라앉는 것입니다. 그러므로 미래를 건축하기 위해서는 현재를 바꾸어야 하며, 현재를 바꾸기 위해서는 과거를 치유해야합니다. 과거는 자신이 어떻게 할 수 없기 때문에 성령께서 치유할 수 있는 것입니다.

내적 치유는 과거의 치유이며, 이것은 오늘의 나를 변화시키는 것이며, 새로운 미래를 건설하는 것입니다. 그런데 이렇게 시간을 거슬러 과거로 돌아가서 과거를 치유하는 것은 우리의 능력으로는 불가능하기 때문에 성령하나님의 도움을 받아야 합니다. 내 속에 깊숙이 계신 성령하나님의 도우심으로 우리 밑에 쌓여 있는 과거를 치유할 수 있습니다. 우리는 엎지른 물을 다시 담을 수 없지만, 하나님은 하실 수 있습니다. 하나님의 노우심이 있어야 우리 밑에 쌓여 있는 과거를 치유할 수 있습니다. 그러므로 성령으로 세례를 받아야 성령으로 상처를 치유할 수가 있는 것입니다.

날마다 성령의 도움을 받아서 인간의 가장 깊은 부분인 영에 쌓여 있는 과거의 상처를 치유하는 것이 내적 치유입니다. 그러므로 2박 3일 동안 치유할 수 없는 것이 내적치유입니다. 지속적으로 생명의 말씀과 성령의 역사로 내면의 상처를 치유해야 합니다. 아무리 급해도, 가지에 영양주사를 놓아서는 좋은 열매를 맺지 못합니다. 뿌리로부터 올라오는 영양으로 맺은 열매가 좋은 열매입니다. 자연스럽게, 단계적으로 나오는 열매를 맺게 해야 하는 것처럼 인간의 치유도 생명의 말씀과 성령으로 내적 치유로부터 시작되어야 합니다.

우리에게 과거는 지나간 것처럼 보이지만, 하나님에게는 과거나 현재나 미래나 다 같이 바로 앞에 있는 것입니다. 우리는 과거를 건드릴 수 없지만, 우리의 가장 깊은 곳에 계신 성령님은 과거를 건드릴 수 있습니다. 깊은 곳에 계신 성령님은 과거를 이끌어내어 치유할 수 있습니다. 주님이 보실 때, 과거는 사라진 것이 아니라, 계속 우리 속에 들어 있는 것입니다. 주님은 과거를 고치실 수 있습니다. 내적 치유는 오직 하나님이 하시는 것이고, 우리는 치유의 과정에 내가 내 자신을 들어냄으로 하나님을 도와드리는 것입니다. 그렇게 해야 건강한 미래를 건설할 수 있습니다. 크리스천은 시간을 초월하는 존재가 된 것입니다. 과거를 바로 세울 수 있는 존재입니다. 좋은 열매를 맺기 위해서 뿌리를 바로 세울 수 있는 것입니다.

과거의 쓰라린 기억을 포함한 정서적, 심리적인 상처들은 우리 자신이 저지른 죄, 또는 다른 사람들이 저지른 죄로 인한 피해 때문에 마음에 생기게 되며, 시간이 흐르면서 기억에서는 사라지지만 무의식, 잠재의식에 남습니다. 세상의 상담에서는 "과거는 흘러간 것입니다. 긍정적인 생각으로 앞으로 가자!"고 합니다. 그러나 아무리 그렇게 해도 잠재의식 속에 있는 상처가 건강한 미래로 가는 길을 막는 걸림돌이 됩니다. 잠재의식은 엄청난 능력, 맹목적인 능력입니다. 인간이 가진 진정 놀라운 능력이 여기에 감추어져 있습니다.

육체도 상처나 아픔을 기억합니다. 감정도 기억이 있습니다. 감정의 기억은 나무의 나이테처럼 이성의 기억보다, 이성이 기억하고 있는 것보다 더 많이, 더 깊이 기억하고 있습니다. 예를 들어 과거의 사건은 정확히 기억하지 못하지만, 그 때의 감정은 기억하고 있는 것입니다. 그러나 영의 기억용량은 이런 것보다 훨씬 더 큽니다. 예를 들어 임진왜란의 아픔들이 아직도 우리의 아주 깊은 부분에 기억되어 있습니다. 참으로 인간의 내적인 기억용량은 무한하다고 할 수 있을 만큼 큽니다. 이러한 것이 사건에 반응하여 나타나는 것이 인간의 기본적인 정서입니다. 그러므로 개개인의 성품은 다르지만, 우리나라의 사람의 공통적인 정서가 생겨난 것입니다.

정서와 기억과 같은 우리의 내적인 부분이 영적인 부분과 아주 가깝게 연결되어있습니다. 그리고 우리의 영은 다시 하나님의 영과 긴밀하게 연결되어 있습니다. 부모, 사회, 환경과도 역시 긴밀하게 연결되어있습니다. 즉 인간은 깊게, 넓게, 높게 연결되어서 사는 존재입니다. 내적 치유는 이 모든 연결 관계를 치유하는 것입니다. 반드시 성령의 역사가 있어야 치유할 수가 있습니다.

과거와 나와의 관계, 미래와 나와의 관계, 하나님과 나와의 관계, 부모와 나와의 관계, 조상과의 관계 등에서 그 동안의 상처로 말미암아 비뚤어져 있는 부분을 바로잡아 주는 것이며, 조절하고 조정하고, 정리 정돈해 주는 것입니다. 이러한 것들이 비뚤어져서는 제대로 하나님의 형상으로서의 일을 감당하지 못하게 됩니다. 그런데 나의 의식으로는 이것을 길들이고 좋은 방향으로 바로잡을 수 없습니다. 우리 안에 계신 성령님으로 하여금 이것을 길들이고, 이것을 좋은 방향으로 이끌게 하는 것이 바로 내적 치유입니다. 그러므로 내적 치유는 우리 안에 임마누엘 하시는 성령과 밀접한 관계를 가져야만 하고, 또 한 번으로 끝나는 것이 아니라, 지속적으로 이루어져야 하는 것입니다.

구원은 일회적이고 순간적이고, 일방적으로 하나님의 은혜로 이루어진 것이지만, 내가 변화 받는 것은 지속적으로 늘 하나님의 도우심을 받으며 내 자신을 변화시키려고 노력하여야 합니다. 구원은 거저 주어지는 것이지만, 성화는 우리를 변화시키려는 하나님의 의지와 하나님의 도우심으로 변화하려는 나의 의지가 만나야 합니다. 이것을 위해서 성령님께서 우리와 임마누엘 하시는 것입니다. 마음 안에 들어있는 잠재의식이 밖으로 표현되는 것이 성품이고, 정서입니다. 그러므로 성품의 변화는 즉 내적 치유이고, 성령의 열매입니다. 이것은 내 힘만으로도 아니고, 가만히 있어서도 안 됩니다.

하나님에게 내 깊은 것을 내어놓고, 하나님의 도우심을 받는 것입니다. 하나님과 나와의 협력으로 이루어집니다. 우리가 마음을 열어놓아야 합니다. 열쇠는 우리가 가진 것입니다. 우리와 하나님이라는 두 인격체의 의지가 만나야 됩니다.

그곳에 치유가 일어나고 기적이 일어나고 변화가 일어납니다. 하나님이 원하시고, 우리가 그것을 구할 때, 그곳에 치유가 일어납니다. 사람이 할 수 없고 오직 하나님만이 하실 수 있는 일들이 생기는 것입니다. 육신의 문제, 가정의 문제, 사회의 문제, 밖으로 표현되는 이 세상의 모든 문제는 그 근원이 인간성품의 문제, 잠재의식의 문제입니다. 이것은 또 죄의 문제입니다. 즉 모든 문제는 죄로부터 생기는 것입니다. 죄로 말미암아 상처를 받고, 죄의식이 자신에게도 상처를 주게 되는 것입니다. 그리고 이러한 상처가 모든 아픔의 근원이 됩니다(눅 17:37).

상처가 있는 곳에는 마귀가 모이게 되어 있습니다. 마귀는 우리의 상처를 그냥 두지 않습니다. 자꾸 와서 건드립니다. 피와 고름이 흐르게 만듭니다. 마귀는 상처에서 나오는 피와 고름을 먹고 사는 존재입니다. 나쁜 병균과 같은 것입니다.

그러므로 밖으로 표현되는 문제를 해결하기 위해 그 근원이 되는 죄의 문제, 상처의 문제를 먼저 해결하려는 것이 바로 내적 치유이고, 예수의 구속사역이고, 성령의 치유의 역사입니다. 죄 사함과 회개와 속죄가 모든 문제의 해결의 알파와 오메가입니다. 하나님은 우리에게 은혜, 치유, 사랑을 쏟아 붓기를 원하시는 분입니다. 그런데 상처투성이인 우리는 그것을 받아들이지 못하는 것입니다. 예수를 받아들이지 못하는 것은 즉 하나님의 사랑을 받아들이지 못하는 것이요, 이것은 즉 하나님이 우리 마음에 쏟아 붓는 사랑을 받아들이지 못하는 것이고, 그 이유는 마음에 상처를 받았기 때문입니다. 상처가 하나님의 은혜를 거부하는 것입니다. 십자가의 보혈은 이 마음의 상처를 치유하는 사랑의 묘약입니다. 오직 하나님의 사랑만이 이러한 상처를 치유하실 수 있습니다.

○ 내적 치유는 어떤 심리학적 원리나 치유기술을 성경에 접

목시켜 치유하는 방법이 아닙니다. 분위기, 감정도취로 인한 일시적이고 표면적인 감정의 변화가 아닙니다. 인간의 가장 깊은 곳으로부터 치유하는 성령께서 하시는 영적 치유이며, 이것은 성품의 변화로 나타납니다.

○ 일회적인 기도에 의한 신유체험, 감정적 체험으로 울음이나 기쁨이나 마음에 평화가 임함으로 해결되는 분야가 아닙니다. 내적 치유는 한두 번으로 끝낼 정도의 낮은 부분을 다루는 것이 아닙니다. 깊은 부분을 성령으로 치유하여 성도를 영적으로 바꾸는 사역입니다. 그래서 생명의 말씀과 성령의 역사로 지속적으로 해야만 치유되는 깊은 부분을 치유할 수가 있는 것입니다. 깊은 부분을 다루기 때문에 인간의 방법으로는 불가능합니다. 반드시 성령의 깊은 임재가 있어야 깊은 무의식의 상처가 치유되는 것입니다. 내적치유는 생명의 말씀과 성령의 역사 없이는 불가능한 사역입니다. 내적치유를 바르게 하고 받으려면 생명의 말씀과 성령의 깊은 역사가 일어나야 가능한 것입니다. 내적 치유는 말씀과 성령으로 평생을 두고 계속되어야 합니다.

내적치유를 하는 사역자나 치유를 받는 분들은 너무 급하게 모든 것을 끝내려는 욕심, 한두 번에 모든 것을 치유하려는 욕심을 버려야 합니다. 기대는 많이 하나 욕심은 버려야 합니다. 살아 있는 한 호흡을 끝내지 않는 것처럼, 식사를 끝내지 않는 것처럼 내적 치유를 계속하는 개념을 가져야합니다.

하나님은 고린도후서 6장 1절에서 "우리가 하나님과 함께 일하는 자로서 너희를 권하노니 하나님의 은혜를 헛되이 받지 말라" 말씀하십니다. 내적 치유는 하나님의 은혜입니다. 하나님의 은혜는 받는 것보다, 잘 활용하고, 간수하고 열매를 맺는 것이 중요합니다. 하나님께서는 그런 사람에게 더 큰 은혜를 주십니다. 중요한 것은 이제 시작된 내적 치유를 귀하게 여기고 지속하는 것입니다. 가꾸고 키우는 것입니다. 그러면 하나님의 은혜는 흘러넘치게 더 흘러 들어옵니다.

하나님의 은혜를 귀하게 여기는 자에게 은혜를 더 주십니다. 있는 자에게 더 주시고, 아끼고 귀하게 여기는 자에게 더 주십니다. 받은 은혜를 생명처럼 여기는 사람에게 하나님께서도 자신의 생명처럼 귀하게 여기시고 더 은혜를 쏟아주십니다.

ㅇ 내적 치유는 신체의 질병의 치유, 귀신을 쫓아내는 축사사역과 다르며, 무조건 성령 충만하거나 기도를 많이 한다고 되지 않는 사역입니다. 내적 치유는 육체적 질병의 치유보다 깊고, 축사사역도 포함되나, 보다 깊고 인격적인 사역이고, 부드럽고 따뜻한 말씀과 성령으로 하는 사역입니다. 거칠고, 권위를 세우고, 힘주는 자세로는 내적치유 사역을 할 수 없습니다. 또 부르짖기만 한다고 해서 되는 것도 아닙니다.

원리를 알고, 능력을 가지고, 방법을 알고 사역해야하나, 그것만으로도 안 되는 사역입니다. 기본보다 기술에 치우치는 자세로는 안 되는 사역입니다. 생명의 말씀과 성령의 역사로 치유하는 기본이 되어야만 하는 사역입니다. 목사나 교회가 아니라 하나님과의 바른 관계가 기본이 되어야 하는 사역입니다. 성령님이 보증하여 주어야 할 수 있는 깊은 차원의 사역입니다. 누구에게 먼저 사역하기보다, 먼저 내가 치유 받아야 하는 사역입니다.

○ 기존의 기독교 상담과도 다릅니다. 물론 여러 방법이 서로 중복되거나 보완하는 면은 있으나 내적 치유는 기본적으로 성경 속에 흐르는 하나님의 구원과 치유에 관한 원리을 발견하여 적용하는 것입니다. 예수님이 제자들을 훈련하는 과정 중에 내적 치유의 원리이 들어있습니다. 그러나 중요한 것은 방법이 아니라, 우리 안에 거하시는 성령님의 능력입니다. 구원받은 자 안에 계시는 성령님을 통하여 일어나는 치유사역이며, 치유 받은 자가 다른 사람들에게도 성령님을 통하여 치유하게 되는 사역입니다. 내적치유를 받은 사람은 다른 상처받아 고통 하는 사람을 치유해주고 싶은 마음이 생깁니다. 성령님이 그런 마음을 주시는 것입니다.

○ 성경의 가장 큰 치료의 매개체인 복음, 십자가와 부활, 하나님의 사랑, 성령님의 은사를 우리 내면의 치료에 적용하는 것이며, 사역에 있어서 가장 섬세하며 신중하며 보람 있는 사역이며 전문성이 요구되는 사역입니다. 내적치유 사역자는 반드시 자신이 먼저 마음의 상처를 치유 받아야 합니다.

3장 축복의 통로 여는 내적치유

(출 15:26)"이르시되 너희가 너희 하나님 나 여호와의 말을 들어 순종하고 내가 보기에 의를 행하며 내 계명에 귀를 기울이며 내 모든 규례를 지키면 내가 애굽 사람에게 내린 모든 질병 중 하나도 너희에게 내리지 아니하리니 나는 너희를 치료하는 여호와임이라"

하나님은 성도를 축복하시기를 원하십니다. 그런데 왜 하나님의 축복을 받지 못합니까? 내 심령에 상처 때문입니다. 심령의 상처로 말미암아 하나님과 통로가 막혔기 때문입니다. 하나님의 축복을 방해하는 세력은 남이 아니고 환경도 아닙니다. 오직 내 마음속에 있는 돌, 가시, 상처입니다. 하나님의 은혜를 막는 나의 최대의 적은 바로 나 자신입니다. 말씀과 성령으로 자신을 치유해야 하나님의 복을 받을 수가 있습니다.

○ 내적 치유는 해방되는 것입니다. 내 속에 잠재되어 있는 악습, 습관으로부터 우리를 해방시키는 것입니다. 질병으로 묶이고, 물질로 묶이고, 인간관계에 묶인 것 등을 해방시키는 것입니다. 천국의 자유에 이르게 하는 것입니다. 믿음생활을 하면 할수록 점점 더 자유롭게 풀려야합니다. 신앙생활을 통하여 삶의 성장을 막고, 묶고 있고, 누르고 있는 것들을 뽑아내고 치

워버림으로 자유하게 하는 것입니다. 마귀는 묶고 방해하는 역사를 합니다. 질투, 분노, 염려, 불평 등은 우리를 묶는 것입니다. 이러한 것들은 우리를 묶어 성장을 방해하는 마귀의 오랏줄입니다. 출애굽한 유대인들은 비록 홍해를 건넘으로 바로라는 세상의 묶임으로부터 자유하게 되었으나, 욕심, 분노, 두려움, 옛 성품이라는 마귀의 묶임을 풀지 못함으로 진정한 자유를 누리는 일, 젖과 꿀이라는 풍성한 삶에 이르는 일에 실패하였습니다. 신앙생활에 실패하였습니다. 그러므로 내적 치유는 진정 중요한 사역입니다.

○ 얽힌 것을 바르게 교정하는 것입니다. 현재는 과거의 사건들이 모여 쌓인 것입니다. 문제는 이것들이 제대로 정리되어, 성장하도록 쌓여있지 못하고, 얽히고 오해되어 풍성한 삶으로의 성장을 막고 있는 것입니다. 내적 치유는 이러한 것을 푸는 것이요, 정리정돈 해주는 것이고, 바로 쌓아주는 것입니다.

상처는 후회, 좌절, 분노, 미움과 같은 감정으로 말미암아 바르게 사물을 보지 못하게 만듭니다. 인생관, 세계관을 비뚤어지게 만듭니다. 내적 치유는 과거의 얽힌 것을 바르게 교정함으로 잘못된 관점, 오해를 만들어 내는 고정관념을 해소하는 것입니다.

○ 과거의 사건을 성령의 도우심으로 밝게, 긍정적으로 재조명함으로 상처의 쓴 뿌리를 뽑고, 거기서 더 이상 쓴 물이 나오지 못하게 하는 것입니다. 오히려 그곳에서 생명과 사랑과 축

복이 흘러나오게 하는 것입니다. 과거에 대한 원망, 미움이 있으면, 현재와 미래를 충실하게 건설해나갈 수가 없습니다. 원망, 미움은 썩게 하고, 부서지게 만드는 것입니다. 부정적인 과거를 가진 사람은 건전한 미래를 건설할 수가 없습니다. 아무리 노력해도, 긍정적인 생각을 하려고 해도, 잠재의식에서 솟아오르는 부정적인 영향을 불리질 수가 없습니다. 이것을 치유하는 것이 내적 치유입니다. 이러한 치유를 통하여 과거가 밝아질 때, 비로소 미래에 대한 밝은 소망이 생겨납니다. 이러한 소망이 있을 때, 현재도 살아나게 됩니다. 이러한 밝은 과거로부터 밝은 미래가 있을 것이라는 소망에 대한 믿음이 솟아오르게 됩니다. 과거가 밝아질 때, 믿음이 솟아오릅니다. 과거가 밝아져야 믿음도, 소망도 살아나게 됩니다. 내적 치유는 과거를 치유하는 것이지만, 사실은 현재를 치유하는 것이며, 미래를 치유하는 것입니다.

우리가 하나님을 알기 전에라도 하나님은 이미 우리를 알고 계십니다. 과거의 모든 사건도 하나님 앞에서는 늘 바로 앞의 사건입니다. 어떤 과거의 사건에서라도 우리는 다시 거기서 하나님을 만날 수 있습니다. 우리의 삶에서 생기는 대부분의 사건은 사건 자체가 악한 것이 아니라, 그 사건에 덤벼드는 마귀의 영향이 악한 것입니다. 그러므로 어떠한 사건이든지 그 사건에 하나님의 도우심의 손길이 역사하면 그 사건은 긍정적이고, 선하며 합력하여 선을 이룰 수 있는 사건이 됩니다. 그 사건에 역사하시는 하나님으로 말미암아 과거의 사건의 부정적인 영향을 얼마든지 긍정적으로 바꿀 수가 있습니다. 거기서 나를 위해서 역사 하시는 하나님을 인정하고, 감사하는 것이 내적 치유입니다. 그리고 과거의 사건에 숨어서 현재에도 부정적으로 역사하고 있는 악한 세력을 예수의 이름으로 공격해 물리치는 것이 내적 치유입니다.

○ 과거의 사건을 바꾸거나, 기억에서 지우는 것이 아니라, 그 사건이 가지고 있는 부정적인 영향력을 긍정적인 영향력으로 바꾸어주는 것입니다. 과거의 상처에 악한 영이 역사 하여 쓴 물을 내보냅니다. 이것이 과거의 사건의 부정적인 영향입니다. 모든 사건의 부정적인 면, 상처에는 악한 영이 붙어서 시공간을 초월하여 계속 아프게 하고, 상처를 부여잡게 하고, 상처를 퍼뜨리고 전달하도록 역사 합니다. 상처에 숨어 있는 병균과 같습니다. 상처를 더 악화시키며, 전파합니다. 그래서 점점 더 내 속으로 침투해 들어옵니다.

내적 치유는 그러한 사건이나 상처 속에서 아직도 살아 있는 세포, 즉 감사할 조건을 찾아내어 이를 살리는 것이며, 이를 기초로 하여 상처 전체를 치유하는 것입니다. 미움과 원망이라는 쓴 물을 내보내는 사건이나 상처들을 하나님의 도우심으로, 예수의 보혈이라는 묘약으로 말미암아 사랑과 감사와 긍휼이라는 단물나는 사건으로 바꾸어 주는 것이 바로 내적 치유사역입니다. 이것이 바로 우리 운명을 바꾸는 것입니다. 사람의 인생을 바꾸는 것입니다. 크리스천에게는 이러한 능력이 축복으로 주어졌습니다.

이러한 축복이야말로 무엇과도 비교할 수 없는 것이요, 진정 감사할 조건입니다. 이러한 조건을 가지고 기도를 해야 그리스도의 마음으로 기도하는 것이요, 이러한 기도가 상달되는 것입니다. 미움과 원망, 저주를 품고 하는 기도는 악한 마음을 품고 기도하는 것이요, 이런 마음으로는 아무리 달라고 소리쳐도 상달되지 않습니다. 이것을 뽑아버리세요. 빼내세요. 이러한 것들로부터 멀리멀리 떨어져야 합니다. 자유하게 되어야 합니다.

(유1:23)"또 어떤 자를 불에서 끌어내어 구원하라 또 어떤 자를 그 육체로 더럽힌 옷까지도 미워하되 두려움으로 긍휼히 여기라"

그리고 하나님과 함께 새로운 인생을 창조하며 나가야 합니다. 이러한 마음으로부터는 무한한 창조력이 솟아오릅니다. 부정적인 과거는 꽁꽁 언 땅입니다. 이러한 과거로부터는 새 생명이나 창조력이 움터 나오지 못합니다. 하나님에 대한 감사와 사랑으로 이를 녹이고 풀어 버리세요.

○ 전인적 치유입니다. 영-혼-육을 맑고 깨끗하게 하는 것입니다. 신부처럼 단장하는 것입니다. 내면, 정신, 육체, 삶, 삶의 모든 면의 더러운 부분을 씻어내고, 얼어붙은 부분을 녹여

씻어내는 것입니다. 언제라도 주님 앞에 설 때, "왜 나를 이제야 부르십니까?" 이런 말을 할 수 있도록 늘 준비해놓는 것입니다. 죽으면 더 이상 나를 단장할 내적 치유의 기회가 없습니다.

O 하나님의 마음과 용서를 적용하는 것입니다. 상처받은 사람은 마음이 좁아집니다. 오해를 잘하게 됩니다. 남에게 쉽게 상처를 줍니다. 용서하지 못합니다. 상처 때문에 어린아이의 마음, 성장하지 못한 좁은 마음을 가지게 됩니다. 세상은 이러한 상처권에 살고 있는 것입니다. 내적 치유는 이러한 상처권에서 벗어나는 것입니다. 상처를 받지 않고 주지 않는 삶을 사는 것입니다. 상처권 안에 있으면 나도 모르게, 본의가 아니지만, 남에게 상처를 주기도 하고 받기도 합니다.

어떻게 하든지 이러한 상처권에서 벗어나야 합니다. 죄 사함은 영의 내적 치유입니다. 과거로부터 자유롭게 하는 것입니다. 미래를 치유하는 것입니다. 죄 사함, 속죄함, 십자가야말로 예수님의 내적 치유입니다.

O 은혜의 수단입니다. 마음이 굳어져 있으면 마음이 닫히고, 하나님의 은혜를 거부하게 됩니다. 하나님의 은혜가 흘러들어오지 못합니다. 문이 닫히면 썩게 됩니다. 악한 것이 역사하게 됩니다. 굳어진 마음을 풀고 열어 하나님의 은혜를 받게 하는 것이 내적 치유입니다. 치유가 바로 은혜이고, 은혜가 바로 치유입니다.

O 우리의 삶속에서 일어나는 감정적 상처를 치료하기 위해

역사하시는 주님의 능력과 우리에게 주신 은사를 내적 치유에 적용하는 방법입니다. 감정은 스스로 전달시키는 능력이 있습니다. 이것이 바로 분위기입니다. 치유로 이 분위기를 바꾸는 것이 환경을 바꾸는 것입니다. 환경을 바꾸고 싶으면 먼저 치유를 통하여 내면을 치유해야 합니다.

○ 예수님으로 하여금 과거의 상처들을 해결하시도록 그분에게 의탁 드리며 그 상처의 부정적인 결과를 치유해주시도록 기도하는 것입니다. 일반적인 기도는 외적인 것만 부여잡고 기도합니다. 그러나 하나님은 우리의 외적인 것보다는 우리의 내면(속사람)이 잘되는 것에 먼저 관심을 가지십니다.

하나님의 마음에 합한 기도를 하는 것이 바로 내적 치유입니다. 치유는 주님이 하시지만, 우리가 그분을 초청하고, 의뢰하고 의지하여야 합니다.

○ 내적 치유는 축귀사역, 질병치유와 관계가 있습니다. 악한 영들은 상처에 붙어먹고 삽니다. 죄로 말미암아 나타나는 상처에 붙어삽니다. 상처에 붙어 상처에서 흘러나오는 쓴 물을 먹고삽니다. 그래서 악한 영들은 상처에 쓴 뿌리가 나게 합니다. 그리고 그 쓴 뿌리에서 끊임없이 쓴 물이 나오게 하고, 그 쓴 물(분노, 미움, 시기, 질투 등등)로 말미암아 더욱 자신의 상처가 깊어지고, 다른 사람에게도 상처를 입히게 됩니다. 그리고 악한 영은 바로 그 쓴 물을 먹고사는 것입니다.

그리고 그 쓴 물이 닿는 곳마다, 접촉하는 곳마다 새로운 상처를 만들고 그곳에 전염되고 옮겨가서 다시 거기에 상처를 내게 하고, 그곳에 다시 쓴 뿌리를 나게 하는 것입니다. 공기 중의 병균들처럼, 악한 영들은 죄를 따라 움직이며, 죄는 인간에게 상처를 주는 것입니다. 죄를 미워하시기를 바랍니다. 상처를 미워하시기를 바랍니다. 온전한 성품이 되는 것은 이러한 쓴 물의 공격에 대한 나의 반응하는 모습에 나타납니다. 이러한 것들에 의해 상처를 입지 않는 사람이 되는 것입니다.

죄를 짓는 것은 이러한 공격에 스스로 상처를 입는 것이요, 스스로 상처를 내는 것입니다. 마음의 상처, 영의 상처, 혼의 상처는 죄로 말미암는 것이며 이것은 악한 영들의 공격에 의한 것입니다. 상처가 있으면 이러한 공격은 더욱 집요하고 아프고 무서운 것입니다. 상처의 치유는 죄로 인한 영향을 없애는 것이며, 죄를 이기기 위한 필수과정입니다. 구원은 믿음으로 이루어지는 것이고, 속죄는 상처를 치유 받는 것입니다. 회개는 상처를 치유 받기 위한 것입니다.

구원받기 위함이라기보다는 죄로 말미암은 상처를 치유 받고, 성령님을 모시고, 성령님과 교제하고, 성령 충만하기 위한 필수과정입니다. 승리하는 삶을 위한 필수과정입니다. 마귀는 자기가 있을 곳이 없으면 떠나게 됩니다. 상처가 치유되면 떠나게 됩니다. 마귀를 쫓아내는 것은 마귀가 있을 곳을 없애야 가능한 것입니다. 이것이 바로 축귀사역입니다. 내적 치유는 영적이며 동시에 심리적인 사역입니다. 그래서 어렵습니다.

상처 치료와 함께 악한 영에 대한 축귀사역도 병행되어야 합니다. 심리적이며 영적 사역이 되어야 합니다. 죄-상처-마귀의 역사는 떼어지지 않는 일관적 역사입니다. 내적 치유하면 육체적 질병도 자연스럽게 치유되는 경우가 많습니다. 질병과 내적 아픔은 깊은 관계가 있습니다. 질병을 볼 때, 질병을 유발시키는 내적 아픔을 보려고 간구하시기를 바랍니다. 그리고 내적 아픔을 치유하려고 노력 간구하시기를 바랍니다.

○ 내적 치유는 성품 치유이며 상처로 인해 내면에 생겨진 쓴 뿌리를 제거하고 그리스도의 마음을 지니게 하는 치유입니다. 성품과 인생, 성품과 인간관계, 성품과 목회 등등 인간의 모든 면에서 성품이 결정적인 요소입니다. 성품이 좋아야 하나님과 축복의 통로가 열려 인생을 성공하는 것입니다. 하나님이 보시는 진정한 성공은 얼마나 많이 끌어 모았는가, 가졌는가가 아니라, 얼마나 많이 주었는가, 얼마나 많은 사람들에게 좋은 영향을 주었는가, 도와주었는가, 다른 사람들의 삶을 풍성하게 만들었는가 하는 섬김의 크기로 판단하십니다.

세상의 문제는 잘못된 성공의 기준에서 생깁니다. 진정한 크리스천이란 하나님의 성공의 기준을 가지고 사는 사람들입니다. 우리나라의 문제는 이러한 하나님의 성공기준으로 사는, 세상의 빛이 되는 진정한 크리스천이 없다는 것입니다. 우리 크리스천의 특권은 남보다 많이, 먼저 움켜잡는 것이 아니라, 주는 것입니다. 인생은 수많은 만남의 계속입니다. 이러한 만남에서 얼마나 많이, 그리고 어떻게 주고 섬기면서 사는가? 이것이 빛과 소금이 되는 인생입니다. 내 생명의 빛을 비추어 주는 것, 삶의 맛을 나누어 주는 것입니다. 인생의 성공의 목표, 삶의 목표는 바로 이러한 성품의 변화가 되어야 합니다. 내적 치유는 이러한 성품을 가지게 만들어 주는 것입니다. 자기중심의 삶을 타인 중심의 삶으로, 자기성취의 삶을 타인의 성취를 돕기 위한 삶으로 만드는 참으로 위대한 사역입니다.

　마음이 변화되면, 이의 외적표현인 성품도 변화됩니다. 하나님이 우리를 축복해주시지 않고, 못하시는 이유는 우리의 성품이 변하지 않기 때문입니다. 내적치유를 받으면 성품이 변하여 하나님과 축복의 통로가 열리는 것입니다. 축복의 통로가 열리지 않는 것은 마음이 변하지 않기 때문입니다. 우리의 속에 있는 나쁜 것을 쏟아내지 않고 있기 때문입니다. 진정 살아있는 믿음은 성품의 변화, 마음의 변화입니다. 마음에 하나님을 모시는 것입니다. 하나님의 생각, 하나님의 마음, 하나님의 뜻, 하나님의 영을 우리 속에 담는 것입니다. 내적 치유는 마음에 들어있는 좋지 못한 것, 더러운 것을 쏟아버리는 것입니다. 그리고 거기에 하나님의 영, 하나님의 뜻, 하나님의 생각, 하나님의 마음을 담는 것입니다. 그리고 그 하나님과 교통하고 대화하고 교제하는 것입니다. 이렇게 될 때, 하나님으로부터 무한한 능력이 나타나게 됩니다.

　내적 치유는 외적인 표현이 아니라 중심의 변화입니다. 하나님은 우리의 중심에 관심을 가지십니다. 중심을 변화시키기 원하십니다. 마음의 변화는 자꾸 심어주는 것으로 이룬다. 입으로, 생각으로 자꾸 반복함으로 이룹니다. 이것은 훈련과 노력입니다. 내적 치유는 죽는 날까지 지속되어야 하는 것입니다. 내적 치유는 하나님과의 긴밀한 관계를 유지하는 것인바, 이것은 생명이 있는 한 계속되어야 하는 것입니다. 내적 치유는 성령님의 도우심에 나를 묶어놓는 것입니다. 성령님의 품에서 떠나지 않는 것입니다. 어린 아이가 되는 것입니다. 작은 일도 성령님과 의논하고, 그분의 도우심을 자꾸 이끌어내는 것입니다. 성령님의 뜻을, 도우심을 자꾸 내안에 담아놓는 것입니다. 육체의 관리에는 많은 시간이 소모되나 영의 관리, 내면의 관리에는 그보다 적은 시간으로도 됩니다. 가능합니다.

○ 내적 치유는 영혼의 치유입니다.

① 내적 치유란 속사람의 치유이며 영혼을 강건케 하는 사역입니다.

② 내적 치유는 원한, 거부감, 자기연민, 우울, 죄의식, 공포, 슬픔, 열등감, 죄책감, 무가치함 등의 감정으로부터 자유로워지는 과정이며, 이러한 부정적인 감정은 인격의 형성에 피해를 줍니다. 내적 치유는 이러한 비뚤어진 성품을 교정시키며 변화를 주는 것입니다.

③ 내적 치유는 성령의 역사를 저해하고 있는 요인들을 치유함과 동시에 우리 안에서 제거해버리는 일을 주님과 협력하여

수행하는 것입니다.

④ 내적 치유는 손상된 감정으로 고통 받고 있는 사람들에게 성령이 역사하심으로 죄의 용서와 정서의 회복을 통하여 곤경에 빠져 있는 우리의 존재와 삶에 복음의 능력이 실제적으로 역사할 수 있게 하는 것입니다.

○ 내적 치유는 정신 치료, 심리치료법이 아닙니다. 내적 치유는 심리보다 더 깊은 단계인 영적인 치료이며, 치료의 주체는 예수님입니다. 주님께 과거의 상처를 치유해주시도록 요청하는 것입니다.

○ 내적 치유는 명상이나 적극적 사고방식도 아니고, 현실도피도 아닙니다. 과거의 상처를 부인하거나 도피하지 않고 적극적으로 나아가 상처를 직면하고 용서하는 사역입니다.

○ 내적 치유는 만병통치약이 아닙니다. 상한 감정의 속박에서 벗어나 자유를 얻게 하고 죄에 대한 충동을 억제하며 인간관계를 재조명하고 믿음을 견고케 할 수 있지만, 오직 내적 치유만이 성화나 성품의 변화의 유일한 길이라고 말할 수 없습니다. 내적 치유가 예배, 성경공부, 성도의 교제, 선행, 기도에 대한 필요를 대신할 수는 없습니다.

4장 내면의 상처로 나타나는 영향

(창 3:17-19)"아담에게 이르시되 네가 네 아내의 말을 듣고 내가 네게 먹지 말라 한 나무의 열매를 먹었은즉 땅은 너로 말미암아 저주를 받고 너는 네 평생에 수고하여야 그 소산을 먹으리라. 땅이 네게 가시덤불과 엉겅퀴를 낼 것이라 네가 먹을 것은 밭의 채소인즉, 네가 흙으로 돌아갈 때까지 얼굴에 땀을 흘려야 먹을 것을 먹으리니 네가 그것에서 취함을 입었음이라 너는 흙이니 흙으로 돌아갈 것이니라 하시니라"

하나님의 축복의 역사를 방해하는 것은 다름이 아닌 마음의 상처입니다. 아담의 범죄로 말미암아 생긴 죄와 상처로 말미암아 하나님의 축복을 받지 못하는 것입니다. 예수를 믿고 교회에 들어와 성령으로 세례를 받은 성도는 내면의 상처를 치유해야 합니다. 마음의 상처는 만 가지 문제의 원인이기 때문입니다.

구원은 얼마나 기쁜 사건입니까? 우리는 구원받은 사실이 살아서 가슴속에서 늘 불붙어 있어야 합니다. 구원의 기쁨, 확신, 사실이 나의 삶을 구석구석 지배해야합니다. 어려움을 당해도 이 기쁨으로 이길 수 있어야 합니다. 이것이 살아 있는 구원입니다. 이렇게 구원받은 자는 그 다음에 치유를 받아야 풍성한 생명을 누리게 됩니다. 구원받은 것으로 머물러서는 안 됩니다. 그런데 그렇지 못함으로 구원이 흔들립니다. 구원의 확신이 점점 약해집니다. 소망의 삶, 믿음의 삶, 능력 있는 삶을 살지 못하게 됩니다.

이유는 치유를 받지 못하고 있기 때문입니다. 바른 복음을 체험하지 못하기 때문입니다. 내면의 눌림이 영적 기쁨, 영적 능력, 영적 생명력을 누르고 있기 때문입니다. 이 때문에 크리스천이 세상에 밀리고, 하나님의 세력, 하나님의 나라가 세상의 세력, 세상나라에 밀리고 있는 것입니다. 우리 속에 흑암의 세력, 어두움의 세력이 밀려 들어와 우리 속에 있는 구원의 기쁨, 하나님 나라를 밀어내고 있는 것입니다. 우리가 밀린다는 것은 하나님의 나라, 하나님의 세력이 밀린다고 하는 것입니다. 나 때문에 하나님의 세력이 밀리고 있습니다. 우리 속에 있는 내면의 눌림 때문입니다.

구원은 받았으나 기쁨이 없는 내 마음, 생명력이 없는 내 마음, 하루하루 적당히 살아가는 내 마음, 풍랑만난 내 마음을 가지고 살고 있는 것은 내적치유를 통하여 지속적으로 내 마음에 하나님의 은혜를 채우지 못하고 있기 때문입니다. 구원은 은혜생활의 시작, 승리하는 생활, 풍성한 생활의 시작이어야 하는데, 그렇지 못하고 있습니다. 구원은 은혜의 시작입니다. 매일 매일 더 큰 은혜, 더 풍성한 은혜로 나아가야 합니다. 이것이 더 풍성한 생명을 주님으로부터 얻는 것입니다. 이 풍성한 생명을 주시기 위해서 주님이 오셨기 때문입니다.(요10:10)

그런데 우리는 생명을 얻었지만, 거기서 머물고 있습니다. 더 풍성한 생명을 누리지 못하고 있습니다. 내면이 치유 받지 못하고 있기 때문입니다. 그렇기 때문에 믿음의 열매, 구원의 열매를 맺지 못하고 있습니다. 구원받았다고 해서 저절로 풍성한 생명이라는 열매가 맺히는 것은 아닙니다. 구원받음은 풍성한 생명이라는 열매를 맺을 수 있는 조건을 갖추게 된 것이나, 깊은 내면이 치유 받지 못한 상태로는 열매를 맺지 못합니다.

주님이 우리에게 주신 생명력에는 부요, 강건, 기쁨을 주는 힘, 뛰어나게 하는 힘, 축복을 받게 하는 생명력, 세상을 이기는 능력, 변화시키는 힘…. 등등 무한한 생명력이 들어있습니다. 그런데 우리는 이것을 받아 누리지 못하고 있습니다. 이러한 생명력이 우리에게서 나타나지 못하고 있습니다. 우리 안이 막혀 있기 때문입니다. 이것을 누리지 못하는 원인을 찾아내어 치유하여야 합니다. 이것이 내적치유입니다.

상처의 영향은 이렇습니다. 돌이 날아와 맞으면 나는 상처를 입는 것처럼 우리 내면에도 감정의 돌이 날아와 상처를 입힙니다. 또 돌이 호수에 빠지면 돌은 밑으로 가라앉고, 파도는 사방으로 퍼져나가게 됩니다. 이처럼 상처는 우리의 모든 부분에 영향을 미치면서 잠재의식 밑에 가라앉아서 계속 우리에게 나쁜 영향을 끼칩니다.

외부의 상처는 쉽게 치유되나 마음에 받은 상처는 쉽게 치유되지 않습니다. 사라지지 않고 깊은 곳에 남아서 계속 나에게 영향을 주며, 나의 삶을 좋지 못한 쪽으로, 파괴적인 쪽으로 이끌어갑니다. 나이가 들어도 사라지는 것이 아니라, 오히려 절제력이 약해짐으로 더욱 강하게 나의 삶에 역사 합니다. 그래서 노인들이 더 섭섭해 하고 고집을 부리는 것입니다.

상처는 잠복기간이 지나면 꼬리를 들고 일어납니다. 꼬리를 들고 일어서는 시기는 영육의 상황이 좋지 못한 경우입니다. 상처는 상처를 주는 상대방보다, 쉽게 상처를 받는 나에게 문제가 있는 것입니다. 이 사실을 인정해야 자신을 치유할 수 있습니다. 평안과 행복은 환경이 이를 주거나, 느끼는 것이 아니라, 내가 그렇게 느끼는 것입니다. 주체는 나입니다. 나의 마음입니다. 나의 마음이 치유되어 있으면 늘 평안과 행복을 느낄 수 있게 됩니다.

그리고 더 나가서 남에게 상처주지 않도록 주의하고, 또 다른 상처받은 이들을 치유할 수 있게 됩니다. 이것이 복음의 화평케 하는 의미입니다.

> (고후5:18-19)"모든 것이 하나님께로서 났으며 그가 그리스도로 말미암아 우리를 자기와 화목하게 하시고 또 우리에게 화목하게 하는 직분을 주셨으니 곧 하나님께서 그리스도 안에 계시사 세상을 자기와 화목하게 하시며 그들의 죄를 그들에게 돌리지 아니하시고 화목하게 하는 말씀을 우리에게 부탁하셨느니라"

우리는 누구나 무한하게 발전할 수 있는 가능성을 가지고 있습니다. 우리의 삶이 모든 면에서 풍성해 지기를 하나님은 원하십니다. 우리는 내적치유를 통하여 풍성한 삶을 누릴 수 있습니다. 누려야 합니다. 이것이 우리를 향한 주님의 뜻입니다.

　상처는 이렇게 여러 가지로 영향을 미치게 됩니다. 그래서 반드시 근원을 찾아 치유해야 합니다. 그래야 진리로 자유 함을 누리면서 살아갈 수가 있습니다. 상처는 다음과 같은 영향을 미치게 됩니다.

　○ 하나님과의 관계(영적): 인간은 대개의 경우 아버지로부터 상처를 가장 많이 받게 됩니다. 근엄하고 권위를 내세우는 가부장적인 아버지로 말미암아 어릴 적부터 많은 상처를 입고 삶을 배웁니다. 그리고 스스로도 이러한 상처를 주며, 자신도 그러한 아버지가 되어갑니다.

　이러한 아버지의 개념으로 말미암아 하나님 아버지에 대한 개념이 왜곡됩니다. 근엄하기만 하고 책망과 형벌을 주관하는 아버지의 개념이 하나님에 대한 개념에 강하게 반영되고, 또 후손에게도 대물림되어 전달됩니다. 이러한 잘못된 아버지의 개념이 유아기로부터의 계속되는 교육으로 말미암아 참 사랑의 하나님 아버지에 대한 개념을 갖지 못하게 합니다.

　사랑이 빠진 신앙인, 막연한 종교인이 되어 버리고 맙니다. 말씀에 대한 불신, 죄에 대한 불감, 도덕 감과 윤리 감을 상실한 종교인이 되어버립니다. 신앙의 성장이 없게 됩니다.

내적치유를 통하여 참 사랑의 하나님 아버지를 인격적으로 만나야합니다. 하나님 아버지의 사랑을 받아야 합니다. 사랑을 체험해야 합니다. 인격체로 그분의 사랑을 느끼고 사랑을 받아야 합니다. 그래야 우리의 신앙이 성장하게 됩니다.

우리를 용서하시고 사랑하시고 축복해주시는 아버지의 사랑을 늘 받아야 합니다. 지금도 우리를 사랑하시는 하나님 아버지의 사랑으로 우리를 채워야 합니다. 그래야 하나님을 제대로 의식하게 됩니다. 하나님의 사랑으로 두려움과 염려를 내어 쫓게 됩니다. 말씀과 성령으로 내면을 치유하므로 하나님과 친밀하게 지낼 수 있습니다.

(요일4:18)"사랑 안에 두려움이 없고 온전한 사랑이 두려움을 내어 쫓나니 두려움에는 형벌이 있음이라 두려워하는 자는 사랑 안에서 온전히 이루지 못하였느니라"

(요일5:4)"무릇 하나님께로부터 난 자마다 세상을 이기느니라 세상을 이기는 승리는 이것이니 우리의 믿음이니라"

하나님의 사랑으로 우리의 마음을 채워놓지 못하게 되면 세상의 염려와 걱정과 근심이 우리의 마음을 채우게 됩니다. 내면이 너무 허약함으로, 쉽게 두려움을 느끼게 되고, 아무것도 하지 못하는 허약한 종교인이 됩니다. 우리가 진정 두려워해야 할 것은 바로 이러한 두려움입니다. 물질이나 건강이 없음으로 인한 두려움이 아니라, 우리의 마음에 하나님의 사랑이 없음을 두려워해야 합니다. 하나님의 사랑만 마음에 채워져 있으면 넉넉히 세상을 이길 수 있습니다.

이를 위해서 성령님이 오셔서 우리 마음에 하나님의 사랑을 부어주십니다(롬5:5). 이것이 바로 내적지유입니다. 내석치유와 함께 하나님의 사랑으로 내면이 채워지고, 풍성한 삶이 시작되는 것입니다.

○ 자신과의 관계(심리적, 육체적): 저는 다른 사람과 비교하여 몸이 약한 이유는 상처 때문이라고 합니다. 상처가 있으면 다른 사람에 비하여 스트레스를 많이 받게 됩니다. 스트레스를 많이 받으면 체력소모가 많습니다. 체력소모가 많으면 인체의 각기관이 정상적인 기능을 발휘하지 못합니다. 그래서 영육의 병치례를 많이 하는 것입니다. 이를 치유하기 위하여 한약을 먹고, 병원 약을 먹어도 치유되지 못합니다. 반드시 말씀과 성령의 역사로 상처를 치유하고 영저치유를 받아야 건강하게 지낼 수 있습니다.

상처가 많으면 자기 자신을 이겨내지 못합니다. 자기 자신을 심하게 비하시키거나, 무가치하게 여기게 됩니다. 또는 자신에 대하여 거부감, 증오감, 혐오감, 용서 못함, 열등감을 가지거나, 반대로 극도의 자기사랑, 이기주의, 배타주의를 가지게 되기도 합니다. 심한 우울증이나 의존감을 가지기도 합니다. 이러한 것은 성장기의 상처로 인하여 자기도 모르게 자신의 가치를 잘못 평가한 것입니다. 부모가 어릴 적에 자신을 그렇게 대했기 때문입니다.

예수를 믿은 크리스천은 새로운 아버지, 참 아버지를 가집니다. 그러므로 하나님 아버지에게서 새롭게 자신의 가치에 대하여 배워야 합니다. 마귀는 어릴 적 부모로부터 들은 "너는 왜 이렇게 못하느냐. 너는 못난 놈이다"라는 책망의 말을 자꾸 반복하여 내 마음에 들려줍니다. 참 사랑의 하나님 아버지는 우리가 실수하더라도 책망보다는 새롭게 나서도록 늘 위로와 용기와 격려를 주시는 분입니다. "너는 할 수 있다. 한번 다시 해보자"고 하시는 분입니다.

이러한 내면의 소리를 들어야합니다. 어릴 적 상처의 기억에서 되풀이 되는 사단의 비난의 말이 아니라, 내면에서 새롭게 울려나오는 위로하시는 하나님의 소리를 듣게 하는 것이 바로 내적치유입니다. 기억이나 감정에서 나오는 소리는 육신과 이성과 감정에서 나오는 것입니다. 하나님의 말씀은 이보다 더 깊은 안에서 조용히 울려나옵니다. 이 위로의 소리를 들어야 합니다. 책망하고 비난하고 좌절하게 하는 소리가 들려오더라도 이 소리를 붙잡지 말고 안에서 울리는 위로의 소리를 붙잡고, '하나님, 도와주세요' 라고 외치며 나서야 합니다.

상처에 기억되어 있는 두려움, 아픔을 기본으로 하여 삶을 살아가서는 안 됩니다. 새롭게 마음으로부터 솟아오르는 하나님의 힘, 하나님의 생명력을 기본으로 하여 삶을 살아가야 합니다. 상처에서 올라오는 것들을 빼내어 버리고, 깊은 곳에서 들려오는 하나님 아버지의 위로와 격려의 소리를 듣는 훈련을 하세요. 하나님이 깊은 속에서 밀어 올려 주시는 생명력을 부여잡는 훈련을 하세요. 그리고 자기를 선선하게 사랑하는 사가 되어야 합니다. 자기를 건전하게 사랑하는 자는 승리, 발전할 수 있고, 이러한 사람은 하나님의 도움을 누리게 됩니다.

○ 타인과의 관계(사회적): 자기를 무가치하게 여기는 사람은 남도 무가치하게 여깁니다. 하나님의 말씀의 총 강령(마 22:37-40)은 하나님을 사랑해야 자신을 진정으로 사랑할 수 있고, 자신을 건전하게 사랑해야 다른 사람도 제대로 사랑할 수 있다는 것입니다. 부부관계, 사회의 모든 인간관계에서 나타나는 모든 문제들 즉 반사회적이고 적대시함, 시기와 질투와 분쟁, 고압적 지배와 피지배적 근성, 믿지 못함, 불쾌하게 함과 같은 것들은 모두 하나님과 나, 그리고 이웃에 대한 수직적 관계의 개념에서 파생되는 것입니다. 위에서부터 내리 누르는 수직적 사회에서 생깁니다.

하나님은 우리를 그렇게 대하지 않으십니다. 내리 누르고 억압하시는 분이 아닙니다. 묶어놓고 뿌리시는 분이 아닙니다. 예수님은 제자들과 같이 걸어 다니시고, 인정하시고, 사랑하셨습니다. 수평적으로 대하셨습니다. 모든 사람을 끌어안고 용납

하셨습니다. 그런데 세상은 그렇지 않습니다. 모든 것을 수직적으로 생각합니다. 경쟁합니다. 누르고 눌립니다. 억압하고 지배하고 지배당합니다. 교회에서조차 그렇습니다. 세상에서 일어나는 일들이 교회 안에서도 똑같이 일어납니다.

성도들은 그렇게 하면 안 됩니다. 우리는 우리 안에 거하시는 하나님과 함께 새로운 삶을 만들어야 합니다. 수평적 삶을 만들고, 수평적 사회, 사랑의 사회를 만들 수 있습니다. 그럴 수 있는 능력이 있습니다. 크리스천이 되고, 풍성한 삶을 누린다는 것은 이러한 관계를 새롭게 창조해나가는 삶을 살아간다는 것입니다. 나를 변화시키고, 이웃을 변화시키는 것입니다. 이것이 내적치유입니다. 사람들은 많은 칭찬은 쉽게 잊어버리는 반면에 단 한마디의 상처를 주는 비평은 잊지 않고 기억합니다. 자신이 행한 일보다는 자신의 인간성에 대한 긍정적, 또는 부정적 말을 훨씬 더 깊게 받아드립니다. 인간성을 깎아 내리는 말은 자존감에 심각한 영향을 줍니다.

사람들은 상처를 당할 때에 자기의 감정을 억누르고 상처를 빨리 싸매어 버리기 때문에 아무도 눈치 채지 못합니다. 그러나 그 상처는 소독을 하지 않았기 때문에 곪게 되고, 시간이 흐르면 싸맨 곳을 통하여 고름이 새어나오기 시작합니다.

이것이 오래 전의 상처가 현재 삶에 영향을 미치는 것입니다. 상처를 받지 않고 살 수는 없지만, 치유는 하면서 살 수 있습니다. 상처는 일단 받으면 다른 사람에게 상처를 주게 되어있습니다. 상처의 악순환, 빈곤한 삶의 악순환입니다.

상처를 받지 않을 수는 없지만, 상처를 치유할 수는 있습니다. 상처를 치유해야 이 악순환에서 벗어날 수 있게 됩니다. 상처권에서 벗어날 수 있게 됩니다. 드디어 풍성한 삶으로 나아갈 수 있게 됩니다. 상처가 별로 나에게 영향을 주지 않게 되고, 남에게도 상처를 주지 않는 부드러운 성품이 되며, 상처가 주는 감정에 휩쓸리지 않는 든든한 삶을 살게 됩니다.

말씀과 성령으로 자신의 무의식과 잠재의식에 있는 상처를 찾아서 의식수준으로 가지고 나와서 치유하여 배출해야 합니다. 자꾸 심령에서 성령의 역사를 일으키면 상처는 치유되게 되어 있습니다. 그러므로 상처치유에만 치중하지 말고 성령으로 충만한 임재 상태에 들어가도록 노력해야 합니다.

내면의 상처는 목회도 실패하게 한다.

60대 초반의 목사님의 이야기입니다. 제가 이 목사님을 기도원에서 만났습니다. 제 옆에서 주무시던 이 목사님은 13년간 하던 목회를 접고 은혜를 받으러 다니던 길이었습니다. 그때 한참 저도 말씀의 은혜를 받으러 다닐 때입니다.

그때 저는 조금 눈이 열려서 사람을 보면 상처가 있는지 질병이 있는지 알 수 있던 시기였습니다. 대화를 하다가 보니 젊은 시절 사업을 하다가 은혜를 받아서 40대 후반에 사업을 정리하고 신학을 하여 목사가 되었습니다.

신학교를 다닐 때 동기들이 다 목회를 망해도 자신은 목회를 잘할 수 있다고 말했다는 것입니다. 그런데 사업을 정리하고 신학교를 다니면서 전 재산을 투자하여 교회를 개척했는데 목회 13년을 하고 보니 230만원이 남았더랍니다.

그래서 지하실을 얻어서 사모님하고 같이 지낸다는 것입니다. 그러면서 자신이 목회를 하지 못하고 망한 것은 말씀이 없어서 목회가 되지 않았다는 것입니다. 제가 목사님의 심령을 보니 목사님에게 상처가 아주 많아 보였습니다. 제가 이렇게 말해주었습니다. "목사님은 말씀이 없어서 목회를 못 하신 것이 아니라, 상처가 많아서 목회를 잘못한 것입니다. 내면의 상처를 치유 받으셔야 합니다." 그랬더니 그 후에 그 목사님이 저희 교회에 찾아오셔서 치유를 받으셨는데 목사님이 방언기도를 하시는데 잘 들어보니 "에이 시팔! 에이 시팔!" 하면서 기도를 하십니다. 이런 분들이 종종 있습니다. 이런 분들은 90%는 분노가 있는 분들입니다.

그러더니 악을 정말 크게 쓰시는데 약 1시간 30분을 악을 쓰면서 치유를 받았습니다. 그러다가 속에서 더러운 상처들이 수없이 나왔습니다. 옆에서 계속 기도를 해드리니까 잠잠해졌습니다. 일어나시더니만 아무도 없으니까, 저보고 감사하고 미안하다고 하면서 저녁식사를 같이했습니다.

"목사님! 상처가 정말 많이 있었습니다. 어렸을 때 상처를 많이 받으셨나 봅니다." 이렇게 묻자 말씀하셨습니다. "목사님 제가 어려서 우리 아버지께 정말 많이 얻어맞았습니다. 치유 받을 때 그때 모습이 보이면서 악을 썼습니다. 목사님, 제가 오늘 치유 받으면서 느낀 것은 신학대학과 신대원에 다니는 분들은 모두 내적 치유를 받아야 된다는 사실입니다. 제가 조금이라도 일찍 상처에 대하여 알았더라면 목회에 실패하지 않았을 것입니다. 목회하면서도 분노가 올라와 고생을 많이 했습니다."

목사님은 계속 다니면서 기본적인 치유를 받았습니다. 그리고 치유의 원리들을 적용하면서 차차로 영성이 회복되고 얼굴에 성령 충만이 나타나고 새 사람으로 변화되어 지금 목회를 아주 잘하십니다. 성령의 능력도 내면이 치유되어야 강하게 나타납니다. 시간 낭비하지 마시고 내면부터 치유하시기를 바랍니다.

저는 내적치유는 상처가 있어서 치유를 받는 것이 아니라고 합니다. 자신을 영적으로 바꾸기 위해서 받는 것이라고 생각하고 사역을 하고 있습니다. 그러므로 모든 목회자와 성도들은 내적치유 대상입니다. 모두 예수를 믿고 교회에 들어오면 성령으로 세례를 받고 성령의 불세례를 받으면서 내면의 상처를 치유하고 자아가 깨어져야 합니다.

그리고 혈통을 타고 역사하는 귀신들을 축귀해야 합니다. 이렇게 하여 심령을 옥토로 만들어야 하나님과 교통하며 복을 받는 심령이 되는 것입니다. 앞에서 말씀드린 목사님의 경우는 심령을 옥토로 만들지 못해 하나님과 관계가 친밀하지 못해서 목회를 하지 못한 것입니다.

5장 내적치유 받을 필요가 있을까?

(요 10:10)"도둑이 오는 것은 도둑질하고 죽이고 멸망시키려는 것뿐이요 내가 온 것은 양으로 생명을 얻게 하고 더 풍성히 얻게 하려는 것이라"

하나님은 무의식의 상처를 치유하여 영의 상태에 잘 들어가는 성도와 교통하십니다. 크리스천들끼리 주고받는 상처는 특히 크고 깊습니다. 마음을 열고 받는 영적 상처이기 때문입니다. 악한 영이 강하게 역사함으로 크리스천들이 받는 상처는 깊이 들어가기가 쉽습니다. 왜냐하면 마음을 열고 있기 때문입니다. 악한 영은 우리의 상처를 그냥 두지 않습니다. 더 강하게 역사합니다. 그러므로 우리는 모든 상처를 치유 받아야 하는 것입니다. 하나님의 역사하심으로 세상 사람들이 찾는 것과 같은 그런 감정의 치유가 아니라, 깊은 내면의 치유, 온전한 치유를 받을 수 있습니다. 받아야 합니다.

1. 하나님과 관계 회복을 위해

하나님은 영이 십니다. 영이신 하나님과 관계를 회복하려면 심령이 치유되어 영적인 상태가 되어야 가능한 것입니다. 하나님은 치유되지 않는 육체와는 교통하실 수가 없습니다.

○ 우리가 예수를 믿고 신앙생활을 할 수 있음은 우리의 영혼이 하나님의 은혜로 치유를 받았기 때문입니다. 예수를 영접함으로 병들고 상처받은 우리의 영혼이 하나님과 관계를 회복함으로 치유 받게 된 것입니다. 대부분의 크리스천들은 영적인 분야만의 치유, 즉 구원만을 받고 다음 단계인 마음, 성품, 상한 감정, 육체적 치유에 관해서는 무지하며, 필요성을 느끼지 못합니다. 그리고 육신의 어느 부분이 병들면 고통을 받기에 그 부분의 치유에 대해서만 관심을 가집니다.

○ 구원은 순간적인 사건이나, 성화는 평생을 두고 내면의 치유를 통하여 일어납니다. 예수를 믿고 구주로 영접하는 순간에 우리의 영이 거듭납니다. 순간적입니다. 그러나 그 후의 성화는 평생을 두고 이루어가야 합니다. 마음이 치유를 받아야 성령충만을 받을 수 있습니다. 상한 마음이 치유 받지 못하였기 때문에 신앙인은 되었으나 삶의 본질이 변화 받지 못한 종교인으로 머물게 됩니다.

상처를 받으면 제일 먼저 마음이 감정이 상처를 입습니다. 그리고 감정의 상처는 마음을 굳게 합니다. 유아기의 부드러운 마음이 성장하면서 상처를 받으므로 점점 굳게 됩니다. 점점 강퍅해집니다. 그러면서 자기도 모르게 다른 사람에게 상처를 주면서 삽니다. 이런 상태에서 찾아오신 주님이 믿음으로 우리의 마음속에 들어오시는 것이 구원입니다.

그러나 아직 마음은 굳어진 그대로입니다. 굳어진 상태로는 하나님-나-이웃과의 관계가 제대로 되지 않습니다. 그리고 이러한 상태를 바꿀 생각이나, 필요성을 느끼지 못하고 있습니다. 그냥 현실을 그대로 받아들이며 세월이 약인 줄 알고 그냥 세월을 보냅니다. 그럴수록 마음속의 상처는 더욱 굳어지고 치유가 어렵게 됩니다.

○ 우리 마음은 눈으로 볼 수 없으며, 만져지지도 않습니다. 그러나 우리의 삶을 총체적으로 지휘하는 마음은 우리의 삶에 있어서 가장 중요한 존재입니다. 특히 신앙생활의 영역에 있어서는 절대적입니다.

(신 6:5)"너는 마음을 다하고 뜻을 다하고 힘을 다하여 네
  하나님 여호와를 사랑하라"

사랑은 마음에서 우러나와야 진정한 사랑입니다. 하나님은 그러한 사랑을 요구하시는 것입니다. 마음과 성품은 긴밀한 관계가 있습니다. 마음이 굳어지면 성품이 굳을 수밖에 없습니다. 그리고 돌같이 굳어진 마음, 굳어진 성품으로는 하나님이 요구하시는 사랑을 할 수 없습니다.

(잠 4:23)"모든 지킬 만한 것 중에 더욱 네 마음을 지키라
  생명의 근원이 이에서 남이니라"

그러므로 하나님은 '마음을 지키라,' '마음을 새롭게 하라'(롬 12:2)고 하시는 것입니다. 그런데 마음을 지키지 못함으로 굳어지게 되면 사람들은 위로와 기쁨을 얻기 위해서 밖으로 나갑니다. 그리고 이렇게 밖으로 나간 마음은 다시 상처를 입고 더 굳어지게 됩니다.

마음을 지키지 못하면 스트레스가 쌓입니다. 모든 질병의 원인이 마음에 쌓이게 됩니다. 사고의 원인이 마음에 쌓이게 됩니다. 가정과 육신의 건강과 모든 것에 대한 강건함이 마음에서 시작됩니다. 하나님의 축복도 마음에서 시작됩니다. 마음이 굳어지면 하늘과 막히고, 사람과도 막히고, 나 자신과도 막힙니다. 그러면서 서서히 죽어갑니다. 자기도 모르게 마귀의 밥이 되어갑니다.

우리는 마음에 무엇을 담고 있는가 분별해야 합니다. 상처에서 나오는 쓴 물을 담는가, 아니면 하나님께서 부어주시는 사랑과 생명을 담는가 분별하세요. 마음을 부드럽게 해야 합니다. 평안함이 있게 해야 합니다. 자유 함이 있게 해야 합니다. 마음이 굳어지면 마음을 느끼지 못함으로 마음을 지키는 방법도 모르고 관심도 없게 됩니다. 우리는 영적인 존재이므로 하나님을 느낄 수 있습니다. 마음에 하나님의 은혜를 담고, 하나님의 평강을 담고 하나님의 사랑을 담고 생명을 담으면 하나님을 느낄 수 있습니다. 마음은 생명의 근원인 영을 담고 있는 그릇입니다.

(겔 36:26) "또 새 영을 너희 속에 두고 새 마음을 너희에게 주되 너희 육신에서 굳은 마음을 제거하고 부드러운 마음을 줄 것이며"

그래서 하나님은 우리에게 새 마음을 주시기를 원하십니다. 새 마음을 주시려고 우리 속에, 우리 마음속에 임마누엘의 하나님으로 들어 오셨습니다. 우리를 떠나지 않고 영원히 거기에 거하시면서 우리의 마음을 새롭게, 부드럽게 변화시키려고 하십니다. 마음을 부드럽게 함으로 우리 속에서 역사하시는 이 하나님을 느껴야 합니다. 육신은 날로 후패해져가지만 마음은 늘 새로워져야합니다. 육은 내려가고 쇠해지지만, 마음은 늘 새로워지고, 늘 위로 올라가야 합니다.

2. 영적인 마음을 가지기 위해

마음은 감정, 기분, 지성, 애정을 느끼는 기관이 아니라, 이보다 더 깊은 곳에 있는 인간의 육신과 정신의 궁극적 기반이며 근원이 되는 기관입니다. 인간의 가장 깊은 곳에 있기에 실감하기가 어렵습니다. 대부분 일상생활을 이성과 육체적 활동으로 하기 때문에 마음의 활동이 마비되어 있습니다. 마음을 깨워서 활발하게 활동하게 해야 합니다. 그래야 하나님의 인도와 지배와 보호와 축복을 받게 됩니다. 기도는 잠자는 마음을 깨워 그

안에 거하시는 하나님과 교제하는 것입니다.

마음은 인간에게서 가장 소중한 부분, 하나님이 거하시는 곳입니다. 그러므로 마음을 하나님의 은혜로 항상 가득하게 채우세요. 마음이 성령으로 충만하면 하나님의 은혜로 채워지는 것입니다. 그러면 하나님의 형상, 하나님의 자녀로서의 삶을 살 수 있게 됩니다. 여기를 마귀에게 빼앗기고, 마귀가 주는 쓴 물을 담으면, 인간은 이 세상에서 가장 추한 존재가 되어버립니다. 마음을 지킴으로 하나님에게 빼앗기면, 하나님을 담으면, 하나님이 주시는 사랑으로 채우면, 인간은 이 세상에서 가장 존귀한 존재가 됩니다. 마음은 마귀가 주는 파괴적인 에너지 또는 하나님이 주시는 무한한 생명의 능력과 에너지로 가득한 곳입니다.

마음은 우리 생명의 중심입니다. 건강과도 연관되고, 하나님과도 관계되고, 물질과도 관계되고, 모든 것이 마음과 연관됩니다. 마음이 살아야 내가 삽니다. 마음을 지키는 것이 재물을 지키는 것이요, 건강을 지키는 것이요, 가족을 지키는 것이요, 사회를 지키는 것입니다. 성령의 역사도 우리의 마음으로부터 시작됩니다(겔36:25-27). 하나님의 축복도 마음으로부터 시작됩니다. 하나님의 임하심도, 하나님의 은혜도 모두 마음으로부터 시작됩니다. 마음이 막히면 전부 다 막힙니다. 내 삶이 막힙니다. 하늘이 막힙니다. 그러므로 마음을 풀어야 합니다. 마음을 열어야 합니다. 마음을 씻어야합니다. 마음을 깨워야합니다. 새 마음을 받아야 합니다. 부드러운 마음을 받아야 합니다. 성도는 육을 죽이고 마음으로 살리라. 마음을 새롭게 하리라. 다짐하고 실천해야 합니다.

마음을 온갖 더러운 쓰레기집합소로 만들지 마시기를 바랍니다. 온갖 더러운 것이 가라앉아 있는 구정물통으로 만들지 마시기를 바랍니다. 마귀는 수시로 마음을 뒤집어 놓는 존재이고 성령님은 씻어내시고, 평안하게, 맑게 하시는 분입니다. 이 더러운 것을 차곡차곡 쌓아놓지 마시기를 바랍니다. 이것들을 주고받지 마시기를 바랍니다. 전파하지 마시기를 바랍니다.

상처가 무엇이 좋은 것이라고 그것을 움켜잡고 있는가! 우리가 이 상처를 움켜잡고 있으면 마귀는 이 상처를 가지고 온갖 좋지 못하고 악한 것을 만들어 냅니다. 그러나 하나님에게 이 상처를 내어 드리면 하나님은 이 상처를 치유하시고, 사랑과 위로와 소망이 넘치는 좋은 것으로 만들어 주십니다. 상처가 오히려 축복의 근원이 되게 하십니다. 마음이 가벼우면 인생이 가볍습니다. 발걸음이 가볍습니다. 마음의 상처를 치유 받음으로 마음의 모든 무거운 짐을 벗어 버려야 합니다(히12:1).

성령님은 내 마음속에 계시면서 내 영을 도와 모든 내적 상처를 치유하심으로 마귀가 역사하지 못하게 하고 하나님의 주시는 사랑과 생명이 늘 넘쳐나게 하시는 분입니다. 마귀는 상처, 특히 내적 상처에 역사 하는 존재입니다. 상처가 있는 한 떠나지 않는 존재입니다. 상처를 주고, 상처를 부여잡고, 치유 받지 못하게 하는 존재입니다. 십자가의 보혈은 상처를 치유하는 하나님의 능력입니다. 성령님은 상처를 치유하시는 분입니다. 성령님은 용광로처럼 고철을 가지고 새 제품을 만드시는 분입니다. 마귀는 바이러스처럼 좋은 것을 망치는 존재입니다.

인간은 하나님에게 쓰임 받을 수도 있고, 마귀에게 쓰임 받을 수도 있는 존재입니다. 상처를 주고, 상처를 움켜삽고 살면 마귀에게 쓰임을 받는 것이고, 말씀과 성령으로 치유 받고, 치유를 주는 것은 성령에게 쓰임 받는 것입니다. 진정한 크리스천은 내 속에서 오는 기쁨, 하나님의 은혜 때문에 밖에서 오는 어떤 감정에도 흔들리지 않고, 하나님의 나라를 향하여 나아가는 사람입니다. 하나님에 의해서 우리가 변화 받지 않으면 우리는 점점 마귀에 의해서 마귀 쪽으로 변화됩니다. 점점 하나님답게 되지 않으면 점점 마귀답게 되어 가는 것입니다. 치유 받지 않으면 점점 더 마귀같이 되어 갑니다.

3. 내적상처는 전문적인 치유를 받아야 한다.

○ 내면에 생기는 문제는 부흥회, 예배출석, 성경 읽기, 공부, 새벽기도회에 참석한다고 해서 해결되지 않습니다. 실제로 상처 난 부위를 전문적으로 치유해야합니다.

○ 내적 치유란 딱딱해진 마음, 돌, 가시덤불로 가득 차서 말씀의 씨앗이 뿌리를 내리지 못하게 되는 요인을 제거하여 결실

을 맺게 하기 위함입니다. 굳은 마음을 기경하는 것, 그 속에 있는 돌을 제거하는 것, 가시덤불을 뽑아내는 것이 내적 치유입니다. 씨앗은 생명입니다. 그러나 굳은 마음에는 이 씨앗이 들어가지 못합니다. 귀로는 듣지만 마음으로 들어가지 못합니다. 몸으로 선행한다고 해서 씨앗이 싹이 나고 열매가 맺히는 것이 아닙니다. 성령님으로 말미암아 마음이 부드럽게 풀어져야만 합니다.

돌들이 가득한 마음은 걱정, 근심의 무거움, 답답함으로 가득한 마음입니다. 이러한 것들을 다 뽑아 버리세요. 그래야 생명이 마음에 뿌리를 내리고 열매를 맺을 수 있습니다. 땅은 스스로 돌을 뽑아낼 수가 없습니다. 오직 우리 속에 계신 성령님이 해 주셔야 합니다. 걱정의 돌, 근심의 돌, 답답함의 돌을 빼내어 주십니다.

가시는 상처입니다. 이것이 나를 아프게 찌르는 것입니다. 마음을 찌르고 감정을 찌르는 것입니다. 나도 찌르고 남도 찌릅니다. 이것을 뽑아내세요. 남이 나를 섭섭하게 하고, 아프게 하는 것이 아니라, 내 속에 있는 가시가 나를 아프게 하는 것입니다. 남이 나를 찌르는 것이 아니라, 내 속에 가시가 있는데, 다른 사람은 단지 그것을 살짝 건드릴 뿐입니다. 남을 탓하기 전에 내속에 있는 가시를 뽑아내시기를 바랍니다. 말씀과 성령의 역사로 내속에 있는 상처의 쓴 뿌리를 뽑아내시기를 바랍니다. 내가 치유 받아 변하지 않으면 아픔은 절대로 사라지지 않습니다.

자신의 마음을 먼저 치유 받아서 옥토로 만드세요. 땅은 돌과 가시를 스스로 뽑고 뱉어낼 수 없습니다. 주님이 오셔야 합니다. 그분의 손은 정확한 위치와 손길로 모든 돌과 가시덤불을 빼내어주십니다. 그래야 우리의 마음이 옥토가 되고, 100배, 60배, 30배의 열매를 맺게 됩니다.

내적치유는 상하고 아픈 마음, 눌린 마음에 하나님의 평강이 임하는 것이요, 내 마음속에 있는 무거운 돌이 빼어지는 것이요, 속에 있는 가시가 뽑아지는 것입니다. 이제는 누가 뭐래도 별로 아프지 않고, 남을 아프게도 하지 않습니다. 이런 마음에 하나님의 은혜가 임합니다. 돌이 가득하고 가시가 가득한 밭에는 아무리 씨를 뿌려도 싹이 나지 않지만, 이런 것들이 다 뽑아진 밭에는 풍성한 열매가 맺히게 됩니다. 하나님의 은혜가 충만해집니다. 이런 것들이 그냥 내버려진 마음 밭에는 마귀만이 충만하게 됩니다.

교회는 마음을 치유하기보다는 씨앗의 질에만 관심을 두고 씨앗의 개량에만 열심을 냅니다. 문제는 씨앗이 아니고 마음 밭입니다. 마음이 무거우면 인생이 무겁고, 마음이 가벼우면 인생이 가볍게 됩니다. 마음이 행복하면 인생이 행복합니다. 이런 마음에 물질이 따르고, 사람이 따르게 됩니다. 돌이 가득하고 가시가 가득하면 마귀가 우글거리게 됩니다. 이것들을 뽑아내시기를 바랍니다. 이를 위해 성령의 도우심을 간구하시기를 바랍니다.

하나님이 이를 위해 우리 안에 오셔서 거하십니다. 돕기 위해서, 치료하기 위해서, 우리 속에 있는 가시와 돌을 뽑아내시기 위해서 오셔서 기다리고 계십니다. 그분에게 우리를 맡기세요. 심령의 치유를 받기 위해서 노력해야 합니다. 말씀과 성령으로 심령의 중심이 풀리면 모든 것이 풀립니다. 심령의 중심이 풀리면 환경과 삶의 문제들이 하나씩 하나씩 풀려나갑니다. 이것이 자녀문제, 부부문제, 경제문제 등등의 문제를 해결하는 하나님의 방법입니다.

(겔 36:25-27)"맑은 물로 너희에게 뿌려서 너희로 정결케 하되 곧 너희 모든 더러운 것에서와 모든 우상을 섬김에서 너희를 정결케 할 것이며, 또 새 영을 너희 속에 두고 새 마음을 너희에게 주되 너희 육신에서 굳은 마음을 제하고 부드러운 마음을 줄 것이며, 또 내 신을 너희 속에 두어 너희로 내 율례를 행하게 하리니 너희가 내 규례를 지켜 행할지라"

그러므로 우선 자신의 마음부터 치유하시기를 바랍니다. 마음의 안을 치유하시기를 바랍니다. 잠재의식, 즉 마음의 가장 깊은 곳에 있는 모든 상처를 다 치유하고, 그곳에 하나님의 사랑을 담으세요. 이를 위해서 내 마음을 귀중하게 여기세요. 잘 때 마음에 손을 얹으세요. 귀하게 여기세요. 하나님의 은혜와 치유와 사랑을 담기 위해 하나님을 사모하시기를 바랍니다. 초

청하시기를 바랍니다. 간구하시기를 바랍니다. 그러면서 주무
세요. 마음을 풀기를 바랍니다.

하나님의 도우심을 힘입어서 마음에 묶인 것을 다 풀기를 바
랍니다. 마귀는 아무것도 아닌 것을 마음에 묶게 만드는 존재입
니다. 마음에서 묶이면, 땅에서 묶는 것이요, 하늘에서도 묶이
게 되는 것입니다. 마음을 풀기를 바랍니다. 하나님의 도우심
으로 자유로워지고 풍요로워져야 합니다. 성령으로 악한 영의
역사를 다 뽑아내기를 바랍니다. 악한 영의 역사를 공격할 수
있는 권능이 우리 영 안에 있습니다. 영 안에 계신 성령하나님
이 권능으로 역사하십니다.

마음이 새롭게 변화를 받으세요. 능력을 받으세요. 자유 함
을 받으세요. 하나님은 얼마나 우리에게 풍성하게 주시기를 원
하시는지 모릅니다. 우리 마음이 풀리지 않아서 그것을 다 받아
누리지 못하고 있는 것입니다. 그러므로 마음을 풀고, 이 모든
것을 다 받으세요.

그리고 모태에서부터 받았던 모든 상처와 쓴 뿌리를 다 뽑아
내고 치유 받으세요. 그리고 점점 하나님의 성품이 나의 성품이
되게 간구하시기를 바랍니다. 그러면 하나님의 사랑의 열매가
나타나게 되며, 그러한 사람의 삶에 성령님의 열매가 저절로 나
타나게 됩니다. 이것이 삶의 목표, 사역의 목표가 되어야 합니
다. 내적 치유는 열매가 궁극적 목표가 되어야 합니다.

성령의 역사를 밖으로, 은사로, 능력으로 나타내려고 하기보

다, 무엇보다도 먼저 내 마음을, 내 마음 깊은 곳을 치유하는 쪽으로 나타내려고 간구하시기를 바랍니다. 내 마음을 성령님으로 가득하게 채우세요. 그러면 자연히 은사는 밖으로 나타나게 됩니다. 밖으로 나타나는 은사보다 내적인 치유에 더 관심을 가져야합니다. 내적 치유에 집중하면, 나의 마음이 치유 받으면, 외적인 은사는 저절로 나타나게 됩니다. 내적 치유를 제대로 받지 못하면 외적 은사가 왜곡되고 잘못됩니다. 은사는 지나고 인격은 남습니다. 인격(성품)을 갖춘 다음에 은사가 나타나야 제대로 은사가 나타납니다. 은사는 지나가나, 그 은사를 역사한 인격이 그 뒤에 남아서 냄새를 끼칩니다.

내적 치유는 섬김의 자세, 마음이 중요합니다. 이러한 마음을 가지는 것부터가 이미 내적 치유를 받는 것입니다. 마음에 있는 상처를 치유 받으면, 그곳에 성령님께서 임재하실 수 있습니다. 그리고 성령의 지배를 받을 수 있게 됩니다. 성령의 인도를 받는 삶, 성령님과 교제하는 삶을 살 수 있게 됩니다. 그러한 사람의 삶에 성령의 은사가 나타나게 됩니다. 이를 위해서 가장 중요한 것은 성령님에게 내 마음을 여는 것입니다. 그분으로 하여금 나를 치유하게 하는 것입니다. 성령님을 내 마음으로 초청하는 것, 늘 마음의 교제를 하는 것입니다.

6장 바르지 못해 개선해야할 내적치유

(히5:14)"단단한 식물은 장성한 자의 것이니 저희는 지각을
사용하므로 연단을 받아 선악을 분변하는 자들이니라."

하나님은 반드시 치유되어 영적으로 변한 성도를 사용하십니
다. 내적치유는 상처를 치유하는데 국한해서는 안 됩니다. 성도
가 영적으로 바뀌는 것에 목적을 두어야 합니다. 그래야 상처 치
유도 빨리되고 성도의 영이 깨어나 하나님과 교통하게 됩니다.
하나님과 교통하며 아브라함의 축복을 받게 되는 것입니다. 그런
데 일부 목회자나 성도들이 알고 있는 내적치유는 마음의 상처나
질병을 치유하는 것으로 인식하고 있습니다. 필자가 그동안 내적
치유를 받고 직접 사역을 하면서 보고 득문하고 체험한 바로는 개
선해야할 문제가 있다는 것입니다.

1. 내적치유를 불필요하게 생각하는 것

하나님은 상처를 치유하여 심령이 영적으로 바뀐 성도를 사용
하십니다. 내적치유의 가장 큰 문제는 내적치유를 불필요한 사역
이라고 생각하는 목회자가 계신다는 것입니다. 이분들이 하시는
말씀이 지나간 일을 무엇 때문에 들추어내어 문제를 만드느냐는

것입니다. 예수를 믿었으니 새사람답게 앞을 바라보고 긍정적으로 가면된다는 것입니다. 어떤 분은 예수를 믿었으면 새 사람이 되었는데 과연 치유가 필요하냐는 것입니다.

(고후 5:17)"그런즉 누구든지 그리스도 안에 있으면 새로운 피조물이라 이전 것은 지나갔으니 보라 새것이 되었도다."

옛 사람은 죽고 새 사람으로 태어났는데 치유를 받을 필요성이 있느냐고 하십니다. 우리는 이 말씀을 바르게 알아야 합니다. 예수를 믿었으니 예수를 믿는 순간에 옛 사람 아담은 죽고 하늘의 사람 예수로 다시 태어난 것입니다. 그러나 우리는 생명인 혼을 가지고 있고, 혼을 도와주는 육체를 가지고 숨을 쉬면서 살고 있는 것이 사실입니다. 육체가 예수를 믿는 동시에 영적으로 변화될 수가 없다는 것입니다. 그래서 일정기간 말씀과 성령으로 치유해서 혼과 육이 영의 말을 잘 순종하는 영의사람으로 바뀌어져야 된다는 것입니다. 일부 목회자들이 내적치유를 잘못 이해하고 있는 것입니다. 내적치유를 상처를 치유하고 병을 고치는 것으로 한정하기 때문입니다. 그러나 내적치유는 육신에 속한 성도를 영에 속한 성도로 바꾸는 사역입니다. 성경에 보면 모든 의인들이 하나님이 원하시는 영적인 수준으로 바뀌는 훈련을 모두 통과 했다는 것을 알아야 합니다.

구약에 보면 아브람도 하나님에게 불림을 받고 25년 동안 훈련을 받으면서 치유를 받아 영적으로 바뀌었습니다. 아브라함의 아들 야곱도 마찬가지로 영적으로 변하기 위하여 20년간 훈련을 받았습니다. 그래도 하나님만을 믿는 영적으로 변하지 않아 얍복 강에서 천사와 씨름하며 허벅지 관절이 어긋나는 시련을 격은 후에 영적으로 바뀌었습니다. 야곱의 아들 요셉역시 형들의 시기로 구덩이에 빠졌으나 구사일생으로 구덩이에서 나와서 애굽에 종으로 팔려갔습니다. 보디발의 집에서 10년 동안 종살이를 하면서 하나님만을 찾는 훈련을 받았습니다. 여기에서 끝나지 않고 보디발의 아내의 모함으로 감옥에 들어가 3년 동안 더 영적으로 변하는 훈련을 받았습니다. 하나님이 원하시는 영적인 수준에 도달하여 애굽의 총리가 된 것입니다. 다윗도 마찬가지입니다. 사무엘에게 유다나라 왕으로 세우기 위하여 기름부음을 받았습니다. 기름부음을 받고 사울 왕의 시기를 받아 13년 동안 쫓기는 생활을 하면서 하나님만 바라보는 훈련을 받았습니다.

이스라엘 사람들이 우상을 숭배하며 불신앙할 때 바벨론에 70년 동안 포로 생활을 하면서 하나님만을 바라보는 훈련을 하였습니다. 고통을 당하며 하나님을 찾고 찾으면서 영적으로 변하게 하기 위한 하나님의 뜻입니다.

예수님도 마찬가지입니다. 세례요한으로부터 물세례를 받자 하늘이 열리고 성령이 비둘기 같은 형상으로 임했습니다. 즉시로 성령의 이끌림을 받아 광야에 나가 40일 동안 주리시면서 마귀에게 3번의 시험을 받았으나 말씀으로 승리하자 천사들의 수종을 받으면서 사역을 시작하셨습니다. 이렇게 모두 육신에 속한 사람이 영적으로 변하는 영성훈련을 받았습니다.

마찬가지로 성령이 역사하는 교회시대를 살아가는 성도들도 반드시 성령의 인도를 받으면서 육체에 있는 죄악과 상처를 치유받아야 영이신 하나님에게 쓰임을 받을 수 있다는 것입니다. 저는 개인적으로 예수를 믿고 교회에 들어온 성도들과 목회자는 모두 말씀과 성령으로 치유를 받아야 영적으로 변할 수 있다는 것입니다. 다른 한편의 문제는 별도의 내적치유가 필요하지 않다는 것입니다. 많은 보수적인 목회자들이 새벽기도 잘하고, 예배 빠지지 않고 잘 드리고, 십일조 잘하면서 신구약 성경을 묵상하면서 살아가노라면 자동으로 내적인 상처가 치유되는 것이지 별도로 내적치유를 받을 필요가 있느냐는 것입니다.

그런데 이렇게 예배 잘 드리고, 새벽기도에 빠지지 않는다고 상처가 치유되지 않더라는 것입니다. 세상 의술도 깊은 질병은 해당 전문의를 통하여 치유를 받고, 수술할 것은 수술을 합니다. 이와 같이 내면의 상처도 전문적인 치유를 받아야 치유가 되는 것입니다. 이런 논리 때문에 많은 성도들이 믿음 생활을 아주 잘하면서도 영육의 고통을 당하면서 살아가는 것입니다.

저는 전문적인 치유사역자입니다. 저에게는 목사, 장로, 권사, 안수집사들이 치유를 받으러 옵니다. 이분들이 이구동성으로 하는 말이 성령의 역사와 영적인 것과 내면의 상처치유를 몰라서 불필요한 고통을 당했다는 것입니다. 조금만 빨리 치유를 알았더라면 이렇게 고통을 당하지 않았을 것이라고 말합니다. 지금 교회에는 많은 성도들이 상처로 고생을 하고 있습니다. 우울증으로 고통을 당하는 성도들도 있습니다. 이분들이 담임목사에게 상담을 하면 열심히 철야하며 기도하고 전도하면 치유가 된다는 것입니다. 그래서 3년을 철야하고 전도를 하고 다녀도 질병과 우울증은 점점 더 심해진다고 하소연 합니다. 설대로 열심히 철야하며 기도하고 아픈 다리를 끌고 다니면서 전도 한다고 치유되지 않습니다. 전문적인 말씀을 들으면서 성령의 임재 가운데 전문치유를 해야 고통에서 해방을 받습니다. 내적치유는 질병과 상처만을 치유하는 것이 아닙니다. 영적인 성도로 바꾸는 필수불가결한 사역입니다. 모두 내적치유를 바르게 알고 적용하고 치유하여 강건한 마음으로 하나님의 뜻을 이루시기를 바랍니다. 치유는 전적으로 하나님의 뜻입니다. 하나님이 주신 권위를 잘 활용하여 영육으로 강건한 성도들이 되기를 바랍니다.

2. 이론적인 내적치유

많은 목회자나 성도들이 내적치유의 이론을 알면 다 치유된 줄로 착각하는 것입니다. 내적치유는 이론을 박식하게 안다고 치유된 것은 절대로 아닙니다. 반드시 성령의 역사가 자신을 장악하여 내적인 상처를 치유해야 합니다. 그런데 내적치유를 받았다고 하는 일부 성도들이 성령의 세례를 받지 않았다는 것입니다. 무의식의 내적인 상처는 성령께서 치유하시는 것입니다. 성령의 세례도 받지 않은 성도가 어떻게 내적치유를 받은 것입니까? 이는 이성적으로나 이론적으로 마음의 상처를 치유 받은 것입니다. 분명하게 내적인 상처는 이론이나 이성적인 상황유도로 치유되지 않습니다. 순간 마음이 은혜를 받아 치유된 것 같아도 조금 지나면 재발하게 됩니다. 내적인 상처는 모두 무의식에 있습니다. 무의식의 상처는 반드시 성령께서 드러나게 해야 합니다. 그리고 밖으로 상처를 배출해야 합니다. 아무리 이론을 잘 알고, 내적치유 과정을 잘 알고 통과 했다고 해도 무의식의 상처는 치유되지 않고 그대로 남아있습니다. 반드시 강한 성령의 역사가 일어나야 무의식의 상처가 치유되는 것입니다.

필자가 얼마 전에 이런 분을 치유한 경험이 있습니다. 우리교회 성령치유 집회에 참석하여 말씀을 듣고 기도를 했습니다. 저는 기도시간에 모든 분들을 안수하여 드립니다. 안수를 하다가 성령께서 감동하여 심령에 있는 분노의 상처는 정체를 드러내라. 했더니 이분이 하는 말이 목사님 저는 상처가 없습니다. 우리교회에서 몇 번을 내적치유 받았기 때문에 상처가 없습니다.

그러는 것입니다. 그래서 그럼 여기 왜 오셨습니까? 그렇게 질문을 했습니다. 이렇게 답변하는 것입니다. 목사님! 제가 여기에 온 것은 저의 아들문제 때문에 온 것입니다. 알았다고 하고 기도하라고 했습니다. 다음날 또 왔습니다. 제가 앞자리에 앉게 했습니다. 그리고 말씀을 전하고 기도하게 했습니다. 그분 차례가 와서 안수를 했습니다. 그러니까. 기침을 사정없이 하면서 오물을 토하는 것입니다. 그러니까, 이분이 하는 말이 목사님! 기분이 되게 나쁩니다. 그러는 것입니다. 아무 말도 하지 않고 안수를 계속하여 치유 받게 한 체험이 있습니다. 이런 분이 이론으로 치유를 받은 줄로 착각하는 분입니다. 내적상처는 반드시 말씀과 성령의 역사가 하는 것입니다.

3. 말씀과 성령의 역사 없는 내적치유

저는 항상 이렇게 강조합니다. 내적치유의 이론만 들으면서 치유 받으면 영적으로 자라지 않아 앉은뱅이 성도가 된다고 합니다. 일부 성도들과 목회자들이 내적치유 시간에만 내적치유가 되는 줄로 이해하고 있습니다. 그래서 우리 교회에 전화하여 내적치유를 언제 하느냐고 합니다. 그러면 제가 이렇게 대답을 합니다. 우리 교회는 성령의 세례와 내적치유, 귀신축사와 질병치유는 어떤 집회든지 참석하면 치유와 체험을 하게 되어있습니다.

내적치유는 내적치유 말씀만을 전하고 들어야 내면의 상처가 치유된다는 의식을 전환해야 합니다. 제가 사역을 해보니 영이 깨어나는 깊은 영적인 말씀을 전하고 기도할 때 훨씬 더 깊은 상처들이 치유가 되는 것을 체험합니다. 솔직하게 내적치유의 이론은 복음 중에서도 제일 하위복음이라고 저는 생각을 합니다. 이런 말씀만을 계속 듣게 되면 영이 자라지를 않습니다. 영이 깨어나지 않습니다. 하나님의 말씀을 골고루 들어가면서 치유 받아야 영이 깨어나고 영안이 열리고 심령 깊은 상처들이 치유되는 것입니다. 그래서 우리 교회는 매주 다른 과목의 말씀을 전하면서 내적치유와 축사, 성령의 세례와 방언사역, 질병치유 사역을 하고 있습니다. 이렇게 여러 가지 말씀을 들으니까, 치유 받으러 오신 분들이 영적으로 박식해 지면서 살아있는 성령의 역사를 날마다 체험하는 것입니다. 이렇게 치유 받다가 보니까, 심령이 옥토로 변하고 담대해지고, 영권이 나타나는 권능 있는 목회자 성도로 변화되는 것입니다. 저의 개인적인 견해로는 성령이 역사하는 신구약의 말씀을 고루 들어야 깊이 있는 상처가 치유되고 하나님이 원하시는 군사가 된다고 생각을 합니다.

그러므로 내적치유를 받는 다고, 내적치유 사역을 한다고 내적치유 과정별 말씀만을 고집하지 말아야 합니다. 영성은 균형이 잡혀야 합니다. 마음만 평안하면 다된 것이 나닙니다. 마음이 평안한 동시에 영적인 눈이 열리고 권능이 나타나야 합니다.

내적치유를 받았으면 담대해져야 합니다. 하나님의 군사가 되어 쓰임을 받아야 합니다. 하나님에게 쓰임을 받기 위하여 내적치유를 받는 것입니다. 내적치유는 마음의 상처만 치유하는 것이 아니고 성품의 변화와 환경의 변화가 일어나야 한다는 것입니다. 질병도 치유되어야 합니다. 그래서 내적치유는 반드시 성령의 역사가 나타나야 하는 것입니다. 성령으로 변화되는 내적치유 사역을 하시고, 변화되는 내적치유를 받으시기를 바랍니다.

4. 육와 혼을 즐겁게 하는 내적치유

하나님은 우리가 하나님과 같은 영적인 수준으로 변화되기를 원하십니다. 저는 개인적으로 하나님은 자신에게 와있는 상처를 통하여 영적으로 바꾸려고 하신다는 것입니다. 교회는 바꾸는 곳입니다. 땅의 사람을 하늘의 사람으로, 병든사를 치유하여 건강한 사람으로, 상처받은 심령을 치유하여 성령이 역사하는 평안한 심령으로 바꾸는 곳입니다. 바꾸는 것은 사람의 힘으로는 불가능합니다. 초자연적인 성령의 역사가 일어나야 사람이 영적으로 바뀐다고 생각을 합니다. 그렇기 때문에 상처가 많이 있다고 좌절하거나 낙심하지 말아야 합니다. 상처를 치유 받다가 보니까, 하나님이 원하시는 영적인 사람으로 바뀌기 때문입니다. 내적치유를 하시는 사역자는 하나님이 원하시는 방향을 바르게 알고 사역을 해야 한다는 것입니다. 저는 개인적으로 아무리 상처를 치유하여 평안한 사람이 되어도 하나님과 친밀하게 교통하는 영적인 사람으로 바뀌지 않으면 아무런 소용이 없다는 것입니다.

제가 우리 교회에 치유를 받으러 오신은 분들의 이야기를 빌리자면 육을 즐겁게 하여 내적인 상처를 치유한다고 하는 곳이 있다는 것입니다. 또, 찬양이나 율동을 통하여 마음을 즐겁게 하여 내적인 상처를 치유한다는 것입니다. 그리고 웃음을 웃게 하여 상처를 치유한다는 것입니다. 그런데 그렇게 치유를 받고 며칠이 지나면 더 마음이 답답해진다는 것입니다. 이는 혼을 즐겁게 하여 순간 은혜를 받게 하는 치유입니다. 이는 깊은 차원의 치유가 아니기 때문에 근본 문제의 원인이 제거되지 않습니다. 순간 마음은 즐거워서 치유된 것으로 착각할 수가 있습니다.

그러나 근본 치유가 되지 않았습니다. 반드시 초자연적인 성령의 역사가 자신의 영 안에서 일어나 마음을 뚫고 밖으로 나타나야 치유가 되는 것입니다. 즐거웠다고 치유가 되는 것이 아닙니다. 반드시 상처 뒤에는 귀신이 있습니다. 성령의 역사로 귀신이 자신의 심령에서 밀려나가야 치유가 되는 것입니다. 육과 혼을 즐겁게 하는 치유는 축귀가 되지 않기 때문에 근본은 치유되지 않습니다. 그래서 내적치유를 많이 받아도 자신이 영적으로 변하지 않는 것입니다. 내적치유를 받으면 상처만 치유되는 것이 아니고 귀신도 축귀가 되어야 진정한 성령의 역사로 하는 내적치유입니다. 저는 개인적으로 귀신이 떠나가야 상처의 뿌리도 뽑히고, 성품도 변화되는 것입니다. 그러므로 내적치유 사역자는 축귀에도 관심을 두어야 합니다.

5. 치유과정을 중요하게 하는 내적치유

내적치유과정만 통과하면 내면의 상처가 치유되는 줄로 알고 있는 분들이 있습니다. 그래서 신문광고를 보면 내적치유 12과정을 통과 합니다. 내적치유 16개 과정을 통과 합니다. 하면서 광고를 합니다. 저의 개인적인 견해로는 성령의 인도 없이 과정만 통과하는 것은 무의미 하다는 것입니다. 반드시 내적치유 과정 과정을 통과하면서 성령의 역사로 자신의 무의식의 상처를 드러내어 밖으로 배출하는 것이 중요하다는 것입니다. 아무런 치유의 현상 없이 치유 과정만 통과한다고 내적인 상처가 치유되는 것이 아닙니다. 우리는 바르게 알고 바르게 행해야 합니다.

사람을 치유하여 영적으로 만드는 일은 성령께서 하십니다. 그러므로 치유 과정 과정을 성령님이 친히 인도하시면서 치유하시는 주관자가 되어야 합니다. 성령님이 치유를 행해야 한다는 것입니다. 이런 내적치유를 받아야 깊은 곳의 상처가 치유되어 영적으로 변하는 것입니다. 내적치유 사역자는 이렇게 성령께서 치유의 주관자가 되시도록 내적치유를 인도해야 할 것입니다.

이정도 수준이 되려면 사역자와 성령님이 인격적인 관계가 되어야만 가능합니다. 내적치유 사역자는 성령님과 친밀하게 지내면서 인격적인 관계가 되도록 힘써야 할 것입니다. 내적치유를 인도하는 사역자는 깊은 영의기도로 무장된 사람이어야 합니다. 깊은 영의기도를 통하여 깊은 성령의 역사가 일어나기 때문입니다. 내적치유 사역자가 얼마나 깊은 은혜를 유지하느냐가 내적치유 성공의 관건이 된다는 것을 명심해야 합니다.

그런데 요즈음 한국 교계에 이런 수준을 유지한 사역자가 그리 많지 않습니다. 있다고 해야 조금 능력이 나타나고 내적치유의 이론을 안다고 사역하는 사람들이 많습니다. 내적치유 사역자는 스스로 자신의 상처를 치유 받고 깊은 영의기도로 성령님과 친밀해지도록 노력해야 할 것입니다.

6. 영적으로 변하지 않는 내적치유

하나님은 영적으로 변한 성도를 통하여 하나님의 뜻을 이루십니다. 영적으로 변하려면 먼저 성령으로 세례를 받아야 합니다. 성령의 세례는 그리스도께서 직접 행하시는 사역입니다. 성령으로 세례를 받았으면 성령의 불세례를 받으면서 무의식의 상처를 치유해야 합니다. 상처를 치유하면서 자신의 자아가 부수어져야 합니다. 자아를 부수면서 상처와 자아의 뒤에 숨어있던 귀신을 축귀해야 합니다. 귀신이 떠나가면서 마음의 밭이 성령이 역사하시는 옥토로 변하는 것입니다. 내적치유는 성도의 마음을 옥토로 만드는 영적인 사역입니다. 이 모든 사역이 자신 안에서 역사하시는 성령께서 하시는 것입니다.

성령께서 이런 사역을 하시는 것은 성도를 영적으로 바꾸기 위해서 역사하시는 것입니다. 성령님은 성도가 영적으로 바뀌어야 하나님과 친밀하게 지내면서 하나님의 일을 할 수 있다는 것을 잘 알고 계시기 때문입니다. 그래서 우리는 성령의 인도를 받아야 합니다. 성경은 이렇게 말씀합니다.

(요일 2:27)"너희는 주께 받은바 기름 부음이 너희 안에 거하나니 아무도 너희를 가르칠 필요가 없고 오직 그의 기름 부음이

모든 것을 너희에게 가르치며 또 참되고 거짓이 없으니 너희를

가르치신 그대로 주 안에 거하라"

성령께서 성도를 인도하면서 하나님의 군사를 만드시는 것입니다. 반드시 내적치유를 받으면 영적으로 변해야 합니다. 만약에 내적치유를 받았는데도 영적으로 바뀌지 않았다면 어디엔가 문제가 있는 것입니다. 반드시 찾아서 해결해야 합니다. 그리고 내적치유를 하는 장소에 가서 치유를 받아도 자신이 영안이 열리지 않고, 영적으로 사고하지 못하고, 깊은 영의기도가 되지 않고 심령이 변하지 않는다면 그 내적치유 사역은 잘못된 것입니다. 바르게 진단하고 분별해야 할 것입니다. 자신의 영은 자신이 지켜야 합니다. 바른 분별력을 길러야 할 것입니다. 반드시 성령이 역사하는 내적치유는 변하게 되어 있습니다.

7. 상처만 드러내는 내적치유

필자는 13년이 넘게 성령치유와 내적치유 사역을 인도하여 왔습니다. 한우물만 판 것입니다. 이렇게 오래 사역을 하다가 보니까, 어떻게 하면 깊은 차원의 내적치유 사역을 할 수 있는지 많이 터득을 했습니다. 내적치유는 반드시 상처를 의식위로 드러나게 하여 밖으로 배출해야 합니다. 그래야 근본적인 문제가 해결이 되는 것입니다.

저는 어찌하든지 사역을 하면서 상처를 드러내어 밖으로 배출시키는 작업을 합니다. 물론 이렇게 하면 사역을 받는 분들이 조금 힘이 들 수가 있습니다. 그러나 이렇게 하지 않으면 상처가 배출이 되지 않아 조금만 지나면 다시 재발하거나 심령이 갑갑하여집니다. 이유는 상처가 밖으로 배출되지 않았기 때문입니다.

일부 내적치유 사역을 하는 곳에서는 물병을 두드려서 분을 풀게 한다는 것입니다. 이렇게 하면 상처가 드러나게 됩니다. 분을 풀면서 어느 정도 치유되는 것과 같은 기분이 들 것입니다. 정확하게 말하면 분노를 일으키는 상처의 근본은 떠나가지 않았습니다. 상처 뒤에는 귀신이 있을 수 있습니다. 귀신은 반드시 성령의 역사에 의해서 드러나고 떠나가는 것입니다. 이렇게 이성적으로 분을 풀면서 치유를 받았다고 하도라도 근본은 그대로 있는 것입니다. 그래서 치유 받고 와서 더 가슴이 답답하다고 하소연하는 분들이 있습니다. 우리 교회에 와서 깊은 상처를 치유 받고, 우울증을 치유 받은 성도의 간증을 들어보면 어느 내적치유 센터에 2박 3일 동안 25만원의 회비를 내고 내적치유를 받았답니다. 그런데 치유 과정 중에 그룹토의가 있는데 그룹토의 하다가 깊은 상처에 의해서 졸도를 했다는 것입니다. 졸도를 한 후에 영성 깊은 사역자가 치유를 했으면 상처가 밖으로 배출이 되었을 것인데 그렇지 못했다는 것입니다.

솔직하게 말씀 드려서 보조하는 치유 사역자가 영성이 깊지를 못합니다. 그렇기 때문에 이런 깊은 상처는 치유할 수가 없는 것이 당연한 것입니다. 그래서 우리 충만한 교회는 필자가 직접 일일이 안수하면서 치유사역을 인도하는 것입니다. 내적치유는 사역자의 영성에 따라 치유의 깊이 정도가 판가름 나는 것입니다.

그래서 그 성도는 치유 센터에서 2박 3일 동안에 치유 받지 못하고 돌아와서 우리 교회에 찾아와서 깊은 상처의 뿌리를 뽑아내고 평안을 찾았습니다. 내적치유는 그룹토의 하여 상처를 알았다고 치유가 되지 않는 것입니다. 반드시 성령의 역사가 일어나 상처를 밖으로 배출해야 하는 것입니다. 다시 한번 말씀드리면 상처를 드러냈으면 반드시 밖으로 배출하는 작업을 해야 합니다. 그래야 상처가 완전하게 치유되어 참 평안과 성령의 권능이 나타나는 것입니다. 내적치유는 반드시 성령의 역사에 의한 영의차원에서 해야 합니다. 상처는 무의식에 웅크리고 있기 때문에 성령의 역사 없이는 상처가 드러나지 않고 치유되지 않습니다.

영의차원에서 무의식의 상처를 현실로 끌고 나와서 배출해야 근본적인 치유가 되는 것입니다. 내적치유를 받았는데도 심령상의 변화가 없는 것은 이성차원에서 내적치유를 받았기 때문입니다. 반드시 생명의 말씀과 성령의 역사로 영의차원의 치유를 해야 완치가 됩니다. 그래야 내적치유를 받고 심령도 변하고 성령의 권능도 나타나는 것입니다. 사역자는 말씀과 성령으로 영의차원의 내적치유를 하시고, 내적치유를 받는 분들도 말씀과 성령으로 영의차원의 내적치유를 받으시기를 바랍니다. 성령하나님만이 우리의 무의식의 상처를 치유하십니다.

7장 내적치유 바르고 빨리 받는 비결

(히 12:14-15)"모든 사람과 더불어 화평함과 거룩함을 따르라 이것이 없이는 아무도 주를 보지 못하리라. 너희는 하나님의 은혜에 이르지 못하는 자가 없도록 하고 또 쓴 뿌리가 나서 괴롭게 하여 많은 사람이 이로 말미암아 더럽게 되지 않게 하며,"

하나님은 내면의 상처가 치유되어 하늘의 사람으로 바뀐 자를 통하여 이 땅에 하나님의 나라를 만드십니다. 하늘의 사람으로 변하는 것은 말과 같이 쉬운 일이 아닙니다. 성경은 "그런즉 누구든지 그리스도 안에 있으면 새로운 피조물이라 이전 것은 지나갔으니 보라 새 것이 되었도다" (고후 5:17). 말씀하십니다. 그러나 새 것이 되기에는 땅의 사람이 하늘의 사람으로 바뀌는 시간이 걸립니다. 나이가 많으면 많을 수록 시간이 더 걸리는 것이 사실입니다. 새 사람으로 바뀌는 것에 제일 방해가 되는 것이 마음의 상처이기 때문입니다. 결정적으로 상처가 하늘에 속한 영의 사람으로 바뀌는 걸림돌 역할을 합니다. 어떻게 해야 바르고 빨리 내면의 상처를 치유받을 수 있겠습니까? 첫째, 성령이 아니고는 자신의 상처를 치유할 수가 없다는 것을 인정해야 합니다. 둘째, 스스로 바르게 상처를 치유하는 비결을 습득하는 것입니다. 셋째, 기존 예배나 기도시간을 이용하여 스스로 치유하는 것입니다.

저는 15년이라는 세월을 투지하여 마음의 상처와 영적인 질병을 치유하여 영의 사람으로 바꾸는 사역을 해왔습니다. 사역을 해오면서 체험한 사실은 말씀과 성령으로 마음의 상처를 치유하는 것이 그리 쉽지 않다는 것입니다. 하나님은 성도들의 마음의 상처를 한 번에 모두 치유하여 주시지 않기 때문입니다. 성도가 말씀의 비밀을 깨닫고 영적으로 바뀌는 만큼씩 치유하여 주시기 때문입니다. 제가 내적치유사역을 하면서 나름대로 내린 결론은 마음의 상처를 한꺼번에 치유 받으려는 생각을 버려야 한다는 것입니다. 그런데 많은 목회자들과 성도들이 2박 3일 내적치유 세미나에 한번만 참석하면 상처가 완벽하게 치유되는 줄로 착각하고 있다는 것입니다. 한마디로 너무나 쉽게 생각을 한다는 것입니다. 하나님은 그렇게 쉽게 상처를 치유하여 주시지 않습니다.

하나님은 상처를 통하여 하나님의 사람으로 바꾸려고 하십니다. 상처를 치유받기 위하여 하나님을 찾고 찾아서 심령이 성령으로 충만해지기를 기다리십니다. 심령이 성령으로 충만해지는 만큼씩 상처를 치유하여 주십니다. 그렇기 때문에 2박 3일 내적치유세미나에 참석하면 내적인 상처가 완전하게 치유되지 않을 수 있다는 것입니다. 2박 3일 내적치유세미나에 참석하여 자신의 내면을 정확하게 보고, 내적 치유하는 요령을 습득하여 일상 예배 시간을 활용하여 자신이 직접 상처를 치유해야 합니다. 자신이 직접 상처를 치유하면서 성령의 역사의 중요성을 깨닫게 됩니다. 그래서 성령의 세례를 받으려고 합니다. 성령의 역사 없이 상처가 치유되지 않기 때문입니다. 말씀과 성령으로 자신을 치유하면서 영적인 전쟁하는 법을 터득하게 됩니다. 이렇게 하면서 영적으로 변화가 되는 것입니다. 하나님은 예수를 믿는 모든 성도들이 하나님의 군사가 되기를 원하십니다.

그러므로 내적치유를 받으려면 자신이 직접 영성을 길러야 합니다. 성령으로 세례도 받고 성령의 불세례를 받으면서 내적인 상처가 치유되면서 권능 있는 성도로 변화가 되는 것입니다. 우리가 알아야 할 것은 전문 사역자의 도움으로 상처를 완벽하게 치유 받지 못한다는 것입니다. 전문 사역자를 통하여 내적치유의 기본을 숙지하고 성령을 체험하고, 자신이 예수를 믿으면서 고통을 당하고 영의 만족을 누리지 못하는 것은 상처 때문이라는 것을 깨닫는 기간이라고 생각하면 쉬울 것입니다.

그래서 내적상처 치유의 중요성을 깨닫고 자신이 출석하는 교회에 가서 기도시간이나 예배 시간을 활용하여 지속적으로 치유 받아야 한다는 것을 깨닫는 것입니다. 다른 사람의 능력을 의지하여 내적치유를 받는 것은 한계가 있다는 것도 스스로 깨닫는 것입니다. 그리하여 마음과 생각이 바뀌어서 스스로 성령의 권능을 가지고 자신을 치유해야 한다는 것을 알게 되는 것입니다. 그러면서 영적인 사람으로 변화가 되기 시작합니다. 하나님은 이것을 원하시는 것입니다. 성도 한 사람 한 사람이 하나님과 직접관계를 친밀하게 하면서 영적으로 변화되게 하십니다. 보편적으로 내적치유를 바르고 빨리 치유 받으려면 다음과 같이 해야 합니다.

첫째, 전문적인 내적치유 센터 활용: 내면의 상처를 치유받으려면 먼저 전문적인 내적치유 센터에 가시는 것이 좋습니다. 말씀과 성령으로 내적인 상처를 치유하는 곳이어야 합니다. 지금 교계에는 심리적인 방법으로 내적치유를 하는 곳도 많기 때문입니다. 제가 15년간 내적치유 사역을 하면서 체험한 바로는 말씀과 성령의 깊은 역사가 없이는 내석인 상처치유를 받을 수가 없다는 것입니다. 성령의 역사가 무의식에 숨어있는 상처를 드러내어 배출하게 하기 때문입니다. 성령의 역사 없이는 상처를 무의식에서 의식 위로 드러나게 할 수가 없습니다. 이렇게 깊은 치유를 받으려고 생각하시는 분은 먼저 내적치유센터가 강한 성령의 역사가 있는 곳인가 알아보아야 합니다. 성령의 역사가 강하여 먼저 성령으로 세례를 받게 하고, 성령의 역사에 따라 내적치유를 하는 곳인가 반드시 확인을 해야 합니다. 왜냐하면 심리적으로 감정을 건드려서 내적치유를 하는 곳에 가서는 깊은 곳의 상처도 치유 받지 못할 뿐만 아니라, 다녀와서 스스로 치유할 수가 없기 때문입니다.

이와 같이 성령의 강한 역사가 있는 곳에서 내적치유의 원리를 터득해야 합니다. 성령의 역사로 자신이 상처가 있다는 것을 깨달아야 합니다. 많은 분들이 내적치유센터에 가서 2박 3일을 지나도 자신에게 아무런 현상이 일어나지 않으면 상처가 없는 줄 압니다. 이는 극히 교만한 생각입니다. 자신이 성령으로 장악이 되지 않았기 때문에 무의식의 상처가 드러나지 않는 것입니다.

그러니까, 상처가 없어서 드러나지 않는 것이 아니라, 자신을 성령님이 장악하지 못하니 상처가 드러나지 않는 것이라는 것을 알아야 합니다. 사람은 육을 가지고 있는 존재인지라, 상처가 없는 사람이 없습니다. 모두 상처를 가지고 있습니다. 자신이 너무나 자아가 강하든지, 마음을 열지 않는다든지, 영육으로 강하게 묶였다든지, 등등의 이유로 성령의 세례를 받지 못해서 상처가 무의식에서 의식 위로 드러나지 않는 것입니다. 제가 그동안 내적치유 사역을 하면서 체험한 바로는 4주가 지나자 성령으로 세례가 임하고 상처가 드러나는 분들이 있습니다. 그것도 매주 3일 이상을 집회에 참석하여 40-50분간을 기도하며 안수를 받아도 성령의 세례가 임하지 않고 상처가 드러나지 않습니다. 반면에 어느 분은 첫 시간에 성령으로 세례를 받고 상처가 치유되기 시작하는 분들도 있습니다. 이런 분들은 평소에 기도를 많이 하고, 마음이 열려있어 성령이 역사하기 좋은 심령 상태를 가진 분들입니다. 기도를 많이 했느냐, 성령으로 세례를 받았느냐에 따라서 내적인 상처치유가 빨리 되느냐 늦게 되느냐 차이가 생깁니다. 모두 환자의 내적인 상태에 따라서 성령의 역사와 치유가 다르게 나타난다는 결론입니다.

성령으로 세례 받지 못하면 절대로 상처가 치유되지 않습니다. 다시 말하면 사람의 노력과 힘으로는 상처기 치유되지 않기 때문입니다. 이는 상처 뒤에는 악한 세력들이 역사하고 있기 때문입니다. 그래서 내적인 상처를 치유 받다가 과거의 상처받았던 생각이 떠올라 서럽게 울었다고 상처가 치유된 것은 절대로 아닙니다. 사람은 심리적인 존재이므로 감정을 건드리면 감정이 폭발하기 때문입니다. 쉽게 말해서 감정을 건드리니 감정이 폭발하여 울었다는 것입니다. 이렇게 심리적인 치유를 받으면 평생 받아도 깊은 상처가 치유되지 않습니다. 반드시 말씀과 성령으로 영적인 차원에서 치유해야 합니다. 그래야 상처 뒤에 역사하는 귀신이 떠나가고 말씀과 성령의 은혜로 채워지기 때문입니다.

내적치유센터에서 성령을 세례를 받고 상처치유에 대한 원리를 터득하고 자신에게 어떠한 상처가 잠복하여 있는지 깨닫고 오는 것으로 만족해야 합니다. 물론 치유센터에서 상처가 치유됩니다. 치유센터에서 완벽하게 치유하는 것은 한계가 있기 때문입니다. 잘 생각해 보십시오. 인생을 50년을 살았는데 2박 3일에 상처가 치유되겠습니까? 그래서 내적치유센터에 가보면 2박 3일 내적치유세미나를 10번을 다니는 분들도 있는 것입니다. 자신에게 상처가 있어서 영의 만족을 누리지 못하고 영육으로 고통을 당하는데 치유되지 않으니 계속 찾아다니는 것입니다.

문제는 이렇게 2박 3일 세미나를 10번을 다녀도 완벽하게 치유되지 않는다는 것입니다. 그래서 내적치유센터에서 어느 정도 치유가 되면 자신이 등록하여 믿음 생활하는 교회에서 치유를 받는 것입니다. 성령으로 세례를 받고 내적치유 원리를 바르게 터득하면 본인이 스스로 상처를 치유할 수가 있습니다. 안 되다면 우리 충만한 교회와 같이 매주 내적치유와 영육치유 집회가 열리는 교회에 다니면서 치유를 받는 것입니다. 제가 이렇게 매주 집회를 하는 이유는 마음의 상처나 영육의 문제가 한 달에 2박 3일 집회로 해결될 수가 없기 때문입니다.

그래서 우리 충만한 교회 홈페이지(www.ka0675.com)에 집회 과목 설명을 올려놓았습니다. "매주 다른 과목을 가지고 집회를 인도합니다. 그래서 많은 분들이 집회 과목에 대하여 질문을 많이 합니다. 즉, 성령의 불세례 받는 집회는 언제 합니까? 내적치유는 언제 합니까? 신유집회는 언제 합니까? 귀신축사는 언제 합니까? 깊은 기도 훈련은 언제 합니까? 성령은사 집회는 언제 합니까? 재정 축복집회는 언제 합니까? 등등 질문을 하십니다.

우리 교회 집회는 "성령의 불세례, 내적치유, 귀신축사, 신유, 성령의 은사 전이, 깊은 영의기도"는 기본으로 깔아놓고 집회를 인도합니다. 어느 집회에 오시더라도 "성령의 불세례, 내적치유, 귀신축사, 신유, 성령의 은사 전이, 깊은 영의기도"를 받을 수 있다는 말입니다. 매주 같은 과목으로 집회를 하면 영성을 깊게 개발할 수가 없습니다. 여러 가지 과목을 배우면서 깊은 상처와 질병과 귀신들이 드러나서 떠나갑니다. 마음의 상처도 깊은 말씀을 듣고 깨달아야 치유가 됩니다. 과목마다 성령께서 역사하는 방향이 다르기 때문입니다.

병원이나 세상 방법으로 해결하지 못하는 무슨 문제든지 해결 받겠다는 믿음을 가지고 참석하면 모두 해결 받게 됩니다. 15

가지 질병과 문제도 의지를 가지고 참석하면 모두 해결 받습니다. 단 성령께서 자신을 장악해야 치유가 되기 때문에 성령이 장악하는 기간이 사람마다 다릅니다. 나이가 적은 분들은 빨리 장악을 하여 치유가 됩니다. 반대로 나아가 많은 분들은 좀 더 시간을 투지해야 완치가 됩니다. 단 무슨 문제이든지 믿음을 가지고 오시면 해결이 된다는 깃입니다. 오서시 모두 치유와 능력을 받으시기를 바랍니다." 마음의 상처치유는 사람의 능력으로 치유 받지 못합니다. 심리적인 방법으로도 치유 받지 못합니다. 고로 내적 상처치유는 내적치유센터에서 2박3일 참석하여 완벽하게 받지 못합니다. 성령의 강한 역사가 있는 내적치유센터에서 내적치유의 원리를 알고, 성령으로 세례 받아 자신에게 상처가 있다는 것을 아는 정도면 만족해야 합니다.

그래서 깊은 상처를 치유 받으려면 우리 충만한 교회와 같이 매주 성령치유 집회를 하는 곳에 다니면서 깊은 말씀과 성령의 역사로 치유 받아야 합니다. 아니면 우리 충만한 교회와 같이 주일날도 성령집회 형식으로 예배를 인도하여 성령의 강한 역사가 일어나는 교회에 등록하여 다니면서 영적으로 깊은 말씀을 들어 영을 깨우고, 매주 마다 성령의 강한 역사로 마음의 상처를 치유 받아야 합니다. 또 말씀과 성령으로 충만 받아야 합니다. 내면의 상처를 빨리 치유 받으려면 그 만큼 하나님께 시간을 많이 드려야 합니다. 물론 성령으로 바르게 치유하는 곳이어야 합니다. 성도는 인간 역사와 성령의 역사의 분별력도 길러야 합니다.

둘째, 교회에서 주일 예배 활용: 사람은 영적이면서 육을 입고 사는 존재들입니다. 육을 가지고 사는 고로 아무리 성령으로 충만하게 지낸다고 할지라도 마음에 상처와 영적인 세력들의 공격을 받을 수 있습니다. 그래서 우리 교회는 모든 예배를 성령이 역사하는 집회 형식으로 인도합니다. 왜냐하면 성도들이 주일날 하루만 교회에 나오는 성도들이 있기 때문입니다. 그래서 주일 낮 예배도 동일하게 성령 집회 식으로 인도를 합니다. 왜냐하면 성도들에게 성령의 충만을 항상 유지하게 하기 위해서 입니다. 성도들의 영을 깨우기 위해서입니다. 지난주 동안 세상에서 살아오면서 받은 스트레스와 상처를 치유하기 위해서입니다. 마음속 무의식에 숨어있는 상처를 드러내어 치유하기 위해서입니다. 성도들의 심령에서 역사하는 악한 영의 역사를 성령의 역사로 몰아내기 위해서입니다.

그리고 성령이 역사하는 영적체질을 만들기 위해서입니다. 우리 교회 주일 예배 순서를 요약설명하면 이렇습니다. 먼저 찬양을 20분간 합니다. 그리고 통성기도를 합니다. 통성기도를 한 후에 제가 성령의 임재를 구하는 기도를 합니다. 사도신경하면서 예배를 시작합니다. 교독문을 낭독합니다. 찬양 단이 나와서 찬양을 합니다. 그리고 대표기도를 합니다. 대표기도를 한 후에 바로 헌금시간을 갖습니다. 헌금시간을 앞에 둔 것은 성령이 충만한 예배를 인도하기 위해서입니다. 말씀을 전하고 바로 기도 시간에 들어가기 위해서 헌금 시간을 앞으로 돌렸습니다. 헌금

기도를 하고 광고를 간단하게 합니다. 그리고 본문 말씀을 읽습니다. 그리고 서로 인사를 합니다. 인사하고 말씀을 전합니다. 말씀은 40-50분 정도 전합니다. 말씀을 전하고 모두 일어서서 성령의 임재가 있는 찬양을 부릅니다. 찬양은 시간이 넉넉할 때만 부르게 합니다.

대략 한곡을 두 번 연속해서 부르는 것이 보통입니다. 그러면 여기저기서 성령의 임재 현상이 일어나기 시작을 합니다. 몸을 앞뒤로 흔드는 성도도 있습니다. 기침이나 하품을 하는 성도도 있습니다. 우는 성도도 있습니다. 저는 계속하여 돌아다니면서 성령의 임재를 요청하는 안수 기도를 합니다. 성령의 은혜를 사모하고 나와 있기 때문에 대부분 성령의 은혜를 체험합니다. 이렇게 약 40-50분간 기도를 합니다. 그리고 성도들의 기도를 정리하고 제가 선포기도를 합니다. 상처와 질병의 치유. 가정의 문제의 치유. 물질 문제의 치유를 선포합니다. 그리고 축도하고 예배를 마칩니다. 우리교회 성도들은 아주 강팍한 사람을 제외하고 주일날 하루만 나오더라도 모두 성령의 불세례를 체험합니다. 내면의 상처가 치유됩니다. 성도들이 성령의 불세례를 체험하면 발에 발동기를 달아준 것과 같은 효과가 납니다. 이렇게 주일날 신령한 하늘의 능력을 받아 한주동안 세상에 나가 마귀와 대적하며 승리하는 삶을 사는 것입니다. 정말 주일이 중요합니다.

모두 중요한 주일을 잘 활용하시기를 바랍니다. 평일 날 교회에 나와서 은혜는 받고 싶으나 먹고 살아가기 위해서 여건이 되지 못하는 분들이 많습니다. 성도는 하늘의 양식을 먹고 능력을 받아야 합니다. 하늘의 양식을 먹는 시간이 예배시간입니다. 예배를 성령이 역사하는 예배를 드려야 합니다. 그래야 성령으로 말씀을 깨달을 수가 있습니다. 내적인 상처는 이렇게 주일마다 치유를 해야 합니다. 그래야 무의식에 상처가 들어가 집을 짓지 못합니다. 어느 기간을 정하여 치유 받는 것은 바람직하지 못합니다. 내면을 치유하는 습관이 되게 해야 합니다. 매주 내면의 상처를 성령으로 치유하면 성도가 영육으로 건강하고, 환경이 열리고, 물질 축복을 받게 됩니다.

셋째, 금요철야나 목요철야 활용: 무조건 철야한다고 문제가 해결이 되는 것이 아닙니다. 반드시 말씀과 성령의 역사로 문제의 원인을 찾아 성령의 이끌림을 받는 깊은 기도를 해야 합니다. 깊은 기도를 하면서 원인을 영상으로 보면서 회개도 하고, 용서도 하며 영적인 전쟁을 하면 문제는 서서히 해결이 됩니다. 상처가 있는 분은 내적치유의 원리를 적용하여 성령의 깊은 임재 하에 치유 받는 것입니다. 그러나 막연하게 철야하면 상처가 치유되고 문제가 해결 되겠지 하면서 천일을 철야를 해도 문제는 해결되지 않습니다. 문제는 영적인 원리를 적용하지 않고 막연하게 철야만 한다는 것입니다. 영적인 원리에 따라 분명하게 적용을 하면서 기도를 해야 되는 것입니다. 반드시 영적인 조치를 하면서 기도를 해야 상처와 문제가 해결이 되는 것입니다.

우리나라 성도들이 기도를 엄청나게 많이 합니다. 그러면서도 진작 문제가 해결되지 않고 능력이 나타나지 않는 것은 바른 기도를 하지 않기 때문입니다. 한마디로 성령 안에서, 성령으로 기도하지 않기 때문입니다. 기도는 반드시 성령으로 성령 안에서 해야 합니다. 우리 성도들은 이런 성령으로 하는 기도를 예수를 믿고 교회에 발을 디디면서 부터 숙달해야 합니다. 그렇지 않으면 샤머니즘적인 기도가 될 소지가 있습니다. 기도를 하면 할수록 심령의 상처가 치유되고 인격이 변해야 합니다.

우리 교회는 매 예배나 집회 시에 40-50분간 기도를 합니다. 모든 이에게 성령으로 기도 하게하고 제가 돌아다니면서 안수를 합니다. 안수하면서 상처로 인한 이상한 현상을 일으키거나 귀신의 역사가 일어나는 분들은 성령께서 저에게 알려주십니다. 저는 기도를 정지시키고 내적인 상처를 치유하고 축사를 합니다. 몇 번만 축사하면 모두 떠나갑니다. 왜냐하면 기도를 많이 해서 열려 있기 때문에 쉽게 드러나고 떠나가는 것입니다. 귀신이 떠나가니 편안하게 잔잔하게 기도를 합니다. 본인이 느낍니다. 기도도 성령으로 잘되고, 영육의 질병도 문제도 해결이 되는 것을 말입니다. 목회자는 이런 상황을 영안으로 열어 분별하여 해결해주어야 합니다. 그래야 성도들이 영적으로 깊어지는 것입니다. 저는 개인적으로 담임목회자는 성도들을 기도하게 하고 돌아다니면서 영의통로가 막힌 성도는 뚫어주고 성령 체험을 하지 못한 성도는 안수하여 성령세례를 받게 해야 합니다. 그래야 기도하면서 내적인 상처가 치유되는 것입니다. 그냥 기도하라고 내버려두니까, 어떻게 기도할지를 몰라서 옛날 예수 믿기 전에 돌무더기 앞에서 기도하던 식으로 기도를 합니다. 이렇게 기도를 하니 10년을 교회 다녀도 변화가 없는 것입니다. 반드시 성령의 역사가 있는 기도를 하면 성도가 변하게 되어있습니다. 기도가 바르게 되어야 나머지 모든 것이 바르게 됩니다, 성령으로 인도받는 기도를 해야 모든 영적 활동에 성령의 역사가 일어나는 것입니다.

넷째, 개별집중치유 활용: 개별집중치유란 2-4명을 대상으로 2시간 30분 동안 기도하며 치유하는 것입니다. 충만한 교회에서는 1년 전부터 매주 토요일 개별집중치유를 진행하고 있습니다. 개별집중치유를 하게 된 동기는 집회 시에 40-50분 기도하며 안수를 하니 깊은 상처와 영육의 문제 치유가 생각하는 것과 같이 뿌리까지 치유가 되지 않는 분들이 있었습니다. 상처가 깊어서 집회 시간에 하는 40분 기도와 안수로서는 근본 치유가 되지 않았다는 것입니다. 성령께서 깊은 곳의 상처를 장악하는 시간이 90분 이상 필요했기 때문입니다. 이렇게 깊은 곳의 상처가 있는 분들과 지방에 계신 분들을 대상으로 사전에 예약을 받아 개별집중치유를 하니 효과가 대단하였습니다. 그래서 매주 토요일 오전오후로 나누어서 사전 예약된 분들을 대상으로 집중치유를 합니다. 안수 기도 시간이 충분하여 상처를 드러내어 치유하기가 용이 합니다. 치유됨과 동시에 성령의 은사와 권능의 전이가 잘 되었습니다. 집중치유를 받으면서 안수 받은 분들이 저와 같은 성령의 권능이 나타났습니다. 깊은 곳의 상처가 치유되니 강하게 역사하던 악한 영들이 정체를 폭로하고 떠나갔습니다. 빠른 시간에 성령으로 장악이 되어 내적인 상처를 치유 받을 분들에게 아주 효과적인 사역입니다. 깊은 곳에 상처가 있어 잘 치유되지 않는 분들은 이 집중치유를 받아보기를 바랍니다.

사전에 알아야할 것은 성령의 세례를 받고 성령으로 장악이 된 분들이 쉽게 치유가 됩니다. 그런데 성령의 세례를 받지 못하고 기도를 적게 한 분들은 시간이 많이 걸리고 두 세번 정도 치유를 해야 효과를 보게 됩니다. 왠만한 내적상처, 불안장애, 공황장애, 우울증, 허리통증, 근육통증, 목과 허리디스크, 귀신역사, 불면증, 사고휴유증, 수술휴유증 등은 2-3회 연속적으로 집중치유 받으면 현장에서 치유되는 것을 봅니다. 정말 몸으로 느끼고, 눈으로 보이는 가시적인 효과가 나타납니다.

다섯째, 개인 기도시간 활용: 저는 개인 기도시간에 내적치유원리를 적용하여 스스로 상처를 치유 받으라고 권면을 자주 합니다. 교회에서 예배 시간이나 집회 시간에 깊은 상처를 치유 받는 것은 한계가 있기 때문입니다. 본인이 스스로 상처를 치유 받은 분의 간증을 들어보시기를 바랍니다.

저는 서울 강남에서 큰 ○○교회를 섬기고 있는 정○○ 집사입니다. 저는 남자에 대한 상처로 고생하다가 치유를 받았습니다. 부부 싸움을 하면 내가 꼭 이겨야 합니다. 그래서 남편하고 싸워서 이기면 좋아서 노래를 부르고 다닐 정도이지만, 반대로

지면 삼일씩 이불을 뒤집어쓰고 누워있었습니다. 남편이 저에게
이러는 것입니다. 나 당신이 무섭다. 이 무섭다는 소리에 충격을
받았습니다. 그래서 무슨 일인가하고 구역예배에 가서 이야기를
했습니다. 그러자 거기 내면의 상처에 대하여 이해하는 집사님
이 이렇게 말하는 것입니다. 집사님 상처 때문에 그러는 것입니
다. 내적치유를 받아야 해결이 될 것입니다. 그래서 내적치유 세
미나에 참석하였습니다. 내적치유 세미나에 참석하여 강사 목사
님의 이야기를 들으면서 문득 문득 떠오르는 것이 있었습니다.
그것은 나의 어린 시절입니다. 저의 가정은 전통적인 유교 가정
입니다. 그런데 어머니가 아버지에게 꽉 쥐어서 꼼짝을 못합니
다. 천원을 쓰려고 해도 승낙을 받아야 합니다. 그것뿐만 아니
라 내가 여자라는 이유로 공부를 시키지를 않는 것입니다. 딸 시
집가면 그만인데 공부는 시켜서 무엇 하느냐 중학교만 나오면 된
다. 그러면서 오빠 남동생은 모두 대학까지 다니게 했습니다.

　　내가 억지를 부려가지고 고등학교를 나왔습니다. 내가 여기에
서 상처를 받은 것입니다. 아버지로부터 여자라고 무시를 많이
당했습니다. 그래서 나는 어려서부터 내가 시집을 가면 절대로
남자에게 쥐어 살지 않는다. 어떻게 해서라도 이겨먹고 살겠다.
이런 마음이 무의식에 자리 잡아 남편하고 싸울 때 죽기 살기로
덤벼서 이기면 너무 좋고 지면 삼일 씩 누워있었던 것입니다.

　　그래서 치유과정에서 아버지를 용서하기로 결정을 하고 치유
를 받으려고 했습니다. 목사님이 기도시간에 기도가 깊어지면
최근에 일어난 비정상적인 사건을 가지고 성령님에게 물어보라

고 했습니다. 성령님에게 나의 상태를 솔직하게 아뢰면서 기도를 했습니다. 내가 왜 남편을 이기고 살려고 하는지 근본을 알려주세요. 왜 남편하고 다투어서 이기면 좋아서 노래를 부르고 다니고, 지면 며칠씩 이불을 뒤집어쓰고 누워있습니까? 한 20분 정도 기도를 한 것 같았습니다. 기도가 어느 정도 깊어졌습니다. 성령께서 환상을 보게 하셨습니다. 남편하고 다투는 환상입니다. 다투다가 이겼습니다. 내가 아주 기분이 좋아하는 모습이 보였습니다.

또, 다른 환상을 보여주시는 데, 내가 남편하고 다투고 나서 이불을 뒤집어쓰고 누워있는 모습이 보이는 것입니다. 또, 환상이 보였습니다. 아버지가 어머니를 무시하는 모습입니다. 다시 다른 환상을 보여주셨습니다. 오빠가 대학을 간다고 하는데 내가 부러워하는 모습을 보여주셨습니다. 또 다른 환상을 보여주셨습니다. 이제 아버지가 나에게 야! 딸 시집가면 그만인데 공부는 무슨 공부하면서 혈기를 내는 모습이 보이는 것입니다. 그 모습을 보는 순간 저의 가슴이 터지는 것 같은 고통을 느꼈습니다. 너무나 가슴이 아파서 호흡을 제대로 할 수가 없었습니다. 성령께서 이렇게 감동을 주셨습니다. "네가 이 아버지에게 받은 상처 때문에 남편하고 싸워서 이기면 좋아서 어쩔 줄을 모르고, 지면 상처가 올라와 감당을 못하고 삼일씩 누워있었던 것이란다. 네가 이 상처를 해결하지 못하면 남편과의 관계가 더 악화될 것이다. 너의 건강에도 문제가 생길 것이다. 아버지를 용서하라. 아버지를 향한 응어리를 전부 나에게 다오. 내가 네 아버지를 회개하게 하겠다." 그러시는 것입니다.

그래서 울면서 아버지를 향한 분노를 다 토설하였습니다. 울면서 감정을 다 토설하며 한 참을 울었습니다. 목사님이 안수를 해주셨습니다. 울고 나니 기침이 사정없이 나왔습니다. 막 뒹굴면서 기침을 한참하고 나니 마음이 좀 편안해졌습니다. 이렇게 세미나를 마치고 집에 돌아갔습니다. 집에 돌아가서도 마음이 평안하지를 않았습니다. 그래서 남편이 출근하고, 아이들을 학교에 보낸 다음에 거실 소파에 앉아서 기도를 하기 시작을 했습니다. 그렇게 기도를 하기를 약 두 달간 했습니다. 깊은 임재가운데 치유를 받았습니다. 다행히 충만한 교회에 매주 집회가 있어서 필요할 때 가서 안수도 받고 은혜도 받았습니다. 점점 마음이 평안해졌습니다. 그런데 중요한 것은 남편이 싫은 소리를 해도 분노가 나오지를 않는다는 것입니다. 남편에게 용서를 빌었습니다. 그래서 남편과의 관계가 회복이 되었습니다.

내가 내적치유를 통하여 체험한 것은 모든 성도가 치유를 받아야 한다는 것입니다. 그리고 교회에 다닌 다고 치유가 되지 않는 다는 것입니다. 반드시 전문적인 치유를 받아야 한다는 것입니다. 전문적인 치유를 받은 후에 깊은 영의기도 가운데 스스로 지속적으로 스스로 치유해야 한다는 것입니다. 상처는 쉽게 치유되지 않더라는 것을 깨달았습니다. 매일 깊은 영의기도를 하면서 치유를 해야 한다는 것입니다. 상처는 반드시 치유가 된다는 것입니다. 상처에 대하여 알고 치유 받게 하시고, 기도하게 하시고, 영적으로 변하게 하신 하나님에게 감사를 드립니다.

2부 상황별 깊은 상처 내적치유

8장 성령의 역사로 내적치유

(사61:1-3)"주 여호와의 신이 내게 임하였으니 이는 여호와께서 내게 기름을 부으사 가난한 자에게 아름다운 소식을 전하게 하려 하심이라 나를 보내사 마음이 상한 자를 고치며 포로된 자에게 자유를 갇힌 자에게 놓임을 전파하며 여호와의 은혜의 해와 우리 하나님 신원의 날을 전파하여 모든 슬픈 자를 위로하되 무릇 시온에서 슬퍼하는 자에게 화관을 주어 그 재를 대신하며 희락의 기름으로 슬픔을 대신하며"

하나님은 치유의 하나님이십니다. 그래서 나는 치유하는 하나님이니라 하십니다. 이 세상에는 치유 받을 자가 너무나 많습니다. 하나님은 이들을 고치기를 원하십니다. 하나님은 내가 치유받기를 원하십니다. 그들을 치료하기를 간절히 원하는 목마름이 나에게 있으면 하나님이 나를 치유자로 사용하십니다. 예수님도 성령의 능력으로 착한 일을 하셨습니다.

하나님과 동행하면서 남에게 착한 일을 하는 것, 남을 돕는 것, 이것이 바로 크리스천의 삶, 우리 삶의 목표요, 가치입니다.

(고전 2:10-11)"오직 하나님이 성령으로 이것을 우리에게 보이셨으니 성령은 모든 것 곧 하나님의 깊은 것이라도 통달하시느니라. 사람의 사정을 사람의 속에 있는 영 외에는 누가 알리요 이와 같이 하나님의 사정도 하나님의 영외에는 아무도 알지 못하느니라."

우리는 성령의 능력을 받아야 합니다. 예수를 믿는 우리가 진정 유익함이 되는 착한 일은 성령의 능력을 나누어주는 것입니다. 기도를 통해서, 메시지를 통해서 성령이 능력을 받도록 도와주는 것이 진정 착한 일입니다. 성령을 받음과 능력을 받음은 별개의 이야기입니다. 성령의 능력을 받아야 착한 일을 할 수 있습니다. 능력을 받아야 진정 착한 일을 할 수 있습니다. 성령을 체험한 것으로는 안 됩니다. 성령의 능력을 받아야 하나님이 나와 함께 하심을 알고, 느끼며, 그 분의 힘으로 일할 수 있게 됩니다.

성령의 능력을 받아야 실제적으로 하나님과 동행할 수 있고, 치유도 할 수 있고, 하나님의 능력을 통해서 사람들을 도와주는 착한 일을 할 수 있게 됩니다. 성령의 능력이 있어야 목회도 하고, 기도생활도 하고, 성도의 생활도 할 수 있고, 가정생활도 할 수 있고, 자녀도 다스릴 수 있습니다.

왜냐하면 하나님의 일은 모두 영적인 일이기 때문입니다. 성령의 능력이 받쳐주지 못하면, 말잔치, 외형적 흉내만 내는 정도에 그칠 뿐입니다. 즉 믿노라 하면서도 세상적이고 육적인 생각을 떠나지 못합니다. 매사를 주님의 입장이 아닌 육적인 생각으로 해결하려 합니다. 본문에 보면 성령이 하는 일을 우리에게 알려주십니다.

1. 성령은 기름, 능력을 부어 주신다.

"주 여호와의 신이 내게 임하셨으니 이는 여호와께서 내게 기름을 부으사"라고 하였습니다. 기름이란 하나님의 직분을 감당할 수 있는 능력입니다. 기름부음이 있어야 하나님의 일을 할 수가 있습니다.

> (행10:38)"하나님이 나사렛 예수에게 성령과 능력을 기름 붓듯 하셨으매 저가 두루 다니시며 선한 일을 행하시고 마귀에게 눌린 모든 자를 고치셨으니 이는 하나님이 함께 하셨음이라."

예수님도 성령의 능력을 가지고 천국복음을 전하시고 모든 병자들을 고치셨습니다. 우리는 어떻게 하든지 성령의 능력을 받아야 합니다. 믿음생활이 말잔치가 되거나, 믿음에 논리만 있어서는 안 됩니다. 기독교는 말도 아니고, 이론도 아니라, 살아 역사하는 권능입니다(고전4:20). 성령의 권능이 없으면 힘이 없습니다. 왜냐하면 우리를 사로잡고 있는 악한 영은 능력이 있기 때문입니다. 이것을 제압할 수 있는 것은 오직 성령의 능력뿐입니다. 악한 영은 우리에게 '교만이나 배워라. 헛된 지식이나 많이 가져라'하고 비웃고 있습니다. 교만과 이론과 지식은 마음을 닫고, 마음을 굳게 만드는 것입니다. 성령의 역사로 이것들을 씻어내야 합니다. 성령의 능력을 담기 위해서, 성령의 능력을 받기 위해서, 삶을 바꾸기 위해서 우리에게는 오순절의 능력이 있어야 합니다. 앞으로의 시대에는 능력이 없어서는 안 됩니다. 점점 악해지는 시대이기 때문입니다. 우리의 영혼을 무섭게 잠식하는 시대이기 때문입니다. 성령의 능력이 있어야만 하나님의 자녀답게 살수 있는 시대이기 때문입니다.

(엡 3:16-18)"그 영광의 풍성을 따라 그의 성령으로 말미암아 너희 속 사람을 능력으로 강건하게 하옵시며, 믿음으로 말미암아 그리스도께서 너희 마음에 계시게 하옵시고 너희가 사랑 가운데서 뿌리가 박히고 터가 굳어져서, 능히 모든 성도와 함께 지식에 넘치는 그리스도의 사랑을 알아"

성령의 능력으로 하나님이 원하시는 착한 일을 하려고 하세요. 그러면 하나님께서 우리의 필요한 모든 것을 축복해주십니다. 축복을 달라고 할 것이 아니라, 하나님이 원하시는 착한 일을 하려고 하세요. 그러면 축복은 저절로 오게 됩니다.

이것을 위해서 능력을 사모하세요. 목말라하세요. 성령의 능력을 사모하는 우리는 진정 보통사람이 아닙니다. 아주 특별한 사람들입니다. 하나님의 일을 멋있게 할 사람들입니다. 성령의 능력이 있으면 영혼을 거스르는 육체의 정욕을 다스릴 수 있게 됩니다. 성령의 능력으로 악한 것을 다스리라. 이기적인 사람은 안 됩니다. 나누어주기 위해서, 더 많은 사람에게 착한 일을 하기 위해서라는 마음을 가지게 될 때 성령의 능력이 임하게 됩니다. 성령은 순결한 자, 순수한 자를 사랑하심으로, 이런 사람이 더 큰 능력을 받게 됩니다.

이런 마음, 이런 능력을 가진 자야말로 신비한 능력을 가진 성도입니다. 성령의 능력은 흘러 들어가는 것입니다. 우리 안에 거하시면서 일하는 것입니다. 성령의 능력을 받고 난 후, 이것만이 나의 귀한 것, 이것이 나의 전부, 이것이 나의 모든 것, 이것이 나의 생명이라는 자세를 가져야 합니다. 능력을 귀하게, 소중하게 여기면 자꾸 맑아지고 자꾸 내 온몸에 퍼지게 됩니다.

내 안에서 운행하시면서 나를 치료하고, 나를 품안에 안아 주고 나를 회복시키십니다. 그러므로 비록 성령의 능력을 받았더라도 늘 성령의 능력을 사모하세요. 목말라하세요. 그럴 때에 그 그릇이 가치 있게 됩니다. 능력으로 말미암아 보배로운 그릇이 됩니다. 귀하게 쓰임 받는 그릇이 됩니다. 늘 하나님을 뜨겁게 사랑하고 더 하나님에게 자신을 드릴 때, 하나님은 수십 배의 갑절로 우리를 풍성하게 채우십니다. 우리의 사역을 멋있는 사역, 효과적이고 능력 있는 사역으로 바꾸어 주십니다. 가지마다 풍성한 열매가 달리게 하십니다. 착한 일의 열매가 열리게 하신다. 하나님은 잎을 보시지 않으십니다. 열매를 보십니다. 성령의 능력으로 열매를 많이 맺으시기를 축원합니다.

2. 성령은 가난한 자에게 기쁜 소식을 전해 줍니다.

본문에 보면 "가난한 자에게 아름다운 소식을 전하게 하려 하심이라."아름다운 소식이란 천국 복음입니다.

> (요16:24)"지금까지는 너희가 내 이름으로 아무 것도 구하지 아니하였으나 구하라 그리하면 받으리니 너희 기쁨이 충만하리라."

믿음을 가지고 주님께 구하면 성령을 받는 다는 것입니다. 그러면 주님이 주시는 기쁨이 충만합니다. 복음을 들으면 평안과 기쁨이 옵니다. 기쁨의 복음의 진미를 깨달으려면 성령을 받으시기를 바랍니다. 성령은 어떻게 해야 받습니까? 구하면 받습니다.

> (눅11:13)"너희가 악할지라도 좋은 것을 자식에게 줄줄 알거든 하물며 너희 천부께서 구하는 자에게 성령을 주시지 않겠느냐 하시니라."
> (롬 8:26)"이와 같이 성령도 우리 연약함을 도우시나니 우리가 마땅히 빌 바를 알지 못하나 오직 성령이 말할 수 없는 탄식

으로 우리를 위하여 친히 간구하시느니라"

성령께서 우리의 연약함을 도우십니다. 성령께서 탄식하며 연약한 우리를 위하여 친히 간구하십니다. 우리는 하나님께 마땅히 빌바를 모르는 연약한 사람입니다. 오직 성령의 도움을 받아야 합니다.

(롬 8:27)"마음을 감찰하시는 이가 성령의 생각을 아시나니 이는 성령이 하나님의 뜻대로 성도를 위하여 간구하심이니라."

성령께서 우리의 마음을 감찰하시므로 성령이 하나님의 뜻대로 성도를 위하여 기도하십니다.

그래서 고린도전서 12장 7절에 "각 사람에게 성령의 나타남을 주심은 유익하게 하려 하심이라"말씀하십니다. 성령께서 우리에게 오신 이유는 우리를 유익하게 하시려고 오셨습니다. 이 성령을 나의 주인 삼고 성령의 인도를 받으십시오.

3.성령은 마음이 상한 자를 고치신다.

분문에 보면 나를 보내사 마음이 상한 자를 고치며, 하나님은 나로 하여금 마음이 상한 자를 고쳐주기를 원하고 계십니다.

(겔34:1-7)"여호와의 말씀이 내게(에스겔) 임하여 가라사대. 인자야 너는 이스라엘 목자들을 쳐서 예언하라 그들 곧 목자들에게 예언하여 이르기를 주 여호와의 말씀에 자기만 먹이는 이스라엘 목자들은 화 있을 찐저 목자들이 양의 무리를 먹이는 것이 마땅치 아니하냐. 너희가 살진 양을 잡아 그 기름을 먹으며 그 털을 입되 양의 무리는 먹이지 아니하는 도다. 너희가 그 연약한 자를 강하게 아니하며 병든 자를 고치지 아니하며 상한 자를 싸매어 주지 아니하며 쫓긴 자를 돌아오게 아니하며 잃어버린 자를 찾지 아니하고 다만 강포로 그것들을 다스렸도다. 목자가 없으므로 그것들이 흩어지며 흩어져서 모든 들짐승의 밥이 되었도다. 내 양의 무리가 모든 산과 높은 멧부리에마다 유리(流離)되었고 내 양의 무리가 온 지면에 흩어졌으되 찾고 찾는 자가 없었도다. 그러므로 목자들아 여호와의 말씀을 들을 지어다."

이와 같이 하나님이 에스겔에게 "너희가 그 연약한 자를 강하게 아니하며 병든 자를 고치지 아니하며 상한 자를 싸매어 주지 아니하며 쫓긴 자를 돌아오게 아니하며 잃어버린 자를 찾지 아니하고 다만 강포로 그것들을 다스렸도다."고 하시면서 이스라엘 목자들을 책망하십니다.

(겔 36:26)"새 영을 너희 속에 두고 새 마음을 너희에게 주되

너희 육신에서 굳은 마음을 제하고 부드러운 마음을 줄 것이며"

하나님은 우리의 상처를 치유하고 부드러운 하나님의 마음을 주십니다.

(딛 3:5)"우리를 구원하시되 우리의 행한바 의로운 행위로 말미암지 아니하고 오직 그의 긍휼 하심을 좇아 중생의 씻음과 성령의 새롭게 하심으로 하셨나니."

성령의 새롭게 하심을 입으시기를 바랍니다. 그리고 예수 그리스도의 보배로운 피로 씻음 받고 평안을 입으시기를 바랍니다.

(벧전 1:2)"곧 하나님 아버지의 미리 아심을 따라 성령의 거룩하게 하심으로 순종함과 예수 그리스도의 피 뿌림을 얻기 위하여 택하심을 입은 자들에게 편지하노니 은혜와 평강이 너희에게 더욱 많을 찌어다"

(롬 15:13)"소망의 하나님이 모든 기쁨과 평강을 믿음 안에서 너희에게 충만케 하사 성령의 능력으로 소망이 넘치게 하시기를 원하노라."

성령의 거룩하게 하심에 순종하여 하나님의 은혜가 넘치시기를 축원합니다.

4. 성령은 눌린자를 해방시켜 주신다.

분문 하반 절에 "포로된 자에게 자유를, 갇힌 자에게 놓임을 전파하며."예수님도 성령을 받으시고 포로 되고, 악영에게 눌린자를 자유케 하셨습니다.

예수님은 누가복음 4장 18-19절에서"예수님은 주의 성령이 내게 임하셨으니 이는 가난한 자에게 복음을 전하게 하시려고 내게 기름을 부으시고 나를 보내사 포로(捕虜)된 자에게 자유를, 눈 먼 자에게 다시 보게 함을 전파하며, 눌린 자를 자유케 하고, 주의 은혜의 해를 전파하게 하려 하심이라 하였더라."말씀 하셨습니다. 예수님의 제자 베드로도 성령을 충만히 받고 눌린자와 포로된 자를 구원하여 주님에게 인도하였습니다(행19:8-20).

사도행전 19장 8절에서 20절 말씀에 보면 성령 충만을 입은 베드로의 설교로 많은 마귀에게 포로된자 갇힌 자가 성령의 능력으로 해방을 받고 예수를 영접합니다. 그러나 악한 영에 사로잡힌 이스라엘 백성과 관원과 장로들이 악하게 주님의 일을 방해합니다. 베드로가 장로들과 관원들에게 하나님 앞에서 너희 말 듣는 것이 하나님 말씀 듣는 것보다 옳은가 판단하라. 우리는 보고 들은 것을 말하지 아니할 수 없다. 고 말합니다.

이와 같이 우리는 성령 충만을 받아 담대하게 병든 자와 고통 당하는 자와 늙은이들로부터 마귀의 묶임을 풀어주고 복음을 전하여 하나님의 부흥을 이루어야합니다. 이것이 바로 믿는 우리가 해야 할 과제 착한 일입니다. 성령의 충만함을 입고 하나님이 기뻐하시는 착한 일을 많이 하시기를 축원합니다.

5. 그럼 어떻게 해야 치유를 받는가.

성령님의 임재를 구합니다. 성령님 임해 주세요. 성령님 임해 주세요. 성령께 인도하심을 구하면 작은 고통에서부터 아주 깊은 것까지 하나씩 치유해 주십니다. 먼저 최근의 좋지 못한 상황을 머리에 떠올립니다. 누구에게 모욕을 당했다든지, 혈기를 부렸다든지, 우울했다든지, 심하게 놀랐다든지, 다투었다든지, 가슴 아픈 일을 당했다든지 한 일을 마음에 떠올립니다.

떠올리면서 그때 당한 감정까지 끄집어 올립니다. 그래서 거기서 나타나는 현상을 성령님에게 드립니다. 성령님 내가 그때 이렇게 고통스러웠습니다. 너무 너무 서러웠습니다. 너무 억울하였습니다. 내가 심지어는 세상을 떠나고 싶었습니다. 또 내가 그 사람을 죽이고 싶었습니다. 하고 성령께 간구하면서 모든 것을 드립니다. 한 가지씩 한 가지씩 기도하면서 드립니다. 그렇게 하면서 마음에 평안이 임하면 치유가 된 것입니다. 그런데 살아가다가 다시 그 생각이나 감정이 되살아나면 다시 성령께 기도하면서 치유를 받는 것입니다. 성령의 역사로 치유를 원하시는 분은 "성령의 불로 불세례 받는 법"과 "성령의 불로 충만 받는 법" 그리고 "불같은 성령의 기름 부으심"을 읽어보기를 바랍니다.

9장 무의식의 상처 내적치유

(민13:30-33)"갈렙이 모세 앞에서 백성을 안돈시켜 가로되 우리가 곧 올라가서 그 땅을 취하자 능히 이기리라 하나 그와 함께 올라갔던 사람들은 가로되 우리는 능히 올라가서 그 백성을 치지 못하리라 그들은 우리보다 강하니라 하고 이스라엘 자손 앞에서 그 탐지한 땅을 악평하여 가로되 우리가 두루 다니며 탐지한 땅은 그 거민을 삼키는 땅이요 거기서 본 모든 백성은 신장이 장대한 자들이며 거기서 또 네피림 후손 아낙 자손 대장부들을 보았나니 우리는 스스로 보기에도 메뚜기 같으니 그들의 보기에도 그와 같았을 것이니라."

하나님은 우리 안에 깊이 잠재하여 있으면서 나를 묶는 깊은 상처를 치유하시기를 즐겨하십니다. 내적치유는 단지 악한 영이 쫓겨나가는 사역이 아니라, 깨달음입니다. 악한 영에게 잃었던 것을 되찾는 것이고, 내 안에 있는 것을 진정한 보화로 여기게 되는 가치관의 변화입니다. 실패와 좌절, 어두운 과거에 대한 새로운 개념을 가지게 하는 사역입니다.

새로운 마음을 가지려는 용기와 창의력을 필요로 하는 사역입니다. 평생을 두고 지속해야 하는 사역입니다. 성령님의 역사로 이루어지는 사역입니다. 이를 위해서 끊임없이 지혜를 구하고,

영성을 성장시키기 위하여 노력해야 하는 사역입니다.

1. 잠재의식의 상처를 성령의 도움으로 찾아 치유.

1) 우리는 과거에 경험했던 어떤 고통스러운 기억으로 말미암아 인간관계가 좋지 않고, 과거의 실패 감에 사로잡혀 있으므로 무엇인가를 시도해도 잘되지 않는 경우가 있습니다. 오늘을 잘 살기 위해서는 과거의 부정적인 기억을 치유해야 합니다. 과거를 잘 정리해야 합니다. 실패는 교훈입니다. 실패하지 않고 성공하는 사람이 없습니다. 문제는 실패가 아니라, 우리에게 남아서 늘 부정적인 영향을 주는 실패 감입니다. 과거가 주는 실패 감을 잘 정리해야합니다. 하나님은 언제나 우리에게 꿈을 주고 새로운 시도를 통하여 창조적인 삶을 살게 하지만, 마귀는 실패 감을 부여잡고 쓰러져 있게 만듭니다. 아무런 시도도 하지 못하게 만듭니다. 실패 감에 사로잡혀 환경에 이끌려 다니게 만듭니다.

하나님은 우리를 마음으로부터 새롭게 시작하게 하십니다. 실패를 넘어 성공을 향해 새롭게 도전하게 하십니다.

이렇게 함으로 하나님을 닮은 우리자신의 가치를 높게 하십니다. 아무것도 하지 않는 것은 스스로 쓸모없는 존재, 무가치한 존재로 전락하는 것입니다. 구원받은 인간은 계속 가치가 올라가다가 마지막에는 천국까지 가는 것입니다. 이를 위해서는 과거가 주는 실패 감, 부정적인 감정에서 벗어나야 합니다.

그리고 자꾸 자신을 가꾸어야 합니다. 마음을 가꾸라. 과거를 가꾸라. 영성을 가꾸라. 그래야 하나님이 쓰십니다. 새로운 것에 대한 도전은 과거를 정리해야 가능합니다. 과거가 정돈되지 못하면, 새로운 도전을 할 수 없고, 결국 하나님께서 원하시는 행복하고 성공적인 삶을 살지 못하게 됩니다.

2) 기억의 치유는 과거를 회상하여 부정적인 영향을 주는 것들을 새롭게 정리함으로써 현재에 나타나는 나쁜 영향을 좋은 영향으로 바꾸어주는 것입니다. 과거의 사건이 현재의 삶에 계속해서 수치심, 죄의식, 실패감, 좌절감과 같은 나쁜 영향을 주는 것으로부터 자유 함을 얻게 하는 것입니다. 미움의 감정이 있으면 다른 사람에 대한 사랑의 감정이 약화됩니다. 미워하는 사람이 있는 사람은 가족들을 제대로 사랑하지 못합니다. 하나님과 사람에 대한 사랑의 감정이 자꾸 막히는 것은 누군가를 미워하고 있는 것입니다. 이 미움의 감정을 정리하십시오. 미워하는 사람을 용서해야 사랑하는 사람에게 사랑이 흐르게 됩니다.

사람을 용서해야 하나님을 사랑하게 됩니다. 어려운 환경, 실패한 과거를 수용하십시오. 그래야 하나님과 가까이 할 수 있게 됩니다. 그래야 환경을 이기게 됩니다. 하나님과 가까이 하는 것이 이미 치유가 시작되는 것입니다. 하나님을 용서하십시오. 하나님에게 섭섭하고, 하나님에게 상처받은 것을 용서하십시오. '왜 하나님이 내 인생을 이렇게 어렵게 만드시는가?'

이런 마음을 씻어 내야합니다. 하나님의 마음은 어디에 계시는가? 세리와 죄인, 낮고 고통이 있는 곳입니다. 아픔이 있는가? 하나님의 마음이 오고 있음을 깨달으세요. 힘든 내 환경, 내 삶을 통하여 하나님이 내 안에 계시고, 나와 하나가 되십니다. 그러므로 힘든 환경을 받아들이세요. 그리함으로 그곳으로 임하시고, 그 속에서 역사 하는 하나님의 사랑의 손길을 깨달으세요.

그리고 내 안에, 나와 함께 하시는 하나님을 믿음으로 담대함을 가져야합니다. 모든 부정적인 것을 마음에서, 잠재의식에서 쏟아버리세요. 청소해버리세요. 실패는 성공의 어머니입니다. 사람은 용서하고, 실패는 감사하고 수용하십시오. 그리고 겸손하게 실패를 감사함으로 수용하는 낮은 마음에 함께 하시는 하나님의 도우심으로 그 실패를 딛고 일어서세요. 실패에서 성공의 조건을 찾아내는 것이 내적치유입니다.

3) 기억의 치유는 과거의 사건자체를 바꾸는 것이 아닙니다. 우리는 과거를 바꿀 수 없습니다. 하나님의 은혜와 능력을 통하여 과거의 사건이 품고 있는 부정적이고 칙칙한 감정을 제거하고, 그 대신 진취적, 소망적, 밝고 맑은 감정을 가지는 것입니다. 부정적인 것들을 하나님에게 드리고, 대신 하나님이 주시는 밝은 것을 가지는 것입니다.

4) 어린 시절의 감정, 습관, 꿈은 성인이 되어도 계속 영향을 미칩니다. 이런 것들이 좋은 것이라면 괜찮으나 좋지 않은 영향을 주고 있다면 치유되어야 합니다.

5) 아프고 부끄러운 상처일수록 깊이 묻혀 있고, 스스로 파내어

서 치료받으려고 하지 않습니다. 상처가 크고 부끄러울수록 깊이 묻혀 있고, 깊이 묻혀 있는 만큼 인생에 깊이 영향을 미칩니다.

6) 인간의 자아방어를 위한 심리적인 본능으로 이처럼 아픈 감정을 기억에서 잊혀지고 깊이 파묻게 하는 것은 우리의 자아를 상처로부터 보호하려는 하나님의 은총이십니다. 만일 인간이 아픈 감정을 모두 생생히 기억한다면 괴로워서 스스로 삶을 포기하게 됩니다. 인간은 고통의 기억보다 좋은 기억을 하게 되어 있습니다. 그러나 상처와 감정을 깊이 묻게 하는 것은 억제, 방어의 기능이지 치료의 기능은 아닙니다.

7) 치료는 그리스도의 십자가의 보혈의 공로와 성령님의 도우심으로 과거의 상처를 억제된 부분에서 현실로 가지고 와서 치유하는 것입니다.

8) 나 스스로 치유하거나 변화될 수 없고, 다른 사람도 치유하거나 변화시킬 수 없습니다. 오직 성령님만이 하실 수 있습니다. 성령님의 도우심을 간구하십시오. 성령님의 역사는 마음을 감동시키심으로 나타납니다. 마음에 감동을 받으려 하십시오. 마음에 감동을 주려고 하십시오. 크리스천의 사역은 감동을 통한 사역입니다.

모든 일에 대하여 감동을 달라고 성령님에게 간구하십시오. 내적치유를 위한 기도에 성령님의 감동이 임하시게 하십시오. 그런 기도가 되게 하십시오. 자꾸 이러한 기도를 하십시오. 이러한 기도의 훈련을 하십시오. 머리에 손을 얹고 기도하고, 가슴에 손을 얹고 기도하십시오. 입술로 기도하고, 마음으로 기도하십시오. 성령의 감동이 임하시게 하십시오. 성령님이 앞서시게 하십시오. 내 감정이 앞서지 않게 하십시오. 나를 낮추면 성령님이 역사하십니다. 내가 높아지고 강해지면 성령님은 뒤로 들어가십니다.

2. 치유를 돕기 위한 과거의 기억을 위한 질문들

1) 유아 때에 잦은 질병으로 고통을 당한 경우. 유아 때나 소년기에 잦은 질병으로 고생을 하신 분들이 어른이 되어 마음의 질병과 상처로 고통을 많이 당하는 것을 봅니다. 이런 분들을 내적 치유하다가 성령이 임재하여 장악하면 병원에서 고통당하던 행동을 그대로 하는 경우를 많이 봅니다. 질병으로 끙끙 앓는 소리를 내는 경우가 많았습니다.

2) 이별로 인한 고아로 지낸 분들이 상처가 많다. 부모와 이별하여 친척집에서 자랐거나 고아원에서 자란 경우 무의식에 분노와 증오심이 많아서 내장 기관이 약한 경우가 많이 있습니다. 필자는 부모가 죽거나 이혼하여 고아원과 친척집에서 자란 사람들이 상처로 인하여 위궤양과 과민성 대장염 등으로 고생하는 사람들을 많이 치유하여 보았습니다.

3) 부모와 떨어져서 지내도 상처를 받는다. 부모가 바쁜 생활로 다른 사람에 의해 길러졌다면 상처가 있을 수 있습니다. 미리 치유하여 예방 신앙을 하는 것이 좋습니다. 필자는 부모가 돈돈

돈 하면서 돈을 벌기 위하여 자식을 다른 사람에게 기르게 했는데 자식이 나중에 정신적인 질환으로 사람노릇을 못하는 것도 많이 치유하여 보았습니다.

4) 부모의 무관심 속에서 자라도 상처가 된다. 부모의 무관심 속에서 자란난 사람의 경우 부모에게 관심을 받으려고 노력을 많이 합니다. 가정에서는 부모에게 직장에서는 상사에게 아부를 잘 하는 사람이 되어 항상 동료들로부터 왕따의 문제를 가지고 사는 사람이 될 소지가 많습니다.

5) 오랜 기간 스트레스를 받는 부정적인 환경에서 자라도 상처가 된다. 자라면서 가정의 잦은 불화를 겪으면서 자랐다든지, 부모에게 심한 잔소리를 들으면서 자랐다든지, 엄한 권위 밑에서 무섭게 양육 받았다든지, 잔혹한 여러 형태의 압박을 받고 자랐다면 무의식에 상처가 자리잡고 있을 수 있습니다. 그래서 반항적인 사람이 잘 됩니다.

6) 어려서 부모로 부터의 잦은 거절을 당한 경우. 유아기에 부모에게 잦은 거절을 당한 경우 상처가 무의식에 형성되어 있을 수가 있습니다. 왜냐하면 유아기는 자기중심적이기 때문에 부모로부터 받은 것 보다 받지 못한 것에 대하여 심각하게 생각하게 되고 상처를 받게 되기 때문입니다. 그리고 부모가 유아 때부터 귀찮아하고 천덕꾸러기 취급을 했다면 천덕꾸러기 영이 붙어서 어디를 가나 천덕꾸러기가 되기 쉽습니다. 이렇게 되면 직장에서도 천덕꾸러기가 되고 시댁에서도 천덕꾸러기가 되기 쉽습니다.

7) 부모에게 받은 상처들. 자라면서 부모에게 구타나 폭행이나 무시나 차별대우를 받은 경우에 상처가 무의식에 잠겨 있습니다. 이런 분들이 분노영이 있어서 항상 윗사람들에게는 고분고분 잘 하지만 자기보다 약한 사람들에게는 분노를 발하는 경우가 많습 니다. 분노는 시한폭탄과 같습니다. 언제 터질지 자신도 모릅니 다. 찾아서 치유해야 합니다. 자신의 무의식에 분노가 있으면 분 노의 영이 역사하여 되는 것이 하나도 없을 수 있습니다. 상처는 만 가지 문제의 근원이 됩니다. 말씀과 성령으로 찾아서 치유합 시다. 그리하여 예수를 믿으면서 하나님의 복을 받으면서 살아갑 시다.

8) 자주 심한 질병으로 고통당하면서 사는 경우. 이는 태중에 서나 유아 시절에 상처가 있었던 사람일 수가 있습니다. 필자가 지금까지 성령치유 사역을 하다가 보니 성장하면서 또는 어른이 되어 몸이 약하거나 심장에 문제가 있거나 난치병이 있거나 빈혈 로 고생을 하거나 위장이나 대장질환으로 고생하는 분들을 치유 하여 본 결과 모두 태아시절에 상처를 당한 분들이 많았습니다. 그리고 유아시절에 상처를 당한 분들도 다수가 되었습니다. 그러 므로 자주 질병으로 고생을 한다면 예수를 믿고 내적치유를 받아 야 건강하게 지낼 수가 있습니다. 절대로 현대 의술로는 치유가 불가능합니다.

9) 어려서 이별 사건을 당한 경우. 어려서 부모가 이혼했거나 죽었거나 이민을 갔거나 친척집에서 자랐거나 고아원에서 자란

경우에 무의식에 분노의 영이 자리하고 있습니다. 부모에게 버림을 당했거나 부모가 행방불명이 되어 고아원에서 자랐을 경우 부모를 향한 분노가 무의식에 자리 잡고 있어서 믿음 생활이나 사회생활을 제대로 못하는 분들이 있습니다. 필자가 십년이 넘도록 내적치유 사역을 하면서 상담하고 치유한 분들 중에 부모님을 향한 분노의 영이 무의식에 있어서 고통을 당하는 경우를 많이 봤습니다. 만약에 이런 분들이 계시다면 미리 내적치유를 받는 것이 좋습니다.

10) 부모의 이성적인 부정사건을 경험하고 자란 경우. 자라면서 부모님의 이성적인 부정 사건을 경험하고 자란 경우 의부증이나 의처증이 될 확률이 다른 사람보다 높습니다. 필자가 지금까지 내적치유 사역을 하면서 경험한 바로는 대부분의 의처증환자는 어린 시절 어머니가 이성적인 부정 사건을 저지르는 것을 보고 자란 경우가 많았습니다. 그리고 의부증 환자는 대부분 어린 시절 아버지가 이성적인 부정 사건을 저지르는 것을 많이 보고 자란 경우에 의부증 환자가 되는 경우가 많았습니다. 이는 남편이나 부인을 어머니나 아버지와 같은 동종으로 보기 때문입니다. 만약에 이렇게 부모님의 좋지 못한 면을 보고 자란 여성 성도님이라면 자신의 남편은 아버지와 절대로 같지 않다는 것을 알아야 합니다.

그리고 남성 성도님이라면 자신의 아내는 절대로 자신의 어머니와 같지 않다는 것을 알아야 합니다. 이렇게 자신의 아버지나 어머니와 같이 생각하고 보게 하는 절대로 마귀의 계략입니다.

속지 마시고 행복한 가정을 이루시기를 바랍니다. 행복한 가정을 이루기 위하여 자신의 부모님으로부터 받은 상처를 내적치유 받고 부모님을 용서하기를 바랍니다.

11) 어려서 가정불화를 많이 겪고 자라난 경우. 어려서 부모님들의 부부싸움 하는 것을 많이 보고 자라난 성도가 불안과 두려움의 상처로 고생을 많이 하는 것을 봅니다. 이런 분들이 부모가 싸울 때 무서워서 밖으로 도망을 가서 싸움이 끝날 때까지 기다리다가 추위에 떨고 두려움에 사로잡혀서 고생하는 분들이 있습니다. 이런 분들이 내적치유 할 때 성령으로 장악되면 그 때 밖에서 추위와 두려움에 떠는 모습 그대로 오그리며 떨고 있습니다. 필자는 내적치유 사역할 때 나이가 50이 되신 분들이 그런 모습을 하고 떨고 있으면 정말 마음이 아프고 그 때 당시의 상황을 이해 할 수가 있습니다. 만약에 이런 경우를 당하면서 자란 분이 계시다면 빨리 치유 받으시기를 바랍니다. 치유는 빠를수록 좋습니다. 어려서 물질로 고통을 당하면서 자란 분들은 돈돈돈 하다가 어느 정도 형편이 풀리면 질병으로 고생을 하는 경우를 많이 봅니다. 이런 분들도 빨리 치유 받는 것이 자신의 건강을 위해서 좋습니다.

12) 어려서 물이나 불이나 교통사고, 천재지변을 당한 경우. 어려서 물이나 불이나 교통사고, 천재지변을 당한 경우에 상처가 무의식에 그대로 남아 있습니다. 이렇게 사고를 당한 많은 분들이 영적인 상처로 전환되어 영적인 문제로 고생하는 분들이 많습

니다. 우울증이나 불면증이나 정신적인 문제로 고생하는 분들이 많습니다.

13) 학교에서 선생에게 체벌 받은 경우. 초등학교 다니던 어린 나이에 학교에서 선생님으로부터 체벌을 당한 경우 상처가 무의식에 잠겨 있습니다. 이 상처로 인하여 무의식적으로 권위자들에게 반항하는 습관이 있을 수 있습니다. 이 일로 인하여 믿음도 자라지를 않을 수 있습니다.

14) 학교에서 친구들에게 따돌림 받은 경우. 많은 분들이 학교에서 따돌림을 당하는 경우 따돌림을 하는 사람들에게 문제가 있는 것으로 생각하는 경향이 있습니다. 그런데 필자가 내적치유 사역을 하면서 경험한 바로는 따돌림 당하는 장본인에게 문제가 있는 것이었습니다. 장본인이 하는 행동이 부자연스러워 아이들에게 왕따 당하는 것이었습니다. 그러므로 만약에 왕따를 당하는 아이가 있다면 그 아이의 상처를 치유하는 것이 맞습니다.

15) 어려서 시체에 놀란 경우. 어느 남자 집사님이 토요일 날 퇴근하여 아파트 거실에서 쉬고 있는데 창밖으로 이불 같은 것이 떨어지더랍니다. 그래서 창문을 열고 아래를 내려다보니 사람이 떨어져서 죽은 것이었습니다. 그런데 그 사건을 보는 순간 두려움이 엄습하여 밤에 잠을 자지 못하고 우울증에 다가 불면증으로 고생을 하다가 내적치유를 받으러 왔습니다. 그래서 머리에 손을 얹고 기도를 했습니다. 그러니 성령께서 감동하시기를 어려서 놀란 일이 있었다고 감동하시는 것입니다. 그래서 본인에게 어려서

놀란 일이 있었는지 생각해보라고 했더니 이런 말을 하는 것입니다. 초등학교 2학년 때에 학교를 가는데 사람이 죽어서 거적으로 덮어놓았는데 발이 나온 것을 보고 소스라치게 놀랐다는 것입니다. 그래서 그때 들어온 놀람의 상처를 내적치유하고 귀신을 축사했더니 정상으로 회복되었습니다. 여러분 이렇게 과거 놀란 일이 있다면 미리 내석치유를 하는 것이 좋습니다.

16) 병원에 입원하여 수술한 경우. 어느 여 집사님의 경우입니다. 이 집사님이 나아가 43세 이었습니다. 그런데 자궁에 질병이 생겨서 진단을 해보니 수술을 하지 않아도 견딜만한 질병이었다고 합니다. 그런데 여러분들에게 물어보니까, 자궁 수술을 해버리니까, 그렇게 시원하고 좋았다고 수술을 하라고 했다는 것입니다. 그래서 자궁을 수술하려고 수술실에 가기 전에 꼭 죽는 것 같은 두려움이 찾아왔다는 것입니다. 그래서 수술 전에 하는 마취실에 들어가기도 전에 놀라서 기절을 했다는 것입니다. 그런데 수술 후 후유증으로 심장병(심장부정맥)에다가 우울증에다가 위장병에다가 불면증 등의 합병증이 생겨서 1년 동안 너무나 힘들고 사람 구실을 못해서 남편이 직장을 그만두고 병 수발을 했는데 두려움의 상처를 내적 치유 받고 완치된 것입니다. 내적치유는 이렇게 좋은 것입니다. 만약에 수술한 경험이 있다면 그 때 들어온 두려움의 상처를 내적치유 받는 것이 좋습니다. 만약에 이런 분들이 내적치유를 받지 않으면 병원만 가면 가슴이 두근두근 하고, 병원치료를 하고 오면 상처가 뒤집어져서 고생을 할 수 있습

니다. 어떤 분은 심장에 문제가 생겨 몸이 심하게 붓기도 합니다.

17) 군대에서의 상급자에게 심한 폭행을 당한 경우. 필자가 지금까지 내적치유 사역을 하다가 보니까, 군대에서 상급자들에게 얼차려나 폭행을 당할 때 생긴 상처로 인하여 고통을 당하는 성도들을 많이 보았습니다. 멀쩡한 사람이 사람 구실을 못하고 사는 경우가 많습니다. 필자가 지금까지 군대에서 폭행을 당할 때 들어온 두려움의 영과 악한 영을 축사한 경우가 몇 번 있습니다. 그리고 군대에서 받은 상처로 정상적인 생활을 못하는 분들도 몇 명을 보았습니다. 만약에 군대에서 이와 같은 상처를 받았다면 속히 내적치유를 받는 것이 좋습니다. 신앙은 예방 신앙이어야 합니다. 상처가 노출되기 전에 미리 성령의 역사로 치유하는 것이 좋습니다.

18) 현재의 삶에 대해.

① 현재 자신의 삶에 과거의 상처와의 관계성은?

② 자신의 성품이 고쳐지거나 교정되어 가고 있는가?

③ 어떤 일을 시도하려고 할 때 과거의 경험이 되살아나서 포기해 버리지 않는가?

④ 아무 일도 아닌 것에 심하게 스트레스를 받고 쉽게 좌절하거나 우울함에 빠지지 않는 가?

⑤ 성격의 흐름이 부정적인 쪽으로 흐르지 않는 가?

⑥ 특정한 성별의 사람을 미워하지 않는 가?

⑦ 나에게 해 끼친 부모와 동성을 동종으로 보고 있지는 않는 가?

19) 미래에 대해

① 자신에게 나쁜 일이 닥칠 것이라고 예감하지 않는가?

② 미래에 대한 계획을 세우려 할 때 포기가 앞서지 않는가?

③ 새로운 일을 시도하려 하기보다는 현실에 안주하고 있지 않은가?

④ 결혼 등 중요한 결정을 하는 데 과거 사건이 영향을 줄 것이라고 생각하지 않는지 여부를 성령의 임재 가운데 생각하세요.

3. 상처의 기억과 치유.

① 마음이 평안한 상태가 되어야 합니다. 마음이 외부의 영향을 받지 않는 상태(성령 임재로 평온한 상태)가 되어야 합니다. 치유에 집중하는 마음 상태가 되어야 깊은 곳에 숨겨진 상처를 성령님의 도우심으로 치유 받을 수 있습니다. 외적 침묵과 내적 침묵이 되어야합니다.

② 성령님의 임재를 간구합니다. 영에서 마음으로, 이성으로 임재가 나타나시도록 간구합니다. 성령님의 도우심으로 자신의 과거로 돌아가서 과거에 받았으나 묻혀 있는 크고 작은 상처의 기억을 떠올리며, 상처와 함께 그때 겪었던 당황함, 부끄러움을 회상한 후, 하나씩 그 상처를 주님께 드립니다.

③ 당시에 받았던 상처로 말미암는 감정이 내면에 떠오르거나 감정이 되살아나면(수치감, 답답함, 분노, 좌절감, 깊은 슬픔,

두려움 등) 억제하거나 감추지 말고 의식수준으로 표현하십시오. 그리고 그것을 주님에게 드리세요.

④ 이 때 자신의 상처와 관련된 사람을 용서하는 작업을 해야 합니다. 용서하지 않고 단순히 감정만 처리하는 것은 상처의 근원은 그냥 두고 감정만 치유하는 것이며, 이러한 치유는 후에 다시 재발됩니다. 큰 사건, 큰 상처일수록 이 부분에 세심한 주의를 기울여야 하며, 세심한 치유를 했어도 같은 감정이 오면 몇 번이고 계속해서 치유해야합니다. 자신의 마음에 상처를 준 사람을 용서하지 않으면 진정한 치유가 되지 않습니다. 어두움과 저주의 세력에게 자신을 묶어놓고 있는 것입니다.

⑤ 성령님의 능력으로 치유 받은 후에는 마음에 평안함을 느끼게 됩니다. 계속하여 이 평안을 유지하는 것은 자신의 책임입니다. 오래된 상처나 깊은 상처는 일회적인 치유보다 장기적이고 지속적인 치유를 해야 합니다.

⑥ 성령님과 교제를 통하여 악한 생각이 나지 않도록 기도생활을 해야 합니다. 진정한 치유란 지속적인 성령 하나님과의 동행입니다. 늘 마음에 하나님을 느끼고, 하나님과 동행하고 하나님을 의지하여야 합니다. 그리함으로 늘, 점점 마음이 맑아지고, 자유해지고, 평안해지는 삶을 살아야 합니다.

10장 우울증의 내적치유

(시 42:11)"내 영혼아 네가 어찌하여 낙심하며 어찌하여 내 속에서 불안해 하는가 너는 하나님께 소망을 두라 나는 그가 나타나 도우심으로 말미암아 내 하나님을 여선히 찬송하리로다."

삶을 성공적으로 이끈 사람들은 모두 자신의 내면을 잘 관리한 사람들입니다. 그래서 내면 관리가 중요한 것입니다. 자신의 마음, 땅을 관리하고 풍성하고 부드러운 옥토로 만들지 못하면 어떤 시도, 도전, 노력을 하여도 수도관이 새는 것과 같은 결과를 얻게 됩니다.

우리는 성장 과정에서 많은 어려운 일을 겪고 많은 부정적이며, 자신에게 상처 주는 말을 듣고, 보고, 경험했던 사건들이 내 안에 형성되어 있습니다. 돌, 가시덤불, 너는 못났다. 바보다. 귀찮다. 저리 가라. 쓸모가 없다. 너는 아무 것도 못할 거야. 너는 되는 일이 없어. 이번에도 실패 할 것이다. 차라리 죽어 버려라. 이러한 부정적이고 비관적인 언어가 우리의 마음에 깊이 심겨져 있습니다.

말은 단순히 말로 그치지 않고 마음에 깊이 남게 됩니다, 그리고 그 사람의 인생에 큰 영향을 주게 됩니다. 말은 자신과 가까운 상태의 사람의 말은 깊이 무의식에 심겨 집니다. 어머니, 아버지의 말은 아이는 그대로 믿고 그 말을 받아들입니다. 우울증과 그리스도인이란 두 단어는 서로가 성립되지 않는 말들이고 함께 어울릴 수 없는 말들입니다. 진정으로 성령님에 의해 거듭난 체험을 하고 확실히 성령의 충만함을 경험한 사람이라면 절대로 우울증에 빠지는 일이 있을 수 없습니다. 이 말이 맞습니까? 그렇지 않습니다. 그리스도인도 믿음이 떨어지는 순간 우울증이 찾아옵니다.

1. 우울증이 발생하는 환경적인 원인

1) 생활환경이 갑자기 변할 때.

2) 실직, 부도, 심한질병, 가정 문제, 직장에서의 은퇴 했을 경우.

3) 심하게 놀라거나 죽음을 목격한 경우.

4) 자녀들이 출가하여 다 떠났을 때 (빈둥지)

5) 인간은 삶의 순환, 사이클이 있어야 합니다.

밥을 먹고 소화를 시키고 일을 하고 휴식을 취하고(긴장-이완-긴장-이완)가 규칙적으로 일어나야 합니다. 그러나 긴장만 있어서도 안 되고, 이완만 있어서도 안 됩니다. 긴장이나 이완된 상태에서 계속될 때, 심리적인 문제가 생깁니다. 다음에 질병이 찾아오게 됩니다. 그러므로 항상 성령이 충만한 믿음 생활로 내면관리를 해야 하는 것입니다. 무엇보다도 예방 신앙이 중요합니다. 제가 치유사역을 하다가 보면 막연하고 안일하게 신앙생활을 하다가 질병이 발생한 다음에 후회하는 분들이 있습니다.

2. 우울증의 대표석인 현상.

① 앞으로 아무런 희망도 없다고 느껴질 때 우울증을 의심해 보아야합니다. ② 차라리 죽는 것이 낫다고 생각될 때 우울증을 의심해 보아야합니다. ③ 세상에 나 혼자라고 느껴질 때 우울증을 의심해 보아야합니다. ④ 그대로 있으면 무슨 일을 저지를 것 같을 때 우울증을 의심해 보아야합니다. ⑤ 괴로움을 혼자 견디기 힘들 때 우울증을 의심해 보아야합니다. ⑥ 불면증에 시달릴 때 우울증을 의심해 보아야합니다. ⑦ 체중의 감소 혹은 증가가 심할 때 우울증을 의심해 보아야합니다. ⑧ 지나친 죄책감에 시달릴 때 우울증을 의심해 보아야합니다. ⑨ 병원에서 진찰을 받은 결과 몸에 이상이 없다고 하는데도 몸이 계속 아프거나 심각한 병이 있다는 생각에 빠져들 때 우울증을 의심해 보아야합니다. ⑩ 누가 자신을 놀리거나 남들이 나에게 피해를 주고 있다는 생각 때문에 괴로울 때 우울증을 의심해 보아야합니다. ⑪ 주위에 아무도 없는데 사람의 목소리가 들리는 경험을 할 때 우울증을 의심해 보아야합니다. ⑫ 아무 일도 하기 싫어 주부가

집안일을 못하거나 직장인이 업무를 제대로 못하거나 학생이 공부를 할 수가 없어 성적이 떨어지는 경우에 우울증을 의심해 보아야합니다. ⑬ 말수가 줄어들거나 짜증이 늘어나는 등 성격이 변한 것 같은 경우에 우울증을 의심해 보아야합니다. ⑭ 술, 담배, 기타 여러 약물(진통제 등)을 상습적으로 복용 또는 남용하는 경우에 우울증을 의심해 보아야합니다. ⑮ 고혈압, 당뇨 등 신체적인 질환이 있는 사람이 우울해 할 때 우울증을 의심해 보아야합니다. 의사의 말을 믿을 수 없을 때 우울증을 의심해 보아야합니다. 자신의 상태를 누구에게 물어봐야 할 지 모를 때 우울증을 의심해 보아야합니다. 나는 이상이 없다고 생각하는데 남들이 병원에 가 보라고 권할 때 우울증을 의심해 보아야합니다. 병원에 가야 하는 것을 알면서도 병원에 가기 싫을 때 우울증을 의심해 보아야합니다.

여기에 추가적인 우울증의 증상은 이렇습니다. 우울증 환자 90%가 신체 통증을 호소한다는 것입니다. 대한우울·조울병학회에서는 여의도성모병원과 서울아산병원 등 13개 병원에서 치료중인 우울증 환자 393명을 대상으로 역학조사를 한 결과 우울증 환자 대부분이 가슴이 답답하거나 호흡이 곤란한 신체증상을 동반하는 것으로 나타났다고 2010년 3월 18일에 밝혔습니다. 조사결과에 따르면 응답자의 90%(340명)는 머리와 가슴, 목, 어깨 등의 부위에서 통증을 느끼고 있는 것으로 분석됐습니다. 부위별로는 두통을 호소하는 환자가 71.4%(275명)

로 가장 많았으며, 목이나 어깨 통증 67.8%(262명)명, 근육통 48.9%(188명), 가슴 통증 46.9%(180명), 요통 46.1%(177명) 순으로 흔했습니다.

성별로 보면 남성이 여성보다 허리통증을 더 많이 느꼈으며, 우울증이 심하다고 응답한 사람일수록 신체 통증을 더 많이 느끼는 것으로 조사됐습니다. 응답자 중에는 자살을 생각해 본 적이 있는 응답이 40%에 달했으며, 이중 8% 정도는 실제 자살을 시도했던 것으로 집계됐습니다. 학회에서는 "우울증 환자에게 나타나는 통증은 우울증을 더욱 깊게 만들고, 이는 더욱 심각한 통증 및 다른 신체 증상으로 이어지는 악순환으로 작용한다"면서 "우울증 환자가 조속한 시간 내에 적절한 치료를 받을 수 있는 시스템과 교육이 필요하다"고 말했습니다.

그래서 우리 그리스도인에게 기쁨과 평안은 필수적입니다. 그러나 우리의 내면이 그렇지 못합니다. 요즈음 우리에게는 우울한 소식이 많이 들립니다. 그리스도인들도 우울해질 수 있습니다. 다윗은 지금 자신의 감정을 시로 표현합니다. 이는 믿음의 사람 다윗이 낙심하며 매우 불안해하고 있다는 증거이기도 합니다. 우울증은 특정한 사람이 걸리는 심리적인 병이 아닙니다. 여자, 마음이 약한 사람, 내성적인 사람, 믿음이 약한 사람, 특정한 사람이 걸리는 병이 아니라 누구든지 걸릴 수 있는 질환입니다. 심리적인 질환에서 가장 우리나라 사람에게 많이 있는 병입니다.

공통적인 질병은 감기입니다. 감기는 어린아이부터 성인에까지 걸리기 쉬운 병입니다. 병중에 가장 기본적인 병이나 모든 병을 일으키는 근원이 되며, 가장 치사율이 높은 병입니다. 감기처럼 우울증도 역시 모든 정신적인 질환에서의 기본적인 병입니다. 감기는 언제 잘 걸립니까? 환절기 기온의 차이가 많을 때, 몸의 상태가 나쁠 때, 과로할 때 많이 걸립니다. 우울증 역시 환절기에 많이 걸립니다. 기분의 차이가 심할 때. 복잡한 일이 있을 때. 기온의 차이가 심할 때. 영적인 상태가 약할 때에 잘 나타납니다. 이러한 현상은 누구에게나 찾아올 수 있습니다. 환절기에 감기에 걸리는 것처럼 말입니다. 골리앗을 쓰러트린 담대한 다윗이 우울증에 빠졌던 경우가 있었습니다(시 57:1-2). 갈멜산에서 850명의 이방신 제사장들과 싸워 이긴 엘리야도 우울증에 시달렸습니다(왕상19:4). 요나와 같은 선지자들도 어려움에 빠져 심리가 불안정하게 되었던 경우가 있었습니다(욘4:3).

3.치유를 위한 노력과 태도.

성령으로 세례를 받고 내면을 치유하여 마음의 밭을 옥토로 만들어야 합니다. 어떻게 옥토로 만듭니까? 말씀과 성령의 역사로 만듭니다. 왜 마음을 옥토로 만들어야 합니까? 마음이 넓으면 상처를 덜 받으니까? 그래서 하나님은 우리에게 항상 기뼈하라. 쉬지 말고 기도하라. 범사에 감사하라고 하시는 것입니다. 성령 충만한 믿음생활을 하면 우울증은 나타나지 않습니다. 성경 말씀은 모두 우리를 위하여 하나님이 주신 것입니다. 우리는 성령으로 충만하여 항상 기뻐해야 합니다. 항상 기뻐하면 건강에도 좋습니다. 우리가 기뻐할 때 몸에서 엔돌핀이 나옵니다. 그래서 육체에 활력을 주어서 건강을 유지하게 됩니다. 그것뿐만이 아니라 마음이 열리게 되므로 성령으로 충만하게 되는 것입니다. 그러나 반대로 혈기를 내거나 분노할 때는 아드레날린이 분비됩니다. 그래서 우리의 뼈와 뼈 사이에 들어가 뼈로 마르게 합니다.

모든 질병은 자율신경 계통의 흐름과 부조화로 생깁니다. 모든 질병의 대부분이 자율 신경의 부조화에서 나오는 경우가 많습니다. 그러기 때문에 내 영이 무거운 죄 짐이나, 불평이나, 원망의 무서운 독소에서 자유 함이 있어야 합니다. 자율 신경의 조화는 주로 마음의 평안과 영의 기쁨을 항상 유지하게 됩니다. 자율 신경의 교감신경은 불안 좌절 분노, 등의 결과를 유발합니다.

부교감 신경은 주로 기쁨, 화평, 감사, 용서, 사랑, 절제, 인내, 자비와 양선과 충성과 온유함을 주관합니다. 그래서 하나님은 (빌4:4)"주 안에서 항상 기뻐하라 내가 다시 말하노니 기뻐하라." 하시는 것입니다. 포도나무의 가지가 원줄기에 붙어 있어야 하듯이, 우리의 영적 생명과 성령의 역사는 생명의 근원

되시는 예수님에게 붙어 있어야 합니다. 그래서 영적 신령한 생명이 계속 공급을 받아서 끊임없이 흘러나오거나 솟아나야 합니다. 그런데 우리가 분노하거나 혈기를 내면 육성으로 돌아가기 때문에 이런 영적 생명이 공급되지 못하는 것입니다. 그래서 우리는 자신의 건강을 위해서라도 분노하거나 혈기를 내면 안 되는 것입니다. 성도는 마음에 보복의 칼을 품어서는 안 됩니다.

이는 자신의 영성관리와 정신건강을 위해서 삼가야 합니다. 그래서 우리는 항상 마음에 평안을 유지하려고 의지적인 노력을 해야 하는 것입니다. 그래야 내 안에 계신 성령으로부터 영적생명 흘러나오는 것입니다. 이러한 생명의 흐름이나 성령의 흐름이 성경에서는 기름부음이라는 표현으로 설명되고 있습니다. 이러한 예수의 생명이 흘러넘치는 역사가 충만하기 위해서는 속사람(영)이 강건해야 합니다. 이 속 사람은 자율신경의 부교감 신경에 주로 영향을 받게 됩니다. 자율 신경의 조화를 이루지 못하고, 분노나 불안이나 좌절 등을 일으키면 육성으로 돌아가 기도가 막히게 됩니다. 그래서 성령의 역사를 소멸하게 되는 것입니다.

성령을 소멸하게 되니 자신도 모르는 사이에 마귀가 틈을 타서 마귀가 역사하는 것입니다. 거기다가 건강에도 영향을 미쳐서 위장, 간, 심장, 폐, 등 오장육부의 혈관 정맥, 근육 등에 뻗어 있는 자율 신경에 자극을 주게 되어, 신체에 이상을 일으키고 정신적인 질병을 유발시키는 것입니다.

모든 쓰라림과 원한은 첫째 분노로부터 시작, 이것이 신체에 공급되는 아드레날린을 지나치게 분비시킵니다. 신체는 분비된 아드레날린의 초과량을 흡수할 수 없습니다. 결과적으로 그것은 신장으로 가지만 그러나 신장은 이 초과량을 수용할 수 없습니다. 그 결과로 그것은 신체의 관절에 모여 관절염을 일으킵니다. 또 근육통을 일으킵니다. 관절염을 앓는 사람은 자신의 삶을 성찰하고, 혹 다른 사람에 대한 쓴 뿌리와 용서하지 않는 마음을 품고 있는지 여부를 알아보라고 성심성의로 충고하시기 바랍니다.

그러므로 분노나 혈기는 성령을 소멸하게 됩니다. 성령을 소멸하니 자신의 영 안에서 생명이 올라오지 못하므로 자신의 영적인 생활에도 지대한 영향을 줍니다. 우리는 자신의 건강과 성령의 충만함을 위해서라도 혈기나 분노는 다스려야 합니다. 그래서 자신의 영을 자신이 지키는 것은 자신의 힘으로는 불가능하고 성령으로 충만하여 성령의 인도가 있어야 하는 것입니다.

성령으로 충만하고 성령의 인도를 받기 위해서 마음의 평안을 유지해야 합니다. 마음의 평안은 말씀과 성령으로 심령이 치유되어 안정한 심령이 될 때 가능한 것입니다. 우리 말씀과 성령으로 충만하여 마음을 평안하게 유지합시다. 그래서 항상 내 안에서 성령의 기름부음(생수)이 올라오게 해야 합니다. 제가 지금까지 성령치유 사역을 하면서 우울증이나 정신적인 문제가 있는 분들을 상담한 결과 모두 불안과 두려움으로 고생을 하고 있었습니다. 마귀는 우리가 성령의 깊은 임재 가운데 들어가지 못하게 하려고 두렵게 하는 것입니다. 그래서 성령을 소멸하게 하는 것입니다.

마귀는 어떻게 해서라도 우리가 성령으로 충만하지 못하게 하려고 기를 쓰는 것입니다. 이렇게 불안과 두려움과 우울증으로 고생하는 분들이 저의 교회에 오셔서 말씀과 성령으로 내적 치유를 받으면 모두 말 못할 평안을 찾았다고 간증을 합니다. 그러므로 성령이 우리를 장악하면 평안해지는 것입니다. 성령의 속성은 평안이기 때문입니다. 반대로 불안하거나 두려움은 마귀가 주는 것입니다. 그래서 우리는 두려움을 성령의 역사로 몰아내야 합니다. 성령의 임재 가운데 두려움에게 명령해야 합니다.

4.우울증환자가 금해야 할 사항

1) 너무 자신을 격하시키는 생각을 하지 말아야 합니다. 너무 자신을 부정적으로 바라보는 분들도 많이 있습니다. 다시 말해 '나는 안 돼'. 이런 생각들은 좋은 생각이 아닙니다. 부모님이 내가 성장할 때부터 나는 안 된다고 말했어, 나는 안 돼 이런 생각은 자신을 건강하게 만드는 생각이 아니고, 자신의 삶을 축복하는 생각들이 아닙니다. 이런 부정적인 생각들 때문에 자신이 슬

픈 감정들에 빠져있을 수밖에 없다는 것입니다.

그렇기 때문에 나는 안 돼. 이 생각을 버리시기 바랍니다. 그런가 하면 나는 혼자다 이런 생각도 버려야 합니다. 당신은 혼자가 아닙니다. 배우자가 있을 수 도 있고 가족들이 있을 수도 있습니다.

또 영적으로 말한다면 성령 하나님이 함께 하시시 않습니까? 이런 생각 자체가 잘못된 것입니다. 하나님이 당신과 함께 하시는데, 왜 혼자입니까? 전능하신 하나님이 당신의 주인이신 데, 당신이 어찌 혼자란 말입니까? 그렇기 때문에 우울증에 걸린 분들은 자신을 격하시키는 생각을 하시면 안 됩니다.

또 '세상에 믿을 사람 하나 없어.'이런 생각 또한 건강한 생각은 아닙니다. 이런 생각으로 인해 모두를 불신하게 되고 불신함으로 인해 마음의 벽을 더욱 쌓게 되는 것입니다. 세상에는 좋은 사람도 많습니다. 세상에는 정말 아름다운 사람도 많습니다. 그런데 믿을 사람은 없어 이 말은 그 사람의 상태가 어떤지도 알게 해주는 것이 되기도 하는 것입니다. 그렇기 때문에 가능하면 자신을 격하시키는 말들은 하지 않아야 합니다.

2) 일어나지도 않은 일에 대해 미리 예측하고 근심하는 일도 버려야 합니다. 일어나지도 않았습니다. 그런데 미리 혼자 생각하고 건물이 없는데, 혼자의 생각으로 완벽한 건물을 만들어 놓는 것입니다. 그것은 이런 생각들입니다. 누군가가 이렇게 할 꺼야. 또 그렇게 될 꺼야. 그렇게 안됐는데, 그렇게 될 꺼야 이렇

게 되었으면 이런 생각들을 많이 합니다.

일어나지 않은 일에 대한 미리 예측과 미리 염려와 미리 근심하고, 앞당겨 슬퍼하고, 앞당겨서 불안에 떨고, 그래서 이런 생각들은 결코 당신에게 건강한 삶을 보장해 주지 않습니다.

가능하면 오늘 일에 충실하시기 바랍니다. 당신이 알고 있는 사실에 대해서 만족하시기 바랍니다. 듣지도 않은 말을 들은 것처럼 말한다거나 일어나지도 않은 일에 대해서 일어날 것처럼 말한다거나 남이 나에게 욕도 하지 않았는데, 욕을 할 것이라고 생각하는 것이나 그런 생각들은 전부 다 자신으로 하여금 병들게 하는 생각이지 당신을 건강하게 만드는 생각이 아닙니다.

3) 그런가 하면 이 우울증에 걸리신 분들은 장래에 대한 희망이 없습니다. 가능하면 희망을 가지시기 바랍니다. 왜 자살합니까? 미래에 대한 희망이 없기에 그렇습니다. 왜 죽음을 생각합니까? 미래에 대한 소망이 없기 때문입니다. 죽음을 생각하시는 것입니다. 이분들은 주로 하는 말이 '내 인생 끝났다.' 이런 말을 많이 합니다. 자기 인생이 끝났다는 것입니다.

하늘이 무너져도 솟아날 구멍이 있다. 이런 분들은 절대 우울증에 안 걸립니다. 근데 무너지지도 않았는데, 무너진다. 무너진다. 하시는 분들은 무너집니다. 생각이 얼마나 중요한지 모릅니다.

그런가 하면 또 어떤 사람은 살면 뭐하나 하는 분들도 있습니다. 인생이 끝난 것이 아니라 희망이 있습니다. 소망의 하나님이 지금 역사하고 계심을 믿으시기 바랍니다. 인생은 소망이 있습니다. 세상은 어렵고 힘들어도 우리의 미래는 소망이 있습니다. 그런데 살면 뭐하나 내 인생은 끝났어, 아주 자기를 비관하는 그런 분들이 아주 많습니다.

그런가 하면 기독교인들이 가장 많이 사용하는 말이 무엇인지 아십니까? 불신자들은 자살을 하지 않습니까? 그러나 우리 기독교인은 자살도 못합니다. 죽지도 못하지, 살려고 하니 힘들지, 그러니 태어난 것이 죄지 왜? 힘들지 죽지는 못하지 그러니 태어난 것이 죄라는 것입니다.

가능하면 당신은 너무 큰 절망가운데 있지 마세요. 가능하면 당신은 너무 큰 낙심 속에서 있지 마세요. 가능하면 빨리 소망을 가지고 희망을 가지고 빠져 나오셔야 합니다.

4) 그런가 하면 우울증에 걸린 분들이 피해야 할 것이 있습니다. 가능하면 우울증에 걸리신 분들은 부정적인 생각을 가지고 계신 분들을 만나지 마세요. 지금 혼자만의 생각도 감당을 하지 못하는데, 또 누군가가 와서 전달 해준다는 말이 늘 어두운 말만 전달해준다면 그 사람은 정말 자살할 가능성이 많습니다. 죽으려고 하는 사람에게 우리가 할 말이 있습니다. 왜 죽으려고 하는가? 죽기 전에 해야 할 것이 있다. 예수 그리스도를 영접해라.

그리고 영접한 후에는 우리에게 소망이 있다. 예수님 믿기 전에는 너에게 소망이 없었지만, 예수 믿고 난 후에는 너에게 소망이 있다. 우울증에서 해방 받은 사람 가운데서 이런 사이트를 운

영하시는 분들이 많이 나오시기 바랍니다.

그래서 자꾸 인터넷 세상에 그리스도의 깃발을 복음의 깃발을 계속하여 세워 나가야 합니다. 저는 할 일들이 많이 보이는 것입니다. 인터넷을 통해서 전도할 수 있는 길들이 굉장히 많습니다.

그래서 저 혼자 하기는 너무 많고 무엇인가 컴퓨터에 대해서 잘 알고 치유의 마인드를 가지고 계시는 분들이 자살 방지 사이트를 만드세요. 그러면 정말 자살을 도와주는 사이트가 아니라. 자살을 방지하는 사이트. 무엇으로? 복음으로 답을 주고 자살을 방지하는 사이트인 것입니다.

5.우울증의 치유 방법

먼저 환자와 보호자가 자신들의 상태를 인정해야 합니다. 그리고 예수님만이 자신의 병을 치유할 수 있다고 믿어야 합니다. 치유에 앞서 반드시 예수를 영접해야 합니다. 예수를 영접한 후에 집중적인 치유에 들어가야 합니다. 먼저 성령으로 세례를 받아야 합니다. 성령의 역사가 있어야 내면의 상처가 치유되면서 조울증의 증상들이 치유되기 시작을 합니다. 환자와 보호자가 의지를 가지고 지속적으로 말씀을 들으면서 성령의 역사에 순종하며 치유를 받아야 합니다. 성령의 역사를 체험하면 상태가 악화되는 경우도 있습니다. 상태가 악화되었다고 당황하지 말고 지속적으로 치유를 받으면 점점 평안해 지면서 자신이 치유되고 있다는 것을 체험적으로 알게 됩니다. 기도는 소리를 내서 기도를 해야 합니다. 주여! 주여! 주여! 하면서 소리를 내서 기도를 해야 잡념에 사로잡히지 않습니다. 이렇게 지속적으로 내적치유를 받다가 보면 악한 영들이 축사가 되기 시작을 합니다. 축사가 되기 시작하면 점점 상태는 호전이 됩니다. 절대로 단시일에 치유를 받으려는 생각은 금물입니다. 자신이 말씀과 성령으로 장악이 되는 만큼씩 치유가 됩니다. 절대로 단시일에 치유되지 않습니다.

만약에 단시일에 치유가 되었다고 하더라고 얼마 지나지 않아서 다시 발생합니다. 그러므로 장기적인 치유를 받으려고 해야 합니다. 환자가 사역자가 전하는 말씀을 알아들으면서 아멘으로 화답하기 시작을 해야 치유가 시작되는 것입니다. 저의 경험으로 보아 환자가 의지를 가지고 집중적인 치유를 받았을 때 모두 치유가 되었습니다. 정신신경과 약을 복용하는 사람은 일정기간 약을 먹어 가면서 치유를 받아야 합니다. 상태가 호전이 되었다고 담당의사의 지시 없이 약을 중단하면 안 됩니다. 약을 십년을 먹었어도 환자가 의지만 있으면 치유가 됩니다. 조울증으로 고생하는 분들은 희망을 가져야합니다. 죽은 자를 살리시는 예수님이 나의 병을 꼭 치유하여 주신다는 믿음을 가지고 치유에 응해야 합니다. 절대로 환자의 의지 정도에 의해서 치유가 되느냐 안 되느냐가 결정이 되는 것입니다. 좌우지간 성령의 역사가 일어나야 합니다. 성령의 역사 없이 말만 가지고는 치유되지 않습니다.

치유는 2가지 방법이 있습니다. 첫째, 서서히 성령으로 장악하여 치유하는 방법입니다. 치유의 말씀을 들으면서 기도하며 안수를 받으면 치유하는 것입니다.

둘째는 강력한 성령의 역사로 집중 치유하는 것입니다. 이는 중상이 심한 분들을 우선 축귀로 정상으로 돌리는 것입니다. 2-3시간이 걸립니다. 전문적인 영적치유 사역자를 찾아서 집중적으로 치유하는 방법으로 증상이 심하여 생활이 불가능한 환자에게 적용하는 방법입니다. 치유 요령을 우리 교회에서 매주 토요일 날 하는 집중치유의 방법을 사용하는 것입니다.

우울증을 치유 받은 간증

저는 분당 ○○교회에 다니는 박 집사입니다. 작년부터 스트레스 받는 일이 많아지더니 금년 1월부터 우울증이 발생하여 정상적인 직장 생활을 하지 못할 지경까지 갔습니다. 정신과에 가서 진단받고 우울증 약을 먹으니 죽을 것만 같아서 얼마 지나서 먹지 않았습니다. 영적인 치유를 받자고 휴일이면 여기저기 성령치유 하는 곳과 내적치유 하는 곳을 다녔습니다. 그래도 상태가 호전이 되지를 않았습니다. 그러다가 지인의 소개로 충만한 교회를 알게 되었습니다.

충만한 교회에 국경일에 지인과 함께 참석을 했습니다. 참석하여 내적치유에 대한 말씀을 듣고 목사님 안수를 받았습니다. 안수를 받다가 성령의 역사에 쓰러져서 한동안 울면서 기도를 했습니다. 그런데 이상하게 제 안에서 이상한 소리가 나오는 것입니다. 짐승 소리도 같고 악을 쓰는 소리도 같았습니다. 목사님에게 물어보니 상처 뒤에 역사하는 악한 세력이라는 것입니다.

목사님 하시는 말씀이 상처 때문에 우울증이 발생한 것이니 빨리 상태가 호전되게 하려면 토요일 날 집중치유를 받으라고 하셨습니다. 그래서 토요일 날 집중 치유를 예약하여 받게 되었습니다. 안수 기도를 시작하자 소리가 나오면서 악한 세력들이 사정없이 떠나갔습니다. 악 한 시간 정도 지난 것 같은데 사지가 뒤틀렸습니다. 손과 발이 오그라드는 것입니다. 조금 있다가 기침이 사정없이 나오더니 정상으로 회복이 되었습니다. 울음은 계속 나왔습니다. 내 몸에서 여러 가지 현상이 일어났는데 창피하여 여기에 적지는 못합니다.

2시간 30분 기도를 마치고 나니 몸이 솜털과 같이 가벼워졌습니다. 머리가 너무나 시원했습니다. 상처가 많아서 우울증이 발생한 것입니다. 그래서 다시 한 번 집중 치유를 받았습니다. 완전하게 치유가 되었습니다. 그렇게 우울하고 짜증이 나고 몸이 무겁던 모든 것이 다 없어졌습니다. 저를 치유하신 하나님에게 감사와 영광을 돌립니다.

11장 성격문제 내적치유

(엡4:30-32)"하나님의 성령을 근심하게 하지 말라 그 안에
서 너희가 구속의 날까지 인치심을 받았느니라. 너희는 모든 악
독과 노함과 분 냄과 떠드는 것과 훼방하는 것을 모든 악의와
함께 버리고 서로 인자하게 하며 불쌍히 여기며 서로 용서하기
를 하나님이 그리스도 안에서 너희를 용서하심과 같이 하라."

하나님은 우리의 못된 성격이 치유되어 하나님의 영광의 도구
가 되기를 원하십니다. 나의 성격도 내 것이 아닌 부분이 있다는
것을 인정해야 합니다. 즉 마귀가 못된 성질을 우리에게 주고 그
못된 성질을 사용하여 마귀의 도구가 되게 합니다. 그래서 우리
는 성령의 임재하에 못된 성질을 찾아 치유해야 합니다. 그래서
사람들과 화평을 누리는 사람이 되어야 합니다. 내적 치유는 마
음의 치유로서 영이 활발하게 활동하도록 하는 것입니다. 마음이
굳은 사람은 이성과 본능의 지배를 받는 삶을 사는 사람입니다.
영은 인간의 가장 깊은 마음속에 있으며, 가장 부드럽고 만져
질 수도 없는 존재이고, 뼈는 가장 단단한 것입니다. 그러나 영이
근심하면 그 영향이 뼈를 부스러뜨리게 됩니다. 인간은 어느 한
부분이 잘못되면 다른 부분도 같이 손상됩니다. 질병의 근본적인
원인은 육체적일 뿐 아니라, 심리적, 영적인 경우가 많습니다.

그러므로 눈에 보이는 육체의 문제, 현실의 문제의 해결보다 심리적, 영적인 문제를 해결하는 것이 더 중요합니다. 이를 위해 우리는 인간관계 그리고 하나님과의 관계가 화평해야 합니다. 혹시라도 관계에 숨어 있는 죄, 미움, 용서하지 못함, 근심, 염려, 두려움 등등 가시와 같은 것들이 있다면 반드시 뽑아내고 풀어내야 합니다. 이러한 것들을 쉬고 있는 것은 스스로를 사해하는 결과를 가져옵니다.

1. 정서 장애 요인

○ 상처로 인하여 정서적 장애가 생깁니다. 정서란 외부에서 생기는 일에 대하여 감정적으로 반응을 일으키는 무의식의 기능입니다. 이 기능에 의하여 밖으로 드러나는 것이 성품입니다. 정서는 무의식에 쌓여 있는 것들의 반응입니다. 상처는 정서, 습관, 성품에 중대한 영향을 미칩니다. 상처를 주고받는 것은 모태에서부터 시작하여 무덤에 가기까지 계속됩니다. 자신도 모르는 사이에 받고 주는 것입니다. 성장기의 발달 중 가장 심각하게 인생에 영향을 주는 것이 바로 상처로 말미암은 정서의 미숙입니다. 정서의 미숙은 인생에 중대한 영향을 줍니다.

○ 정서의 미숙은 정서적 불안, 배타심, 시기, 질투, 우울증, 불만족, 고집, 근시안적 성격, 이기주의 등으로 나타납니다. 미숙한 정서를 가지게 되면 나이, 직위, 학력에 관계없이 아이와 같

이 행동하게 됩니다. 감정을 절제하지 못하는 것이 정서의 미숙이고 불안함입니다. 좋지 못한 것으로 내면이 쌓여 있기 때문에 생기는 현상입니다. 하나님은 오래 참으시는데 인간은 참지 못하고 감정을 폭발시킵니다. 성령님의 도우심으로 내면을 자꾸 강하게 하십시오. 그래야 정서가 안정되고 세상을 이깁니다.

○ 정서의 미성숙은 사회와 가정에서의 문제의 중요한 근원입니다. 정서가 미성숙하면 서로의 이해 부족과 용납하지 못함으로 자기 위주로 생각하기 쉽고 가정과 사회생활의 인간관계에 갈등 문제가 생깁니다. 이러한 문제가 생긴다면 찾아서 치유해야 합니다.

○ 정서의 미성숙은 스트레스 대응 능력을 떨어뜨립니다. 어떠한 고난을 당했을 때에 장기적 계획을 세우거나, 근본적 대응책을 강구하기보다는 짜증, 원망, 도피하는 반응을 나타내면서 더욱더 스트레스에 빠지게 합니다. 세상은 자꾸 우리를 조이고 있습니다. 앞으로의 시대는 더욱더 스트레스가 몰려오는 시대입니다. 스트레스야말로 모든 질병의 원인이 됩니다. 스트레스가 오는 것이 문제가 아니라, 그것을 처리할 능력이 없기 때문에 자꾸 그것을 쌓아 놓는 것이 문제입니다. 상처는 스트레스를 주며, 처리되지 못한 스트레스는 쌓이게 되고, 쌓인 스트레스는 조그마한 자극에도 다시 스트레스를 받게 합니다.

하나님의 일을 하려면 스트레스를 잘 처리할 수 있어야 하며 이것을 처리할 수 없는 사람은 하나님의 일을 할 수가 없습니다. 인간에게는 근본적으로 스트레스 처리 능력이 없습니다. 하나님의 은혜로 영적 차원에서만 온전한 처리가 가능합니다. 성령의 도우심이 있어야만 스트레스를 쌓아 놓지 않고 온전하게 처리할 수 있습니다. 성령님과 늘 교제하면서 성령님께 모든 스트레스를 털어놓으시기 바랍니다. 매일 밤마다 30분에서 1시간을 성령님과 함께 보내세요. 그리고 주 2-3회 이상 온 밤을 주님과 보내는 습관을 가져야 합니다. 나에게 스트레스를 주는 밖에 있는 불을 끄려고 하지 말고, 그것을 처리하는 내 안에 있는 내면의 능력을 키우시기 바랍니다. 내면이 약한 것은 과거의 상처 때문입니다. 과거의 상처를 과거 차원에 내버려두지 말고, 하나님과 함께 현재 차원에서 치유하십시오. 하나님께는 시간의 벽이 없습니다. 과거로 돌아가서 얼마든지 과거를 돌이킬 수 있는 분이십니다. 스트레스를 걱정하지 말고 그것을 처리할 수 있는 능력을 위해 기도하십시오. 마음을 평안케 하는 길이야말로 안에 생기는 스트레스의 불을 끄는 것입니다. 이 스트레스의 불을 끄지 못하면 여러 가지 내장 기관이 상처를 입습니다. 화상을 입습니다. 악한 영은 마음의 상처 밑에 숨어서 그 부분을 약화시키고 사용하지 못하게 하는데, 이것이 바로 질병입니다. 그만큼 또 다른 부분이 무리를 하게 되어 결국 점점 질병이 퍼져나가게 됩니다.

스트레스는 시간이 지나면 덮어지지만 결코 없어지는 것이 아니며 우리를 골병들게 만드는 것입니다. 악한 세력들은 덮인 상처 밑에 숨어 있다가 기회만 되면 뛰쳐나와서 상처를 아프게 합니다. 감정의 상처의 기억은 이성의 기억보다 더 강하고 더 오래

갑니다. 그리고 비슷한 상황이나 조건으로 감정을 자극하게 되면 그 아픔이 다시 살아나 나쁜 감정의 기억이 되살아납니다.

그리고 이 상처 때문에 또다시 새로운 스트레스가 생기며 스트레스와 상처의 악순환입니다. 내적 치유는 성령님의 도우심으로 실제 상황에 접근하여 속에 쌓여 있는 좋지 못한 것들, 쌓인 스트레스를 청소해 내고, 상처받은 감정도 치유하는 것입니다.

○ 미성숙한 정서에서 성숙된 정서로 가는 길. 일상생활 중에 계속 내적 치유하는 시간을 따로 정해 놓아야 합니다. 내면 관리에 관심과 열정을 쏟으세요. 성령님이 사용하실 수 있는 마음을 가져야 합니다. 이것이 영성훈련입니다. 호흡으로 깊게 기도하십시오. 마음에 항상 하나님이 주인이 되도록 하십시오. 찬양을 들으면서 하나님과 보내는 시간을 가져야 합니다. 예수님의 광야에서의 묵상은 하나님과의 교제의 시간이었습니다. 그리하면 스트레스가 쌓이지 않습니다.

신앙의 길에도 투자가 있어야 보상이 있습니다. 구원은 공짜이지만 성화에는 투자가 있어야 합니다. 구원은 공짜지만 복을 받으려면 노력과 훈련이 있어야 합니다. 하나님과의 교제, 만남을 통하여 우리의 내면, 잠재의식, 정서를 거룩하게, 정결하게, 깨끗하게 만드세요. 시간을 투자해서 이렇게 만드세요. 우리의 마음, 무의식의 세계를 성령의 도우심으로 자꾸 더러운 것, 두려운 것, 미움, 분노, 시기, 부정적인 감정 등을 씻어 내는 것이 내적 치유입니다. 이를 위하여 성령님의 도우심을 간절히 간구하십시오. 성령님께 매달리세요. 친한 친구에게 모든 것을 털어놓듯 성령님께 모든 것을 털어놓으세요. 성령님과 어울리세요. 뒹구세요. 한 몸이 되세요.

이 일에 시간을 사용하기 위하여 다른 데 쓰는 시간을 아끼셔야 합니다. 그 아까운 시간을 사용하여 내면에 성령이 충만하도록 간구하세요. "나에게 시간을 내어 다오. 내가 치유할 수 있게 해다오." 하시는 성령님의 간구를 무시하지 마시기를 바랍니다. 하나님과의 관계가 온전해지는 일에 집중하십시오.

여기에 쏟는 시간에는 엄청난 보상이 따르는 것입니다. 인생에서 가장 유익한 시간은 하나님과 함께 내면을 치유하는 시간입니다. 불완전에서 완전으로 나아가는 귀한 시간입니다. 치유 쪽으로 나아가는 데 사용된 시간은 성령님과의 교통을 위해서 보낸 금 같은 시간입니다.

2. 치유 받아야 할 성격상의 문제

○ 성장기에 받은 거절감. 성장기에 부모의 학대를 당한 사람은 부모에게 너무 잘 대하려고 하는 태도를 보입니다. 잘못을 하면 학대를 당하게 되고 부모에게 인정받아야 살아남을 수가 있으니까요. 이런 사람은 밖에 나가서 기가 죽어서 남에게 잘 눌리고 삽니다. 반면에 분노, 혈기가 심할 수도 있습니다. 이런 사람이 성장하여 가정을 이루면 가족들에게 폭행을 잘합니다. 반면에 밖

에 나가서는 아주 친절하게 잘하는 성인아동이 됩니다. 결국 부정적인 자아상, 신체적, 성적, 정서적 자기비하에 빠지게 됩니다.

○ 집착감. 상처받은 마음이 무의식적으로 어떤 한 대상에 집착하여 자신의 아픔을 완화시키려 함으로 나타나는 증상으로 음란, 외설, 물욕, 명예욕, 출세욕, 소유욕, 마약, 도박, 술, 유흥, 과다한 식욕 등이 있습니다. 하나님이 정하신 순리의 원칙대로 삶으로 하나님의 도우심을 받으려고 하십시오. 집착을 하나님께 드리면 하나님이 아주 기뻐하시고 인생에 유익합니다. 하나님만이 나의 문제를 해결하실 수 있다는 것을 명심하시고 문제를 가지고 하나님께 나아가십시오.

○ 사랑 결핍감. 하나님과 다른 사람들을 사랑하지 못하고 용납하지 못하고 친밀감이 부족하고 자기를 확신하지 못하고 신뢰하지 못하고 의심하며 다른 사람에게 일을 맡기지 못하여 무엇이든지 자신이 해야 직성이 풀리게 됩니다. 소인배가 되기 쉽습니다.

○ 두려움. 위험하거나 어려운 상황에 처했을 때, 자신의 역량으로는 처한 상황을 피할 수 없다고 인정할 때 생기는 감정으로서 염려, 공포, 버림받음에 대한 두려움 등이 있습니다. 누구나 두려움의 감정을 가질 수 있으나 과다한 두려움, 지속되는 두려움이 문제입니다. 이것은 악한 영이 주는 것입니다.

○ 불안감. 두려움과 유사한 감정 상태로서 두려움은 불안의

원인이나 그 대상이 분명할 때 생기며, 불안은 대상이 없는 상태에서 느껴지는 초조감, 긴장감 등입니다. 불안은 항상 마음을 긴장시켜서 안정되지 못하게 만듭니다. 하나님께 영적으로 깊이 들어가는 것을 막아서 불면이나 우울증을 유발합니다.

○ 분노. 자신이 세운 목표를 달성하지 못해서 오는 실패감, 좌절감, 패배감 또는 가족이나 동료, 친구의 배신 등으로 자존심을 손상당했을 때 생깁니다. 분노는 좌절감이나 피해 의식에 대한 반응으로 일어나는 감정으로서 실패를 가져온 요인을 향한 공격적인 행동을 유발합니다. 제대로 처리되지 않은 분노는 미움, 쓴 감정, 원한, 용서하지 않음, 완고함, 저항, 비판 의식, 하나님과 타인에 대한 분노, 낙담, 살인이나 자살을 야기합니다.

분노는 영혼을 병들게 하는 원인이 됩니다. 순간적이거나 일상생활 속에서 상한 감정이 처리되지 못하고 있다가 어떤 계기에 폭발하게 되는 격한 감정입니다. 사람이 실수하기가 가장 좋을 때가 분노를 품고 있을 때입니다. 이런 때는 대개 사람이 이성을 잃거나 분별력을 잃고 흥분하기 쉽습니다. 그리고 사람이 노를 품게 되면 사람을 미워하게 되고, 안정된 심성이 깨지게 되고, 판단이나 이해가 왜곡되어서 그릇된 행동을 하게 됩니다.

○ 의심. 매사를 부정적인 눈으로 보아 모든 사람을 의심하여 모든 것을 자신이 해야만 직성이 풀리는 성격이 됩니다. 대인관계에 큰 영향을 미칩니다. 남편을 의심하고, 부인을 의심하고, 자녀를 의심하여 가정생활에 지대한 영향을 미치므로 원인을 찾

아서 치유해야 합니다. 하와는 하나님의 말씀을 의심하다가 마귀의 미혹에 속았습니다.

(창 3:4-5)"뱀이 여자에게 이르되 너희가 결코 죽지 아니하리라 너희가 그것을 먹는 날에는 너희 눈이 밝아져 하나님과 같이 되어 선악을 알 줄 하나님이 아심이니라 여자가 그 나무를 본즉 먹음직도 하고 보암직도 하고 지혜롭게 할 만큼 탐스럽기도 한 나무인지라 여자가 그 열매를 따먹고 자기와 함께 있는 남편에게도 주매 그도 먹은지라"

사가랴는 믿지 않음으로 벙어리가 되었습니다.

(눅1:18-20)"사가랴가 천사에게 이르되 내가 이것을 어떻게 알리요 내가 늙고 아내도 나이 많으니이다 천사가 대답하여 가로되 나는 하나님 앞에 서 있는 가브리엘이라 이 좋은 소식을 전하여 네게 말하라고 보내심을 받았노라 보라 이 일이 되는 날까지 네가 말 못 하는 자가 되어 능히 말을 못 하리니 이는 네가 내 말을 믿지 아니함이거니와 때가 이르면 내 말이 이루어지리라 하더라"

○ 적대감. 대인관계에서 상대가 과거와 같은 언짢은 언행이 나오면 그만 적대감정으로 돌발하여 분노를 유발하거나 항상 거

리를 두고 눈치를 살피거나 적대시하여 사람들이나 하나님과 깊은 관계를 맺지를 못합니다. 마음이 열리지 않으며 하나님의 은혜 체험도 늦습니다. 그래서 어디를 가나 항상 외로울 수 있습니다.

> (히 12:14-16)"모든 사람과 더불어 화평함과 거룩함을 따르라 이것이 없이는 아무도 주를 보지 못하리라 너희는 돌아보아 하나님의 은혜에 이르지 못하는 자가 없도록 하고 또 쓴 뿌리가 나서 괴롭게 하고 많은 사람이 이로 말미암아 더럽게 되지 않게 하며 음행하는 자와 혹 한 그릇 음식을 위하여 장자의 명분을 판 에서와 같이 망령된 자가 없도록 살피라"

○ 실패감. 자신의 행위가 자신의 기대에 비하여 불만스러울 때 느끼는 감정입니다. 실패감에 눌려서 사는 것, 실패를 당연한 것으로 받아들이는 것, 실패를 우려하는 것 즉 과거 실패감을 치유하지 못하여 실패감에 눌려 사는 것은 큰 문제입니다.

실패는 성공의 교훈이 되며 실패하지 않고 성공하는 사람이 없습니다. 문제는 실패가 아니라 우리에게 남아서 늘 부정적인 영향을 주는 실패감입니다. 말씀과 성령으로 과거가 주는 실패감을 잘 정리해야 합니다. 담대한 하나님의 전능하신 가능성을 가지고 나아가야 합니다. 하나님은 무에서 유를 창조하시는 분입니다. 하나님의 속성, 창조력을 가지고 세상을 향해 나아가 세상을 점령해야 합니다.

○ 수치심. 자신의 행위가 자신의 기대, 타인의 기대, 사회의 기대에 못 미친다고 스스로 판단함으로 느끼는 감정입니다. 하나님은 회개하고 돌아온 자를 결코 부끄럽게 여기지 않으십니다. 예수님의 십자가 보혈의 능력이 나를 깨끗하게 씻어 주셨다는 믿음을 갖고 있으면 됩니다. 세상에는 자신보다도 더 보잘것없고 수치스러운 사람이 많이 있다는 것을 인정하시기를 바랍니다. 자신을 결코 부끄럽거나 수치스럽게 여기지 마시기를 바랍니다. 이 것은 마귀가 나를 묶는 오랏줄입니다. 담대하게 털고 일어서시기를 바랍니다.

○ 죄책감. 수치심보다는 더 발전된 감정으로, 자신의 행위나 사고가 윤리와 도덕에 위배되었다고 느낄 때의 감정입니다. 회개함으로 죄책감을 풀어 버려야 합니다. 이 죄책감을 움켜잡고 목을 조이는 존재가 바로 마귀입니다. 죄책감에 사로잡히면 불면증이나 우울증, 화병 등으로 고생하기도 합니다. 하나님은 예수님의 보혈의 공로로 이미 우리를 용서하셨고 품어 주시는 분이십니다.

○ 증오. 타인을 미워하고 싫어하는 감정으로 그 대상을 파괴하고 싶은 느낌이 드는 것을 말합니다. 시어머니를 증오하고, 부모님을 증오하고, 남편 또는 아내를 증오합니다. 증오는 성령의 역사를 가로막는 방해물입니다. 그래서 증오는 자신을 죽이는 것입니다.

○시기. 자신이 바라고, 있던 것을 타인이 소유하고 있다고 생각할 때 느끼는 감정으로서 자기밖에 모르는 어린아이의 수준에서 성장하지 못한 감정입니다. 시기가 커지면 살인까지 갑니다.

영적인 생활에서 반드시 버려야 될 것이 시기입니다.

○ 우울함. 갑자기 비정상적으로 마음이 초조하고, 불안해지고, 두려워지고, 두려워할 이유도 없는데 공포증이 밀려오고, 조그마한 일에도 화가 버럭 나고, 집안 식구들을 못 살게 굴고, 화를 내는 경우는 우울증에 걸리기 시작한 것입니다.

잘 살아오다가 갑자기 살고 싶지 않습니다. "그만 죽었으면 좋겠다." 하는 말들을 하고 또 사람들 만나기를 좋아하지 않고 하루 종일 멍하니 혼자 있기를 좋아하고 그리고 전에 하지 않던 행동들을 하기 시작합니다. 술도 마시고 약을 사서 먹기도 합니다. 그리고 많은 시간 동안 잠만 자기도 합니다. "도대체 저 사람이 저렇지 않았는데 왜 저런 상황이 되었을까?" 하고 사람들이 질문할 것입니다. 이 정도면 심각한 우울증에 걸린 것입니다. 악한 영에 눌릴 때도 이런 증상이 나타나는 경우가 있습니다.

○ 열등감. 자기 자신의 학력, 재산, 외모, 건강, 능력 등이 남보다 부족하다고 느껴서 사람들에게 자신 있게 자신을 드러내지 못합니다. 우울증의 원인이 되기도 합니다.

○ 완벽주의. 시험을 보고 99점이 나와도 만족하지 못합니다. 어려서부터 부모님들이 완벽을 강조해 왔고, 자신 또한 윗사람이나 주변 사람에게 흠을 잡히지 않으려고 행동을 해 왔기 때문입니다. 신경이 예민하여 고혈압이나 당뇨, 심장병 등 성인 질병의 문제를 안고 있는 사람입니다.

○ 책임전가, 핑계. 아담이 하와에게 핑계를 댄 것같이 자신의 잘못도 인정하지 않고 부모나 배우자에게 또는 약한 사람에게 책

임을 전가하거나 핑계를 대서 모면하려 합니다. 어려서부터 어른들의 질책을 면하려고 핑계를 댄 것이 습관화된 경우가 많습니다.

○ 감정 표현을 잘못함. 감정 표현은 솔직하게 그러나 상대의 인격을 무시하거나 손상시키지 않는 범위에서 사리에 맞고 온전하게 합니다. 억압된 감정은 자신의 감정을 감춤으로 마귀의 희생물이 될 수 있습니다. 대인 관계가 원활하지 않으면 인간관계가 파괴될 위험성이 있습니다. 우울증이나 실어증으로 발전할 수 있습니다. 원인을 찾아서 치유받아야 합니다.

○ 자기표현 잘못함. 자기표현을 적절히 하는 사람은 자신감이 있는 사람일 것입니다. 자신의 생각을 명확히 전달할 줄 알아야 합니다.

3. 부정적 성격을 치유하는 방법

○ 마음이 성령의 임재로 평안한 상태가 되어야 합니다. 마음이 외부의 영향을 받지 않는 상태가 되어야 합니다. 치유에 집중하는 마음 상태가 되어야 깊은 곳에 숨겨진 상처를 성령님의 도우심으로 치유받을 수 있습니다. 외적 침묵과 내적 침묵이 되어야 합니다.

○ 성령님의 임재를 간구합니다. 영에서 마음으로, 이성으로 성령의 임재가 나타나시도록 간구합니다. 성령님의 도우심으로 자신의 과거로 돌아가서 과거에 받았으나 묻혀 있는 크고 작은 상처의 기억을 떠올리며 상처와 함께 그때 겪었던 당황함, 부끄러

움을 회상한 후, 하나씩 그 상처를 주님께 드립니다.

○ 당시에 받았던 상처로 말미암는 감정이 내면에 떠오르거나 감정(서러움, 수치감, 답답함, 분노, 좌절감, 깊은 슬픔, 두려움 등)이 되살아나면 억제하거나 감추지 말고 의식 수준으로 표현합니다. 그리고 그것을 주님께 드립니다.

○ 이때 자신의 상처와 관련된 사람을 용서하는 작업을 해야 합니다. 용서하지 않고 단순히 감정만 처리하는 것은 상처의 근원은 그냥 두고 감정만 치유하는 것이며, 이러한 치유는 후에 다시 재발됩니다. 큰 사건, 큰 상처일수록 이 부분에 세심한 주의를 기울여야 하며, 세심한 치유를 했어도 같은 감정이 오면 몇 번이고 계속해서 치유해야 합니다. 자신의 마음에 상처를 준 사람을 용서하지 않으면 진정한 치유가 되지 않습니다. 어두움과 저주의 세력에게 자신을 묶어 놓고 있는 것입니다.

○ 성령님의 능력으로 치유 받은 후에는 마음에 평안함을 느끼게 됩니다. 계속하여 이 평안을 유지하는 것은 자신의 책임입니다. 오래된 상처나 깊은 상처는 일회적인 치유보다 장기적이고 지속적인 치유를 해야 합니다.

○ 악한 생각이 나지 않도록 성령님과 교제하며 기도생활을 지속해야 합니다. 진정한 치유란 지속적인 성령 하나님과의 동행입니다. 늘 마음에 하나님을 느끼고, 하나님과 동행하고 하나님을 의지하여야 합니다. 그리함으로 늘, 점점 마음이 맑아지고, 자유해지고, 평안해지는 삶을 살아야 합니다.

12장 충격(사고) 상처 내적치유

(시 38:5)"내 상처가 썩어 악취가 나오니 내가 우매한 까닭이
로소이다"

하나님은 사고에 의한 상처를 분별하여 치유하고 감정 정리를
영적으로 하라고 하십니다. 자신은 사고를 잊어버렸어도 감정은
기억하고 있습니다. 그래서 당시와 같은 일이 일어나면 감정이
동요되어 사리 분별이 혼동되고 자신을 절제하지 못하게 됩니다.
감정이 격해지면 육성이 강화되어 영성이 소멸됩니다. 영성이 소
멸되면 순간 영적인 취약 시기가 되는 것입니다.

인생은 나그네 길입니다. 인생을 살아가다 보면 생각지도 못
한 일로 놀랄 수도 있습니다. 이 사건에 입은 상처는 성령의 임재
안에서 치유해야 합니다. 감정이란 자신에게 일어난 사건, 환경
의 변화에 대한 내적 반응을 말합니다. 내면에서 일어난 반응은
다시 신체에 강력한 자극을 주어서 물리적 변화를 줍니다. 예를
들어 부끄러움을 당했을 때 얼굴이 붉어지는 것이나 스트레스를
받았을 때 위장 장애가 생기기도 합니다.

○ 일련의 사건으로 충격을 받으면 그 감정은 기억이 되어서
사건을 회상만 하여도 그때와 같은 감정이 반복되며 심리적, 신체
적으로 이전에 충격을 받던 상황의 반응이 재현됩니다.

○ 감정은 심리적인 동력의 역할을 합니다. 행동의 강력한 동기가 됩니다. 감정이 자극을 받으면 자극이 지성으로 전달되어 지성이 감정을 어떤 방법으로 표현할 것인가를 결정한 후 그에 따라 감정이 밖으로 표현됩니다. 이렇게 감정이 밖으로 표현되는 것을 정서라고 합니다. 같은 자극이라도 사람에 따라서 전혀 다르게 반응하는데, 이는 교육, 성격, 신앙, 당시 상황, 상대방과의 관계성에 따라 차이가 있습니다.

○ 인간은 본능적으로 불쾌한 감정(불안, 미움, 슬픔, 두려움, 증오, 분노 등)보다 유쾌한 감정(기쁨, 자유 함, 편안함, 사랑, 희락 등)을 요구합니다. 그리고 불쾌한 감정이 생기면 유쾌한 감정을 소유하려는 시도를 하게 됩니다. 그러나 유쾌한 감정을 갖고자 하는 욕구 때문에 부도덕적이고 비윤리적 행동을 하면 양심에 가책을 받게 됩니다. 그러나 인간은 자기중심적이기에 자신의 유익을 위하여 비록 양심을 어기는 행위라도 가리지 않고 하게 되는 경우도 있습니다.

○ 건강한 감정을 가진 사람이라면 도덕적, 양심적 기준에 의하여 선한 감정과 지성으로 대적하고 다른 방향으로 유도하거나 절제하게 합니다. 감정은 감정으로 다스릴 수 있습니다. 악한 감정은 선한 감정으로, 미움은 사랑의 감정으로 절제해야 합니다. 감정의 반응에 이끌려 분별력, 자제력을 잃으면 죄를 짓게 됩니다.

○ 감각에는 심리적 감각과 신체적 감각이 있습니다. 이들은 서로 영향을 주고받습니다. 정신적 상처를 받음으로 혈압이 오르

거나, 숨이 가빠지듯이 신체적 반응을 일으킵니다.

심리적 감각은 자극을 주는 상황에 대하여 그 상황을 느끼고 이해함으로 반응하기 직전의 상태이며, 이는 그 사람의 정서와 직접적 연관이 있습니다. 신체적 감각은 인간의 신경계통으로 느껴지는 본능적 감각입니다.

○ 감정은 감각이 상황을 어떻게 받아들였는가에 따라 반응합니다. 또 똑같은 감각이라도 상황, 분위기, 그때의 건강 상태, 기분에 따라서 다르게 반응합니다.

○ 감정은 감각이 없더라도 기억에 의하여 스스로 반응할 수 있습니다. 과거 어떤 상황에서 심한 감정의 상처를 입었다면, 그 상황을 다시 기억함으로도 그때의 감정과 자극의 반응이 생기게 됩니다. 이러한 반응이 반복되면 신체적 질병이나 노이로제에 이르게 됩니다.

○ 다치거나 칼에 베이면 몸에 상처가 남고 심하면 오랜 후유증과 합병증이 생깁니다. 우리의 감정도 마찬가지입니다. 감정을 잘 다스리지 못하여 분노를 자주 유발하면 혈관 계통에 염증이 생기기도 합니다. 자주 분내고 혈기가 심하면 심장병과 뇌졸중, 중풍, 신경성 위장병 등의 심각한 질병을 유발하기도 합니다. 그리고 감정이 동요되면 사리분별이 혼돈됩니다. 이성의 분별이 잘못되면 선택을 잘못하여 어려움을 당합니다. 감정이 안정되어야 성령의 교통함을 가질 수 있습니다.

(벧전 3:4)"오직 마음에 숨은 사람을 온유하고 안정한 심령의 썩지 아니할 것으로 하라 이는 하나님 앞에 값진 것이니라"

그러므로 나의 감정을 다스리고 있는 마음 깊은 곳의 상처를 찾아서 치유해야 합니다.

1. 사건 사고로 입은 상처

○ 전쟁사고 : 전쟁을 경험한 사람들은 공포, 두려움에 시달리는 경우가 많습니다. 소리만 크게 나도 놀라고 군인들만 자나가도 놀라고 총소리만 들어도 가슴이 두근거리고 공포에 떠는 경우가 있습니다. 성령의 임재로 내면의 두려움을 치유해야 합니다.

○ 일제 36년의 압제 : 일본인들에게 36년간 상처를 당한 분들의 가슴에 한이 머물러 있습니다. 일제 36년의 아픔들이 아직도 우리의 아주 깊은 부분에 기억되어 있습니다. 그래서 운동경기를 해도 일본만 만나면 죽기 살기로 싸웁니다.

○ 국가변란 : 5.16혁명, 5.18 광주 민주화 운동 등 국가 변란에 상처를 입은 사람들의 가슴에는 아직도 응어리와 한이 서려 있습니다. 그때 그 사건을 저지른 사람들이 나타나면 죽이고 싶을 정도로 밉습니다. 그러나 이 응어리는 그렇게 한다고 해결되는 것이 아닙니다. 하나님께 드리고 용서하면 마음이 가벼워지고 편해지는 것입니다.

○ 교통사고 : 교통사고를 당하면 두 가지가 상처를 입게 됩니다. 먼저는 보이는 상처입니다. 다리가 부러지고 찢어져서 피가 흐릅니다. 그러나 이것보다 더 중요한 것이 있습니다. 보이지 않는 마음 깊은 곳의 상처입니다. 마음 깊은 곳에 놀랄 때의 흔적과 상처가 남아서 응어리가 생깁니다. 이것을 치유하지 않으면 잠을 자지 못하고 차만 타면 불안하고 공포가 찾아옵니다. 또 교통사고 난 것만 봐도 가슴이 두근거립니다. 성령님의 임재로 가슴에 맺혀 있는 놀랐을 때의 상처를 주님께 내놓으며 치유하고 축사해야 합니다.

○ 물에 빠짐 : 물에 빠지면 생사를 헤매다가 구조됩니다. 이때 들어온 공포의 영이 계속 마음속에서 역사하므로 물만 봐도 놀라고 물에 사람이 빠져 죽었다는 소리만 들어도 놀랍니다. 성령님의 임재로 가슴에 맺혀 있는 놀랐을 때의 상처를 치유하고 축사해야 합니다.

제가 군산에 부흥집회를 갔을 때의 일입니다. 첫날 저녁에 기도를 하는데 남 집사님 한 분이 팔을 막 휘저으면서 "아버지, 살려 주세요. 아버지, 살려 주세요." 하는 것입니다. 이 집사님이 물에 빠져서 고생을 했다는 것을 직감하고 물었더니 이렇게 고백하는 것이었습니다. "예! 목사님 저 그때 다 죽었다고 했는데 하나님이 살려 주셨습니다. 제가 외항선에서 한 10년간 일을 했습니다. 외항선이 목적지에 도착하여 일을 마치면 배의 엔진을 정비하고 배 도색을 다 새로 합니다. 엔진을 다 열어 놓고 정비하는

데 갑자기 중요한 장비하나가 바다에 떨어졌습니다. 그것을 건져
오려고 바다에 뛰어들었는데 그만 역류에 휩쓸려서 계속 떠내려
갔습니다. 배 안에서는 배의 엔진도 다 열어 놓은 상태라 배를 움
직일 수가 없고 보트를 띄워도 물이 역류하여서 아무 소용이 없는
상황이었습니다. 방법은 역류를 타고 수영하여 스스로 배로 오는
것인데 배로 가까이 가기는거녕 계속 배와 멀어지는 깃입니다.
배와 멀어지니 구명장비를 던져도 자꾸 떠내려가기만 하고 아무
런 효과가 없었습니다. 이렇게 바다 속에서 역류를 타고 2시간
반을 사투하다가 겨우 배 옆으로 와서 구명장비를 잡고 배 위로
올라왔습니다. 그 이후로 바다만 보면 겁이 나서 외항선 타는 일
을 그만두고 다른 일을 했습니다. 그런데 그 이후로 이상하게 가
슴이 답답하고 기도가 잘 안 되고 영적인 성장이 되지를 않았답니
다. 그러다가 성령치유 부흥집회에 참석하여 성령의 역사로 치유
받으니 방언기도가 터지고 기도가 그렇게 잘되고 말씀이 꿀맛 같
아졌습니다. 목사님 감사합니다." 이렇게 사건에 의한 상처는 영
적 성장에도 막대한 영향을 줍니다. 누구든지 사고를 당하였으면
방심하지 말고 성령의 임재 가운데 그때 당시의 상황으로 들어가
서 주님께 드리고 치유받아서 평안을 찾으시기를 바랍니다.

　○ 불에 의한 사고 : 불 속에서 구사일생 구조된 사람들은 불로
인한 두려움의 상처가 깊이 심겨져 있어 불만 보면 두려움을 갖게
됩니다. 성령님의 임재로 불났을 때 놀랐던 가슴에 맺혀 있는 상
처를 치유하고 축사해야 합니다.

○ 부모 이혼 : 부모가 이혼하면 당사자도 상처를 받지만 자녀들에게도 커다란 상처가 남습니다. 실제로 자녀들의 마음에 특정 성차별로 인해 미움의 가시가 깊게 박혀 있어서 결혼 생활을 잘 영위하지 못하는 경우가 많습니다. 또 어린 심령에 상처를 받아서 위장 장애나 공포의 영이 아이를 사로잡을 수가 있습니다. 자신의 이혼도 마찬가지입니다. 이혼을 하게 되면 부부 모두에게 충격적인 상처가 남습니다.

○ 부부 싸움 : 부부가 싸움을 할 때 아이들은 심령에 두려움의 상처가 임합니다. '혹시 어머니가 도망가지나 않을까? 저러다가 큰 일이 일어나지나 않을까?' 하는 마음에 괴로워합니다. 실제로 치유 사역을 하다가 보면 상처가 드러나서 부모의 싸움으로 밖으로 쫓겨나 추워서 벌벌 떨었던 것을 그대로 재현하는 모습을 많이 봅니다.

○ 갑작스런 가족의 죽음 : 갑작스럽게 부모나 자녀가 죽으면 많은 상처가 마음에 맺힙니다. 하나님이 살아 계신가에 대한 의문과 하나님에 대한 불신의 감정을 가지기 때문에 믿음생활을 해도 영적 성장이 되지 않습니다. 그리고 돌아가신 분의 모습이 자꾸 떠오르기도 합니다. 늘 영적으로도 눌려서 평안함이 없는 경우가 있습니다. 용서하고 회개하고 성령으로 치유하고 축사해야 합니다. 갑작스럽게 배우자나 형제가 갑자기 죽어 심장병이 생겨서 고생하는 분이 있습니다. 어느 권사님이 20년 전에 남편이 횡단보도에서 교통사고로 죽었는데 20년이 지난 지금도 그 횡단보

도만 보면 가슴이 두근두근한다고 합니다. 이분은 상처를 치유받아야 합니다. 갑작스런 사고에 의한 가족의 죽음은 큰 감정의 상처가 남습니다. 권 집사님의 이야기입니다. 권 집사님의 남편은 성실하고 믿음도 좋았습니다. 그런데 직장에서 오전 일을 마치고 점심 먹고 쉬다가 심장마비로 소천하였습니다. 권 집사님은 도저히 이해가 가지 않았습니다. 성말 큰 충격이었습니다. 아침에 출근했던 남편이 갑자기 죽었다고 했을 때 정말 믿어지지도 않고 앞이 캄캄했다고 합니다.

그렇게 갑자기 남편을 보낸 후 무엇을 해도 만족함이 없었습니다. 그런데 이분에게 문제가 생겼습니다. 친척이나 이웃 사람들이 죽어서 문상을 다녀오면 쓰러져서 며칠씩 일어나지 못하는 것입니다. 그래서 주변에서는 말들이 많았습니다. 상가에 있던 귀신이 들어가서 그렇다고 하는 사람도 있었습니다. 그러다가 우리 교회에 내적 치유를 받으러 온 것입니다. 며칠간 다니다가 누가 죽어서 문상을 다녀왔다가 또 쓰러진 것입니다.

그래서 제가 하나님께 질문을 했습니다. "왜 권 집사는 상가 집만 다녀오면 쓰러져서 일어나지 못합니까?" 성령의 감동이 왔습니다. 상가에 가면 죽은 사람을 생각하며 우는 사람이 많이 있는데 권 집사님도 그 우는 모습을 보면 갑자기 무의식에 잠재된 자기 남편의 갑작스런 죽음에 대한 서러움이 떠올라 운다는 것이었습니다. 속에 숨어 있던 충격적인 상실감과 서러움이 올라오니 감당을 못하고 쓰러지는 것입니다.

옛날에 시골에서 돼지를 먹이려고 모아 둔 잔반통 물을 시간이 지난 후 들여다보면 맑은 물로 변해 있습니다. 그러나 돼지에게 밥을 주려고 휘저으면 다시 다 올라옵니다. 마치 이와 같은 이치 입니다. 평상시에는 상처가 무의식에 가라앉아 있다가 당시와 같은 상황을 보기만 해도 자신도 모르는 사이에 상처가 올라와 감당할 수가 없게 되는 것입니다.

그래서 제가 권 집사에게 자세히 설명을 하고 남편이 천국에 갔을 때 받은 상처를 성령으로 치유하자고 했습니다. 가슴 안에 담겨 있던 남편에 대한 인상을 천국으로 보내고 대신 하나님으로 채우는 치유를 했습니다. 치유를 집중적으로 한 다음부터는 상가에 다녀와도 눕지 않게 되었습니다. 무의식에 잠겨 있는 감정의 상처를 성령의 임재 가운데 치유받으시고 평안을 찾으시기를 바랍니다.

○ 잦고 깊은 병고 : 병치레를 많이 한사람들의 무의식에는 질병에 대한 고통이 그대로 남아 있습니다. 그래서 우울증과 불면증에 시달리는 사람들이 있고 또 질병으로 고생하는 분들이 많이 있습니다. 성령의 임재하에 무의식에 잠재된 병의 고통을 치유하여야 새로운 삶을 살아갈 수가 있습니다. 실제로 치유 사역을 하다가 보면 상처가 드러나서 병들어서 끙끙 앓는 행동을 하는 것을 많이 봅니다.

○ 이사와 이민 : 많은 사람들이 이사나 이민 같이 새로운 삶에 적응하는 기간에 많은 상처를 받고 있습니다. 그러나 전학, 상급

학교 진학, 결혼, 이민 등 새로운 사회와 새로운 인간관계가 맺어질 때 그 어려움들은 뒤집으면 오히려 축복의 조건이 된다는 사실을 기억하시기 바랍니다. 모든 사건에는 생명과 사망, 복과 저주가 공존하고 있습니다. 이것은 결국 개인의 선택입니다. 인생은 각자의 선택과 하나님의 은혜로 작품을 만들어 가는 것입니다.

○ 천재지변 : 태풍, 홍수, 시진 등 전재지번으로 재산을 잃었거나 부모나 친지를 잃을 경우 많은 상처가 무의식에 잠재되어 밝은 생활을 영위하지 못하고 늘 우울한 생활을 하는 사람들이 종종 있습니다. 이것을 마음에 품고 있다고 해결될 문제는 아닙니다. 잃어버린 모든 것을 하나님께 맡기고 풀어야 나의 미래가 밝아집니다.

○ 등산이나 기타 일로 조난을 당하여 두려움과 불안의 고통을 당하면 무의식에 두려움과 고통이 묻혀 있어서 고생을 합니다. 성령의 임재 가운데에서 무의식에 잠재된 공포와 두려움의 고통을 치유하여야 새로운 삶을 살아갈 수가 있습니다.

○ 유산 : 임신에 대한 두려움이 생기고 다시 임신을 하더라도 그 시기가 되면 또 유산되면 어쩌나 걱정하다가 또 유산이 됩니다. 성령의 임재 가운데 무의식 속에 잠재된 유산의 고통을 치유하고 축사를 해야 평안한 삶을 살아갈 수가 있습니다.

○ 낙태 : 낙태는 살인이라는 생각 때문에 죄책감으로 살아가는 사람들이 많이 있습니다. 하나님께 회개하고 용서를 구하고 평안함 삶을 살아가야 합니다. 하나님은 죄를 기억하지 않는 분이라는 믿음을 가지고 이겨야 합니다.

○ 자신의 부주의로 인한 타인의 죽음 : 운전하다가 다른 사람이 죽든지 다른 사고로 인하여 사람이 죽게 되었을 때 그 충격의 상처를 치유받지 못하여 불면증과 귀신 들림의 현상으로 고통을 당하는 분들이 있습니다. 이는 피할 수 없는 돌발적인 사고로 봐야 합니다. 성령의 임재 가운데에서 사고와 죄책감의 고통을 치유하고 축사를 해야 평안한 삶을 살아갈 수가 있습니다.

○ 성폭행의 상처 : 사람에 의한 상처로 고생하는 사람들이 의외로 많습니다. 외진 곳에서 사람만 만나면 두렵고 불안하고, 화장실에서 사람을 만나도 두렵고 불안합니다. 늘 가슴이 두근두근하며 불안 초조가 떠나지 않고 불면에 잘 빠지고, 우울증으로 고생하는 분들이 많습니다. 무의식에 잠재되어 있는 상처를 드러내어 주님께 드리고 치유 받아야 합니다.

○ 수술의 경험 : 암이나 기타 질병으로 병원에 입원하여 수술을 경험한 분들이 수술 당시에 받았던 두려움을 치유 받지 못하여 생기는 문제입니다. 어느 집사의 경우 병원에서 자궁을 수술 받았는데 꼭 죽는 것 같은 두려움이 찾아와서 고통을 당했습니다. 그런데 수술 후 후유증으로 심장병이 생겨서 1년 동안 고통당하다가 우리 교회에 와서 치유받았습니다. 이런 분들은 병원만 가면 가슴이 두근두근하고, 치료를 받고 오면 상처가 뒤집어져서 고생을 합니다. 어떤 분은 심장에 문제가 생겨 몸이 심하게 붓기도 합니다.

2. 나를 어떻게 치유하는가?

먼저 자신 안에 성령님의 임재를 구합니다. "성령님, 내 몸에 들어와 주세요. 성령님, 내 몸에 들어와 주세요." 성령께 인도하심을 구하면 작은 고통에서부터 아주 깊은 것까지 하나씩 치유해 주십니다.

먼저 좋지 못한 상황을 머리에 떠올립니다. 과거 사고로 인한 상처의 현상을 가지고 성령님께 간구합니다. 두려움에 쌓여 있다든지, 혈기를 부렸다든지, 우울했다든지, 잠을 못 이루었다든지, 잘 놀랐다든지, 잘 다툰다든지, 가슴 아픈 일을 당했다든지 등등 그때 당시의 상황을 마음에 떠올립니다. 성령님의 도움으로 과거의 상처를 회상합니다.

떠올리면서 그때 당한 감정까지 끌어올립니다. 그래서 거기서 나타나는 현상을 주님께 드립니다. "성령님, 내가 그때 이렇게 고통스러웠습니다. 너무 너무 서러웠습니다. 제 마음이 너무 아팠습니다. 너무 억울하였습니다. 심지어는 세상을 떠나고 싶었습니다. 내가 그 사람을 죽이고 싶었습니다."

그리고 주님께 고백하면서 모든 것을 드립니다. 한 가지씩 한 가지씩 기도하면서 드립니다. 그렇게 하면서 마음에 평안이 임하면 치유가 된 것입니다. 그런데 살아가다가 다시 그 생각이나 감정이 되살아나면 다시 성령께 기도하면서 치유를 받아야 합니다.

13장 태아 상처 내적치유

(시22:9-11)"오직 주께서 나를 모태에서 나오게 하시고 내
모친의 젖을 먹을 때에 의지하게 하셨나이다. 내가 날 때부터
주께 맡긴바 되었고 모태에서 나올 때부터 주는 내 하나님이 되
셨사오니, 나를 멀리하지 마옵소서 환난이 가깝고 도울 자 없나
이다."

하나님은 우리에게 이 시간 어머니 태속에서 받은 모태의 상처
를 치유하라고 하십니다. 내가 지금까지 내적치유 사역을 인도하
여 오면서 체험적으로 느낀 것은 모태의 상처는 만병의 근원이 된
다는 것입니다. 많은 사람들이 어머니의 모태에서 받은 상처로
말미암아 육체의 질병으로 고생을 하면서 살아갑니다. 또한 영적
인 문제로 고통을 당하면서 살아가는 사람도 많이 있습니다. 이
사람들이 예수를 믿지 않는 세상 사람들이 아니라는 것입니다.
엄연히 예수를 주인으로 영접하고 열심 있게 믿음 생활을 하고 있
는 데도 불구하고 영육으로 고통을 당한다는 것입니다. 그래서
필자는 항상 강조하는 것이 상처는 오만 가지 문제의 근원이라고
하는 것입니다. 우리 모두 내면세계에 대하여 이번 기회를 통하
여 바르게 이해하시기를 바랍니다.

그리고 모태에 있는 태아에 대해서도 바르게 이해하시기를 바

랍니다. 그리하여 미리미리 예방하여 불필요한 고통을 당하지 말기를 바랍니다. 많은 분들이 태중에서는 상처를 받지 않는 것으로 알고 있습니다. 그런데 아기는 엄마 태중에 잉태될 때부터 생명입니다. 그리고 이때가 가장 취약한 시기입니다. 왜냐하면 보이지 않기 때문입니다. 저는 치유에 관심이 대단히 많이 있기 때문에 과거에 시산이 있을 때는 내적치유 사역을 하는 곳을 많이 다녀 보았습니다. 그런데 거기에 오신 분들은 모두 예수 그리스도를 구주로 영접하고 믿음생활을 하는 성도들 임에도 불구하고 대다수의 사람들이 상처로 인하여 신음하며 치유를 받는 다는 것입니다. 그런데 거기에는 십대들도 있습니다. 이십대도 있습니다. 모든 계층의 사람들이 모두 와서 치유를 받습니다. 심지어는 칠십대인 분들도 오셔서 치유를 받는 다는 것입니다. 그런데 하나같이 모두 상처가 많이 드러나고 있다는 것입니다. 그래서 저는 그런 모습을 보면서 내적치유 사역의 중요성을 뼈저리게 느끼고 필자가 일 년이란 세월을 투자하여 나 자신의 상처를 내적치유 받았습니다. 그리고 지금 이제 십년이 넘는 세월동안 치유 사역을 감당하고 있습니다. 정말 수많은 환자들을 성령님의 은혜로 치유하였습니다. 신앙은 예방 신앙입니다. 질병이나 문제가 생긴 다음에 치유 받으려고 하지 말고 미리 치유 받으시기를 바랍니다. 상처가 없는 사람은 없습니다. 만약에 성도 이면서 나는 상처가 없습니다. 하신다면 하나님 앞에 교만한 것입니다. 모두 인정하시고 치유 받으시기를 바랍니다.

1. 상처는 모태에서 받는다.

우리는 상처를 논할 때 자신의 기억으로부터 시작을 합니다. 그리고 상처를 받는 시기를 출생 이후이라고 생각합니다. 그러나 상처는 그 이전부터 받으며 인간은 생명으로 태어나기 전에 이미 생명으로 존재합니다. 인간은 태아에 있을 때부터 이미 인간이며 인간이 지니는 대부분의 기능을 지닙니다.

상처는 본인이 기억하는 것보다 기억하지 못하는 것이 더 많습니다. 기억하지 못하는 이 부분이 삶에 더 많은 영향을 줍니다. 사람은 무의식의 상처가 자신의 인생에 70% 이상의 영향을 끼친다는 것을 아시기를 바랍니다. 인간에게 가장 많은 영향을 주는 때가 바로 태아의 시기입니다. 한 인간의 삶을 지배하는 성품, 정서, 지능 지수는 부모로부터 유전적으로 받는 영향 보다 환경적인 영향에 의해서 대부분 받습니다.

2. 태아가 자라나는 환경이 중요하다.

지난 2003년에 KBS에서 방송하는 "생로병사의 비밀"이라는 프로에서 태아에 대하여 다룬 때가 있었습니다. 그 때 필자가 눈을 비벼가면서 그 프로를 다 봤습니다. 태아에 대하여 연구 결과를 발표하는데 보니까 임신 기간 중에 태아를 보호하고 있는 자궁의 환경이 사람의 지능지수(IQ)에 큰 영향을 미친다고 했습니다.

특히 아기의 지능이 어머니의 자궁 내 영양 상태, 산소의 공급 정도와 그리고 임신중 산모의 정서와 환경, 산모가 받은 스트레스와 같은 외적 환경이 지능 결정에 중요한 요인이라고 했습니다.

그 프로에서 밝힌 내용에 의하면 태아가 어머니의 영양 상태에 따라서 태아에게 지대한 영향을 미치는데 어머니가 영양을 제대로 공급받으면 태아도 정상으로 자라는 것입니다. 그러나 어머니가 영양을 제대로 공급받지 못하면 태아역시 영양상태가 좋지 못하여 저 체중으로 태어난다는 것입니다. 그런데 문제는 태아는 어머니의 자궁이 자신의 세계이며 인간은 태어나기 전에 이미 태중에서 어느 정도의 기본 성품, 정서, 살아가는 태도의 기본을 경험을 통해 습득하게 된다는 것입니다. 그래서 태아가 어머니가 잘 먹어서 영양 공급이 잘되면 영양을 받아서 장기에 보관하여 두었다가 영양이 공급되지 않을 때를 대비한다는 것입니다. 그래서 저 체중 아기로 태어났다고 하더라도 세상을 살아가는 것에는 문제가 없는 것입니다.

문제는 태어나서입니다. 어머니가 저 체중으로 태어난 아기가 불상하니까, 먹는 대로 젖을 준다는 것입니다. 그런데 아기는 있을 때 많이 먹어두었다가 먹을 것이 없을 때 쓰려고 계속 주는 대로 먹는 것입니다. 그러다가 아기가 어려서부터 몸이 비대해져서 성인병에 걸린다는 것입니다. 지금 초등학교 같은 곳을 가보면 비만인 아이들이 있습니다. 이 아이들이 태중에서부터 식 습관이 잘못되어 태어난 아이들이라는 것입니다. 그래서 태아는 귀로 들고 눈으로 보기보다는 감정, 느낌으로 외부의 상태를 느낍니다. 인간은 보고 듣는 것 보다 감정, 감성으로 얻고 배우는 것이 많다고 합니다. 태아는 어머니와 모든 부분이 연결되어 있습니다. 어머니가 느끼는 대부분은 태아에게 전달되며 기억이 됩니다.

3. 태아는 알고 있다.

태아는 대체로 6~12주 사이에 진동을 느끼기 시작하고 소리를 의식하기 시작합니다. 태아는 최소한 10주가 되면 산모와 자신의 주변에서 생기는 일을 경험하며 그 경험을 기억합니다. 태아는 이때부터 어머니, 아버지의 목소리, 크고 작은 음악 소리 등 온갖 소리를 듣게 됩니다. 그러니까, 이때 부모가 많이 다투었다면 태아는 이미 다 알고 태어난다는 것입니다. 부모가 다툴 때 놀라고 엄마가 서러워할 때 태아도 서러워했다는 것입니다. 문제는 그것이 다 태아의 무의식에 저장되어 있다는 것입니다. 24주 때부터는 어떤 소리라도 다 들을 수 있게 되고 이를 구별할 수 있는 단계에 들어가게 됩니다. 다음 3개월째부터 청각의 기능이 확실해질 뿐 아니라. 태아는 자기와 연결된 어머니를 통해 어머니 자신은 물론이고 다른 사람이 자신에 대한 태도를 감지할 수 있는 능력이 있습니다. 태아가 모태에서 산모의 안정감과 따뜻함과 평안을 느끼면 태아는 산모와 자신의 환경의 정서를 느끼며 태아의 정서가 됩니다. 태아와 산모는 한 육체이므로 임신 중의 산모가 어떤 음식을 먹느냐, 어떤 마음의 상태를 지니느냐에 의하여 태아에게 주는 영향은 태어나서 아이를 성장시키면서 주는 영향력보다 크다고 할 수 있습니다. 그래서 태교가 중요하다는 것입니다. 어머니란 자녀의 육체만 만들어 줄 뿐 아니라, 그 자녀의 성품, 그리고 두뇌의 건강과 기질이나 인격, 더 나아가서는 재능과 잘못되는 것까지도 만들어 준다는 것을 명심해야 합니다.

4. 임신 중의 상처와 성품

1) 원하지 않는 아이를 임신했을 경우. 지나치게 남의 관심을 받으려고 합니다. 남을 기쁘게 하려고 노력합니다. 왜냐하면 살아야 하겠다는 욕구가 무의식에 잠겨 있기 때문입니다. 거부당하기 전에 먼저 거부합니다. 변명을 잘하고, 죽음을 원하고, 거부, 소외감을 못 견디며, 끊임없이 사랑을 받으려고 하지만 사랑을 주지 않고, 정서가 불안정하고, 자신의 정체감이 없습니다. 자신감이 결여되고, 부모에게 자신을 소중한 존재로 마음에 들게 하기 위해 노력합니다. 잦은 질병을 앓게 되고 애정을 회피하거나 애정에 대한 그치지 않는 욕망이 있기도 합니다.

2) 혼외 관계. 임신에 대한 지식. 준비가 전혀 없는 상태에서의 잉태되었을 경우. 깊은 수치감을 느낍니다. 소속감이 결여됩니다. 자신을 부끄러워합니다. 자신이 부모에게 짐이 된다고 생각합니다. 내성적이며 매사에 부정적인 아이가 되기도 합니다.

3) 부모가 원하지 않는 성을 가지고 태어났을 경우. 다른 성이 되려는 노력을 과다하게 합니다. 다른 사람을 기쁘게 하려는 노력을 많이 합니다. 패배의식에 잘빠집니다. 여자를 원한 가정에 남자로 태어난 아이는 부모를 만족시키지 못한 것에 대한 죄의식을 지닙니다. 그래서 남자가 여자처럼 행동하거나 여자이면서 남아인 것처럼 행동합니다. 심하면 동성연애자가 되기도 합니다. 나는 처음부터 잘못된 존재야 라고 믿는 마음이 무의식에 자리 잡고 있습니다.

4) 태아를 유산시키려는 계획과 생각을 했을 경우. 부모에 대한 미운 마음을 가지고 있습니다. 가담 하려한 사람에게 적대감을 가집니다. 폭력적입니다. 반항적인 성격입니다. 죽음에 대한 두려움을 잘 느낍니다. 극단적인 생각을 잘합니다. 어려움이 오면 죽음을 쉽게 생각하거나 극단적인 행동을 합니다. 심장에 문제가 있습니다. 심장의 문제로 인하여 빈혈이나 순환기 계통의 질병으로 고생을 합니다. 과민성 대장으로 고생하기도 합니다. 필자가 지금까지 내적치유 사역하면서 체험한 바로는 이런 유의 상처를 받은 사람들이 심혈관에 문제를 많이 가지고 고생을 하다가 치유 받고 정상 생활을 하게 됩니다.

5) 유산 다음에 태어난 아기의 경우. 부모의 잃은 것에 보상하려는 노력을 많이 합니다. 대타가 된 것에 대한 분노를 느낍니다. 자기 자신이 주체가 되지 못한 것에 대한 분노를 가지기도 합니다. 아기는 자아에 대한 낮은 의식으로 낮은 자존감을 갖기도 합

니다. 타인의 흉내를 잘 냅니다. 자신감이 부족합니다. 두려움을 잘 탑니다.

6) 산모가 임신 중 출산에 대한 두려움을 갖은 경우. 작은 일에도 두려움을 갖습니다. 불안감을 느낍니다. 아기를 갖는 것에 대한 두려움을 갖기도 합니다. 그러므로 산모가 출산에 대한 두려움이 찾아 올 경우 신속하게 영적인 치유를 받는 것이 좋습니다. 영적치유를 전문으로 목회하는 목회자의 안수를 두 번만 받으면 출산의 두려움은 떠나갑니다.

7) 임신 중에 부모나 친한 사람이 사별했을 경우. 깊은 슬픔에 잘 빠집니다. 낙심을 잘 합니다. 죽고 싶은 마음을 잘 먹습니다. 외로움을 잘 탑니다. 죽음에 대한 두려움을 느끼기도 합니다. 공포심이 많습니다. 사후 세계에 대한 궁금증을 많이 가지고 있어 사이비성 종교에 빠지기도 합니다. 자신 외에는 아무도 의지할 수 없다는 마음이 강합니다. 사랑하는 사람을 잃을 것에 대한 두려움이 많습니다. 자신 외에는 아무도 의존할 사람이 없다는 느낌을 자주 갖습니다.

8) 고부간의 갈등. 남편과의 가정불화를 당한 경우. 정서적인 불안을 가지고 있습니다. 긴장을 잘합니다. 차분하지 못하고 집중력이 저하됩니다. 두려움을 잘 탑니다. 불안함을 잘 느낍니다. 분노를 잘합니다. 임신 중에 어머니를 괴롭힌 사람을 미워합니다. 상처나 스트레스를 쉽게 받으며 남에게 상처를 잘 줍니다.

9) 임신 중에 남편을 잃은 경우. 죄책감을 잘 느낍니다. 자기

탓을 잘합니다. 분노를 가지고 있습니다. 버림받을 것을 기대하기도 합니다. 대신할 것을 찾으려는 지나친 욕심을 갖고 있습니다. 그래서 집착감에 잘 빠집니다. 죽고 싶은 마음이 잘 틈탑니다. 삶에 대한 애착감이 없습니다. 쉽게 포기하며 허탈감에 잘 빠집니다. 우울함이 잘 틈탑니다. 염세주의자가 되기도 합니다.

10) 임신으로 인한 원치 않은 결혼을 했을 경우. 어머니에 대한 부담감과 죄책감을 가지고 살아갑니다. 항상 부모에게 미안한 미음을 가지고 살아가기도 합니다. 심하면 우울증에 빠지기도 합니다.

11) 출산 당시 심한 진통과 오랜 고통을 당했을 경우. 태아는 함께 고통을 느낍니다. 불안에 잘 빠집니다. 두려움을 잘 탑니다. 고통에 대한 두려움을 갖기도 합니다. 우울증에 걸리기도 합니다.

12) 임신 후 태아에게 관심을 갖자 못할 정도로 바쁜 생활을 했을 경우. 외로움을 잘 느낍니다. 고독감을 잘 갖습니다. 쉽게 놀라거나 불안해합니다. 작은 것에도 잘 놀랍니다. 자신에게 관심을 갖도록 여건을 만듭니다. 예를 들어서 아프다고 하고, 힘없다고 하고, 나는 못한다고 하면서 자신에게 끊임없는 관심을 갖도록 유도합니다.

13) 엄마가 담배나 술 또는 커피를 심하게 했을 경우. 엄마로 하여금 술을 마시게 한 부정적 태도를 아기가 흡수합니다. 여러분 엄마가 아기를 임신 했을 때 먹는 것도 적당히 먹어야 합니다. 많이 먹을 경우 태아가 어머니 뱃속에서 이미 비만의 유전인자를

가지고 태어날 수가 있습니다.

14) 임신 기간 중 폭력적이거나 건전하지 못한 성관계, 한명 이상의 성경험 대상자의 경우. 남자와 성관계에 대한 거부감이 강합니다. 남자의 성기에 대한 두려움을 갖습니다. 건전하지 못한 성적 태도를 취하기도 합니다.

15) 오랜 진통이나 제왕절개로 태어났을 경우. 대인관계 형성에서 어려움을 겪습니다. 육체적 접촉에 대한 강한 욕망을 갖기도 합니다. 인내력이 정상아에 비하여 부족하기도 합니다. 성적으로 타락할 수도 있습니다. 목에 관련된 문제가 있을 수 있습니다. 늦게 까지 말을 못한다든지, 울지를 못한다든지 할 수가 있습니다. 이는 영아를 영적치유를 하는 목회자에게 데리고 가서 안수를 받으면 쉽게 치유가 됩니다.

16) 지나치게 고통스런 분만을 했을 경우. 정도 이상으로 지나친 분노를 표현하기도 합니다. 심하면 우울증으로 발전하기도 합니다. 이 아기도 영아 때 영적인 치유를 받아야 합니다. 영적인 치유를 받으면 모든 것이 정상으로 화복이 됩니다.

17) 탯줄이 목에 감긴 경우. 목에 관련된 문제들이 생깁니다. 삼키는 데 관련된 문제가 생길 수가 있습니다. 언어 장애가 올 수도 있습니다. 비사교적인 행동을 유발하기도 합니다. 이 아기도 영적인 사역을 하는 목회자의 영적치유를 영아 때에 받는 것이 좋습니다. 필자는 이런 영아들을 치유한 경험이 많습니다. 안수 두 번만 받으면 정상으로 화복이 됩니다.

7. 상처의 기억과 치유.

1) 성령님의 도우심으로 자신의 태아, 유아 시절로 돌아가서 그때 받았던 크고 작은 상처의 기억을 떠올리면서 상처와 함께 겪었던 불안, 우울, 공포, 수치감, 두려움을 회상한 후 떠오르는 상처를 하나씩 주님에게 드려야 합니다.

상처 치유 사역을 하다가 보니 모태에서 심한 상처를 받은 사람은 성령의 임재가 되면 모태에서 있던 상태로 오그라드는 경우가 많았습니다. 그리고 커서도 배내 짓을 합니다. 눈을 가만히 뜨고 두리번 두리번 잘합니다. 유심히 관찰을 해보세요. 그럴 경우 아직 태아 때의 상태로 머물러 있는 경우로 보면 맞습니다.

공부도 못합니다. 아직 아이의 지능에서 벗어나지 못한 것입니다. 불쌍한 것입니다. 뱃속에서 심한 스트레스로 기능이 정상되지 못한 것입니다. 이런 아이는 태어나자 마자 성령의 역사로 터트려 주면 정상으로 자라는 데 몰라서 그냥 지난 것입니다.

인정하고 성령의 역사로 터트려서 깨어나게 해야 합니다. 좌우지간 성령이 이 사람을 사로잡게 의지적인 노력을 해야 합니다. 눈을 감고 집중하는 훈련을 하여 성령이 장악하게 하면 치유가 됩니다. 아이가 태어나서 잘 울어야 합니다. 잘 울지도 않는 아이는 문제가 있을 수 있습니다.

2) 당시에 받았던 상처의 숨겨진 감정이 내면에 떠오르거나 감정이 되살아나면 억제하거나 감추지 말고 의식 수준으로 끌어올

려 표현해야 합니다.

3) 두려움, 거부감, 불안, 수치심, 외로움, 답답함, 분노, 좌절감, 깊은 슬픔(어떤 경우 전혀 기억나지 않는 슬픔이 떠오른다), 두려움과 같은 감정이 떠오르면 상처로부터 입은 감정을 주님께 드려야 합니다.

4) 이 때 자신의 상처와 관련된 사람을 용서하는 작업을 해야 합니다. 용서하지 않고 단순히 감정 처리만을 하는 것은 상처의 근원은 묻어 두고 상처 자체(감정)만을 치유하려는 것이며, 이러한 치유는 어느 정도 시간이 흐르면 다시 재발하게 됩니다.

큰 사건, 큰 상처일수록 세심한 주의를 기울여야하며 현재 치유를 했지만 시간이 지나 같은 감정이 다시 일어나면 몇 번이고 계속해서 치유해야 합니다. 감정에 상처 준 사람을 용서하지 않는 것은 감정의 상처의 세력, 미움의 세력 아래 자신을 묶어 놓는 것과 다름이 없습니다.

5) 성령님의 능력으로 치유를 받으면 자신의 마음에서 어두움의 세력이 떠나가고 평안을 느끼게 됩니다. 이것은 어떤 느낌이 아니라 실제적이며 체험적인 것입니다. 계속하여 이러한 마음을 유지하는 일은 자신의 책임입니다. 오래된 상처나 깊은 상처는 순간적인 치유보다 장기적인 치유를 해야 합니다.

6) 악한 생각이 나지 않도록 성령과 교제하며 기도 생활을 해야 합니다. 무엇보다도 치유후에 관리가 중요합니다.

14장 인생길 상처 내적치유

(창47:9)"야곱이 바로에게 아뢰되 내 나그네 길의 세월이 백삼십 년이니이다. 내 나이가 얼마 못 되니 우리 조상의 나그네 길의 연조에 미치지 못하나 험악한 세월을 보내었나이다 하고"

하나님은 인간이 살아오면서 받은 상처를 치유 받고 강건하게 살기를 원하십니다. 상처의 치유도 중요하지만, 쉽게 상처받지 않는 내성도 길러야 합니다. 강건함, 담대함, 기쁨, 감사함, 온유함, 하나님의 은혜로 채워놓음으로 내성이 키워집니다. 마음을 이런 것으로 채워놓으면, 늘 상처로부터 자유하게 됩니다. 나도 자유하고 다른 사람에게도 상처를 주지 않게 됩니다. 치유 받은 마음을 늘 이런 것으로 가득 채워놓으세요. 우리가 마음을 이러한 것으로 채워놓지 않으면 악한 것들이 미움, 시기, 질투, 욕심, 정욕, 불안, 염려, 두려움과 같은 온갖 더러운 것으로 우리의 마음을 채워버립니다. 그리고 거기서 쓴 뿌리가 나고, 쓴 열매가 올라옴으로 삶이 고통스럽게 됩니다. 이러한 것을 쏟아내고 성령님이 주시는 것으로 내 속을 채워놓으면, 온갖 좋은 것이 속에서 올라오게 됩니다. 기쁜 일이 없어도 기쁨이 솟아 올라옵니다. 어려움이 찾아와도 평강으로 문제를 해결할 수 있는 지혜가 속에서 솟아오르게 됩니다. 이렇게 하는 것이 바로 내적치유입니다.

메시야의 하실 일은 마음이 상한 자를 고치시는 것입니다. 현시대는 마음이 상한 자들로 가득하고, 내 마음도 상처로 가득합니다. 세상이 썩은 것은 마음이 썩었다는 것입니다. 이러한 상한 심령에 성령 하나님이 오셨습니다. 성령 하나님이 오신 것도 역시 똑같은 사역, 즉 마음이 상한 자를 고치시기 위하심입니다. 왜냐하면 그렇게 치유를 받아야 하나님의 일을 하며, 그래야 고통에서 벗어나며, 기쁨을 누리며, 근심에서 벗어나며, 하나님께 영광을 돌릴 수 있게 되기 때문입니다. 상한 마음은 다른 사람의 마음을 상하게 합니다. 상한 마음을 가지고 있으면서 하나님의 일을 하려고 하면 오히려 방해하게 됩니다.

구원을 받고 나서 우리가 무엇인가 하려고 노력할 가장 급한 것은 우리 자신의 상한 마음을 고치는 것입니다. 그래야 하나님의 뜻이 내게 이해되고, 하나님의 일을 이해하고, 하나님의 일에 동참하고 동행하고 기도하고 찬양할 수 있게 됩니다. 하나님의 뜻을 분별하게 됩니다. 그러므로 무슨 일을 하기보다 마음을 먼저 고쳐야 합니다. 마음이 새롭게 되기를 소원하시기를 바랍니다. 상한 마음을 고치게 되면 내가 무슨 일을 하는 것이 아니라, 내안에 하나님을 모심으로 그분이 나를 통해서 무슨 일이든지 하시기 때문입니다. 일을 하기보다 마음을 고치려고 해야 합니다. 그래야 하나님이 쓰십니다. 하나님이 일을 시키십니다.

성령님을 붙잡고 늘어지세요. 성령님을 붙잡으세요. 성령님도 우리를 붙잡기를 원하십니다. 그래서 동행하기를 원하십니다.

성령님이 우리의 마음을 고치셔야 우리와 동행하고 일을 함께 하실 수 있기 때문입니다. 마음이 상하면 자신과 사람과 하나님을 오해함으로 제대로 아무런 일도 못하게 됩니다. 오해하는 상황에서는 하나님의 일을 바르게 못합니다. 편법을 쓰게 됩니다. 내가 잘되기 위해서 거룩함과 순결함을 버립니다. 내가 잘되기 위해서 남이 어떻게 되던 관심이 없게 됩니다. 그러면 하나님이 쓰실 수가 없습니다.

마음이 상하는 것은 감정이 상하는 것입니다. 감정이 상처를 받으면 이성을 잃게 됩니다. 감정이 좁아지면 정신을 자주 잃습니다. 감정이 이제 나의 조절을 받지 않게 되는 것입니다. 내가 감정의 지배를 받게 되는 것이요. 이성을 잃게 되는 것입니다.

상처를 입게 되면 거기서 나오는 분노의 감정을 통하여 더 깊은 상처를 입고 남에게도 상처를 입히게 됩니다. 상처를 치유 받지 못한 사람에게도 물론 성령님이 내재하시지만, 성령을 체험하기는 하지만, 성령님이 상처받은 마음속에 갇히게 됩니다. 성령이 활발한 활동을 하실 수가 없게 됩니다. 상처로 인하여 우리의 마음이 굳어지고, 강퍅해짐으로, 우리 속의 성령님이 역사 하실 수가 없게 됩니다. 상처는 우리 속에 계신 성령님이 역사 하시지 못하도록 마음의 문을 닫아버리게 만듭니다. 상처가 있는 한, 마귀는 더욱 강하게 역사하고, 성령님은 점점 더 갇히게 되는 것입니다.

이것을 나의 대에서 끊어야 합니다. 자녀에게 흘러 들어가지 못하게 해야 합니다. 다른 사람에게 상처 주는 일을 끊어야 합니다. 다른 사람들에게 치유를 주어야 합니다. 예수님도 제자들의 마음을 고치심으로 제자를 만드셨습니다. 그들의 마음의 변화를 통하여 인생을 변화시켰던 것입니다. 사람들의 마음을 고쳐야 합니다. 그러면 세상을 바꿀 수 있습니다. 하나님의 은혜는 마음을 통해서 주어집니다. 마음에 주어집니다. 마음을 통과해야 하나님의 은혜가 전파됩니다. 마음이 닫히고 굳어지면 하나님의 은혜, 은총이 막히게 됩니다. 성령님의 사역에는 은사주심, 병을 고치심도 있으나, 성령님은 무엇보다도 먼저 심령을 고치시기를 원하십니다. 이것을 하려고 간구하시기를 바랍니다. 이것에 관심을 가져야합니다. 이것을 위해서 늘 성령께 목말라하시기를 바랍니다. 간구하시기를 바랍니다. 성령의 충만을 간구하시기를 바랍니다. 모든 고통의 문제를 밖에서 해결하려고 하지 말고, 안에서, 성령의 도우심으로 해결하려고 간구하시기를 바랍니다.

상처의 치유도 중요하지만, 쉽게 상처받지 않는 내성도 길러야 합니다. 강건함, 담대함, 기쁨, 감사함, 온유함, 하나님의 은혜로 채워놓음으로 내성이 키워집니다. 마음을 이런 것으로 채워놓으면, 늘 상처로부터 자유하게 됩니다. 나도 자유하고 다른 사람에게도 상처를 주지 않게 됩니다. 치유 받은 마음을 늘 이런 것으로 가득 채워놓으세요. 우리가 마음을 이러한 것으로 채워놓지 않으면 악한 것들이 미움, 시기, 질투, 욕심, 정욕, 불안, 염려, 두려움과 같은 온갖 더러운 것으로 우리의 마음을 채워버립니다.

그리고 거기서 쓴 뿌리가 나고, 쓴 열매가 올라옴으로 삶이 고통스럽게 됩니다. 이러한 것을 쏟아내고 성령님이 주시는 것으로 내 속을 채워놓으면, 온갖 좋은 것이 속에서 올라오게 됩니다. 기쁜 일이 없어도 기쁨이 솟아 올라옵니다. 어려움이 찾아와도 평강과 문제를 해결할 수 있는 지혜가 속에서 솟아오릅니다. 이렇게 하는 것이 바로 내적치유입니다.

내안에 계신 성령님은 나 하나만을 치유하기 위해서 내 속으로 들어오신 분입니다. 나를 위한 전속 심령의사이십니다. 이분의 도움을 받으세요. "내속에서 용서의 마음이 일어나게 도와주세요. 치유해주세요." 하고 요청간구하시기를 바랍니다. 성령님은 도움을 요청한 만큼, 우리가 그분에게 다가선 만큼 우리에게 다가오시고 치유하십니다. "모태에서의 상처, 유아기에서의 상처, 성장기에서의 상처, 장년기의 상처를 치유해주세요. 나의 어그러진 성품의 원인을 기억나게 하시고, 치유해주세요." 하고 자꾸 성령님에게 자신을 열어드리세요. 성령님에게 의지하시기를 바랍니다. 조그만 것이라도, 있는 그대로 솔직하게 나타내 보여드리시기를 바랍니다.

꼬치꼬치 다 풀어놓고 도움을 요청하시기를 바랍니다. 이것이 상처를 치유 받는 유일한 길입니다. 아무리 성령님은 우리보다 우리를 더 잘 아시지만, 우리가 풀어놓고 도움을 요청하지 않으면 치유하지 못하십니다. 풀어놓고 치유 받으면서 성령님과 친해집니다. 그러면서 차츰 성령님과 연합이 됩니다. 하나님이 쓰시게 됩니다. 하나님과의 교제와 연합은 이론이 아니라, 치유를 통한 실제입니다. 전인격으로 하나님을 체험해야 합니다.

그러므로 상처가 많다는 것은 축복입니다. 상처의 치유를 통하여 주님과 내가 하나가 되고, 내가 그분 안에, 그분이 내안에 연합하게 됩니다. 치유를 위하여 하나님에게로 나아가기만 하면 상처가 많다는 것은 축복의 조건이 됩니다. 상처를 품고 마귀에게 가면 저주와 아픔이지만, 주님께 나가면 엄청난 축복이요 기쁨입니다. 그러므로 늘 성령님을 찾으시기 바랍니다. 성령님에 대하여 목마르시기를 바랍니다. 성령님에게 치유를 부탁 하십시오. 상한 마음을 씻김 받으세요. 성령으로 매일매일 새로워지는 역사를 체험하십시오. 더더욱 성령님을 사모하십시오.

마음을 치료받는 것은 새 생명을 얻는 것과 마찬가지로 중요합니다. 그만큼 새로워지고, 그만큼 변화되는 것입니다. 이를 위하여 성령님께 깊이 묻혀야 합니다. "내 안에 계신 성령님, 나와 함께 계신 성령님, 내가 성령님에게 안깁니다. 썩은 내 마음을 치료하시기 위해서 오신 성령님께 맡깁니다." 성령님이 오신 것은 나에게 위대한 축복입니다. 내 모든 과거는 비록 아프더라도, 비록 아팠더라도 이제 성령님의 치유하심으로 이 모든 것이 위대한 자산이 될 것입니다. "성령님 상처가 많은 것을 감사합니다. 그만큼 깊이 성령님의 손길을 받게 하심을 감사합니다. 내 안에 계신 성령님 감사합니다. 연약한 나를 고치기 위해서 하나님이신 당신이 나에게 오셨습니다. 감사합니다. 성령님, 사랑합니다." 그리고 하나님의 움직임을 느끼세요. 내 속에서 또 다른 인격체가 움직임을 느끼세요. 내 마음속에 역사하시는 분을 느끼세요. 성령님의 역사를 전인격으로 느끼려고 하십시오.

1.성령의 도움으로 과거를 치유하라.

내 속에 깊숙한 곳에 계신 성령 하나님의 도우심으로 우리 밑에 쌓여 있는 과거를 치유할 수 있습니다. 그러므로 우리는 엎지른 물을 다시 담을 수 없지만, 하나님은 하실 수 있습니다. 하나님의 도우심으로 우리는 할 수 있는 것입니다. 날마다 성령의 도움을 받아서 인간의 가장 깊은 부분인 영에 쌓여 있는 과거의 상처를 치유하는 것이 내적치유입니다. 아무리 급해도, 가지에 영양주사를 놓아서는 좋은 열매를 맺지 못합니다. 뿌리로부터 올라오는 영양으로 맺은 열매가 좋은 열매입니다. 자연스럽게, 단계적으로 나오는 열매를 맺게 해야 하는 것처럼 인간의 치유도 내적치유로부터 시작되어야 합니다. 깊은 영적생활을 하려는 성도는 반드시 내적치유를 받아야 합니다.

우리에게 과거는 지나간 것처럼 보이지만, 하나님에게는 과거나 현재나 미래나 다 같이 바로 앞에 있는 것입니다. 우리는 과거를 건드릴 수 없지만, 우리의 가장 깊은 곳에 계신 성령님은 과거를 건드릴 수 있습니다. 깊은 곳에 계신 성령님은 과거를 이끌어 내어 치유할 수 있습니다.

주님이 보실 때, 과거는 사라진 것이 아니라, 계속 우리 속에 들어 있는 것입니다. 주님은 과거를 고치실 수 있습니다. 내적 치유는 오직 하나님이 하시는 것이고, 우리는 치유의 과정에 내가 내 자신을 드러냄으로 하나님을 도와드리는 것입니다.

2.과거를 치유해야 건강한 미래가 건설된다.

과거를 치유해야 건강한 미래를 건설할 수 있습니다. 성령으로 거듭난 우리는 시간을 초월하는 존재가 된 것입니다. 과거를 바로 세울 수 있는 존재입니다. 좋은 열매를 맺기 위해서 뿌리를 바로 세울 수 있는 것입니다. 과거의 쓰라린 기억을 포함한 정서적, 심리적인 상처들은 우리 자신이 저지른 죄, 또는 다른 사람들이 저지른 죄로 인한 피해 때문에 마음에 생기게 되며, 시간이 흐르면서 기억에서는 사라지지만 무의식, 잠재의식에 남게 됩니다. 세상의 상담에서는 "과거는 흘러간 것입니다. 긍정적인 생각으로 앞으로 가자!"고 합니다. 그러나 아무리 그렇게 해도 잠재의식 속에 있는 상처가 건강한 미래로 가는 길을 막는 장애물이 됩니다. 잠재의식은 엄청난 능력, 맹목적인 능력입니다. 인간이 가진 진정 놀라운 능력이 여기에 감추어져 있습니다. 육체도 상처나 아픔을 기억합니다. 감정도 기억이 있습니다. 감정의 기억은 나무의 나이테처럼 이성의 기억보다, 이성이 기억하고 있는 것보다 더 많이, 더 깊이 기억하고 있습니다. 예를 들어 과거의 사건은 정확히 기억하지 못하지만, 그 때의 감정은 기억하고 있는 것입니다. 그러나 영의 기억 용량은 이런 것보다 훨씬 더 큽니다.

3.인생 삶에서 받은 상처를 기억하라.

1) 인생은 아이나 어른이나 모두 험악한 세월이다. 야곱이 바로 왕을 만나 험악한 세월을 살았다고 고백합니다.

> (창47:9)"야곱이 바로에게 아뢰되 내 나그네 길의 세월이 백 삼십 년이니이다 내 나이가 얼마 못 되니 우리 조상의 나그네 길의 연조에 미치지 못하나 험악한 세월을 보내었나이다 하고."

야곱의 생애를 한번 살펴봅시다. 아버지에게 장자의 축복을 받고 에서를 피하여 21년 간 머슴살이를 합니다. 21년간 머슴살이를 하면서 외삼촌에게 여러번 사기를 당합니다. 얍복 나루에서 천사와 씨름하다가 허벅지 관절이 어긋나는 고통을 당합니다(창32:25). 사랑하는 아내 라헬이 해산하게 되어 심히 고생하다가 라헬이 난산하다가 죽는 마음의 고통을 겪습니다(창35:16). 눈에 넣어도 아프지 않는 요셉이 죽었다는 소식을 듣습니다(창37:33-35). 인생의 행로는 이렇게 험악한 일을 당하면서 지나오는 것입니다.

2) 야곱의 아들 요셉의 행로를 보세요. 어린 나이에 어머니가

죽었습니다. 형들의 모함으로 구덩이에 빠져서 죽음의 위협을 당합니다(창37:24-27). 애굽에 가서 보디발의 집에서 머슴살이를 합니다. 요셉에게 하나님이 함께하니 보디발의 집에 하나님의 복이 내려 형통하게 되었습니다(창39:2-3). 그러나 보디발의 아내의 모함으로 억울하게 감옥에 들어가게 됩니다(창39:17-20). 나중에 애굽의 총리가 되기는 했지만 요셉도 이렇게 험악한 인생을 살았습니다.

3) 모세의 경우를 봅니다. 태중에서 생사를 건너다니는 불안과 두려움의 고통을 겪습니다(출1:8-22). 나이 사십이 되어 동족을 구할 생각이 나서 갔다가 그만 분노가 올라와 살인을 합니다(출2:11-15). 이일로 인하여 모세가 바로를 피하여 미디안 땅으로 도망을 갑니다(출2:15). 미디안에서 미디안의 제사장의 사위가 되어 40년간 처가살이를 합니다(출2:21-22). 그러다가 때가 되어 호렙산 가시떨기 나무에서 하나님을 만나 하나님의 소명을 받습니다(출3:1-8). 그래서 하나님이 주신 지팡이를 들고 바로 왕에게 가서 하나님이 말씀하신대로 여러 가지 이적과 기적과 재앙으로 바로 왕을 항복시킵니다. 이스라엘 민족을 이끌고 광야로 나오면서 여러 가지 고난을 당합니다. 그러나 모두 하나님의 도움으로 해결하게 됩니다. 그러나 모세가 신 광야 므리바에서 결정적인 실수를 합니다. 하나님이 반석을 명하여 물을 내라고 했는데 분을 발하면서 반석을 쳐서 가나안에 들어가지 못합니다(민20:8-12). 그렇게 많은 고생을 하고 이스라엘 민족을 이끌고 광

야로 나왔지만 한번 실수로 가나안에 들어가지 못합니다.

4) 다윗의 생애를 봅시다. 다윗은 15세에 하나님에게 택함을 받고 사무엘로부터 하나님의 기름부음을 받습니다(삼상16:12-13). 다윗은 그 후 14년 간 사울의 시기를 받아 사울에게 쫓기는 생활을 합니다. 사울이 죽고 나이 삼십에 유다 나라 왕이 되고 수많은 전투를 하여 이스라엘을 통일하여 이스라엘 왕이 됩니다. 그러나 우리아의 아내를 범하는 죄악으로 자녀들 간에 간음사건이 발생하기도 합니다. 결정적으로 아들 압살롬이 반역을 일으켜서 도망을 가기도 합니다. 아들 압살롬이 먼저 죽는 슬픔을 당합니다. 이렇게 인생의 행로에는 여러 가지 환란과 고통이 따르는 험악한 세월을 살게 되는 것입니다. 그러므로 우리는 인생행로에서 시시때때로 받은 상처를 성령의 은혜로 치유하며 살아야 하는 것입니다. 그래서 당신의 지금 모습은 사건 사고의 집합체라고 해도 과언이 아닌 것입니다.

5) 부모에게 상처 받으면서 자랍니다.

① 부모에게 무시당하면서 자라는 자녀도 있습니다. 이런 사람은 정상적인 생활을 못하고 기를 피지 못하고 늘 눌리는 생활을 하게 됩니다.

② 부모에게 심한 체벌과 폭행을 당하면서 자랍니다. 이런 사람에게는 분노와 혈기로 고생을 합니다. 자라서 부모에게 보복을 하기도 합니다.

③ 부모로부터 버려지기도 합니다. 평생 분노와 울분의 응어

리를 품고 삶을 살아가기도 합니다. 필자가 치유 사역을 하다가 보면 병들었는데 못 본척하고 부모로부터 버려진 사람도 있었습니다. 상처로 고통의 세월을 살아가다가 치유를 받고 갔습니다.

④ 부모에게 차별대우 받는 자녀도 있습니다. 이런 사람은 눈치를 잘 살핍니다. 사람들에게 상처를 잘 받습니다. 또 남에게 상처를 잘 줍니다. 남에게 지지 않으려고 합니다.

이렇게 부모에게 받은 모든 상처가 잘못된다는 것이 아닙니다. 삶을 살아가면서 타인에게 상처를 주기도 합니다. 나이가 많아지면 성인병의 원인이 되기도 합니다. 그러므로 자신의 영 육 간의 강건함을 유지하기 위하여 말씀과 성령으로 찾아서 내적치유를 받아야 합니다.

6) 학교선생에게 상처를 받기도 합니다. 이유 없는 체벌을 당하기도 합니다. 무시를 당하기도 합니다. 차별을 당하기도 합니다. 필자도 초등학교 시절에 학교 선생님으로부터 가난한 탓으로 차별을 당하면서 공부를 했습니다. 이런 사람은 권위자만 보면 속에서 상처가 올라와 영적 성장이 되지 않고 원만한 인간관계와 믿음생활을 못할 수도 있습니다. 자신을 위하여 말씀과 성령으로 찾아서 치유해야 합니다.

7) 학교친구로부터 상처를 당합니다. 따돌림을 당합니다. 무시를 당합니다. 이런 사람들이 장성하여 정신문제와 우울의 증상으로 고생하는 사람도 있습니다.

8) 이성사건을 경험하기도 합니다. 사랑하던 애인이 물에 빠져

죽었습니다. 이 상처로 평생 고생하는 분이 있습니다. 장가나 시집을 가지 않으려고 하는 사람들이 있습니다.

9) 성폭행을 당하기도 합니다. 평생 씻을 수 없는 사건입니다. 고통을 하나님께 드리고 나와야합니다. 이런 사람은 밤에 뒤에 사람만 따라와도 두려워 숨이 멈추려고 합니다. 화장실에서 낯선 사람만 만나도 가슴이 두근거립니다. 인공중절 수술 후유증으로 영적으로 묶여 고생하는 분들도 있습니다. 개나 고양이 뱀에게 놀란 경우도 마찬가지입니다.

10) 이성에게 상처를 당하기도 합니다. 배신을 당합니다. 무시를 당합니다. 결혼을 포기하기도 하고 증오심을 품기도 합니다. 평생 열등감의식에 시달리며 살아가는 경우가 많습니다. 남편에게 폭행을 당하여 마음에 응어리를 품고 살기도 합니다. 그러다가 우울증에 시달립니다. 부인에게 폭행을 당하여 마음에 응어리를 품고 살다가 다른 곳에 폭력을 행사하는 사람도 있습니다.

11) 사고(교통, 불, 물)를 당하기도 합니다. 잘 놀라고 우울증에 잘 빠집니다. 영적인 눌림이 심합니다. 불면증으로 고생하는 분들도 있습니다. 필자가 병원전도 다니면서 보니까 몸에 화상이 있는 분들이 영적으로 눌리는 경우를 많이 봤습니다.

12) 병원에 입원하여 수술할 때 상처를 받기도 합니다. 인생을 살아가다가 보면 질병으로 수술을 받을 때도 있습니다. 이때 많은 두려움과 공포의 영이 들어와 고통을 당하는 사람들이 많이 있

습니다.

13) 배우자 죽음의 상처를 받습니다. 갑자기 배우자가 죽을 경우 충격으로 20년이 되었는데도 조금 충격만 받으면 가슴이 뛴다고 합니다. 많은 분들의 가슴에 배우자가 묻혀있습니다. 우울의 증상으로 고생하는 분이 많습니다. 불면이나 화병으로 고생을 합니다. 무엇인가 채우지 못한 마음으로 영적으로 공허감이 많이 찾아옵니다.

14) 자녀의 죽어 먼저 하늘나라에 보내기도 합니다. 죽은 자녀를 가슴에 묻습니다. 갑자기 사고로 자녀가 죽어서 우울증으로 정상적인 생활을 못하는 분들이 있습니다. 죽은 자녀가 돌아 올 것만을 생각하며 멍하니 하늘만 쳐다보고 사는 사람들이 있습니다. 인공 중절 수술 후유증으로 고생하는 분들이 있습니다.

15) 가난과 빈곤의 상처를 당합니다. 평생가지고 다니는 상처로 돈만 압니다. 이런 성도들이 영적 성장이 안 됩니다. 물질에 애착감이 많습니다. 평생 돈! 돈! 돈! 하면서 살아가다가 살만해 지니까. 질병으로 고생하는 분들이 있습니다. 그래서 더 큰 것을 놓치므로 일찍 알고 내적치유를 받는 것이 좋습니다. 필자가 어려서 경제적으로 고생한 사람들이 평생 씻을 수 없는 상처로 고생을 많이 합니다. 불치병에 걸려서 그때까지 벌어 놓은 돈 다 쓰고 가시는 분들도 있습니다.

16) 유학을 가서 상처를 받기도 합니다. 외로움의 상처를 당합니다. 이성 사건이 많이 일어나기도 합니다. 일부의 사람들이 유

학 가서 몸을 망가뜨리거나 잘못된 결혼으로 고생합니다. 필자가 치유사역을 하다가 보니 유학 가서 배우자를 잘못만나 고생하는 분들을 종종 봅니다.

17) 기러기 아빠가 되기도 합니다. 외로움에 물질고로 정상생활 못합니다. 의. 식. 주 삼대 상처를 당합니다. 그러다가 잘못되는 경우도 생깁니다.

어느 분은 병들어 고통을 당하는데 친척도 형제도 돌보지 않아 노숙자와 같은 생활을 했다고 합니다. 쥐가 귀를 잘라 먹었다고 합니다. 그래도 예수 전하는 분을 만나 사람이 되었습니다. 이런 분은 이해를 해야 합니다. 자꾸 분노를 발하면 나만 잘못됩니다. 입장을 바꾸면 이해가 됩니다. 이해가 되면 치유도 됩니다. 빨리 치유 받는 것이 좋습니다.

18) 교회에서(목사, 성도) 상처를 받기도 합니다. 담임 목사의 이해 못할 세상 적인 행동으로 상처를 받기도 합니다. 목사님에게 상처를 받아 고생한다고 하는 성도들이 다수 있습니다. 성도나 직분자에게 상처를 받아 교회를 가지 않고 상처로 고생하는 분이 있기도 합니다. 사람은 완벽할 수가 없습니다. 응어리를 품고 있으면 자신만 손해를 보게 됩니다. 빨리 치유 받고 정상적인 생활로 돌아오는 것이 좋습니다.

19) 직장에서 엄한 권위에 눌려 상처를 당하기도 합니다. 이런 분들이 권위에 눌려서 기를 펴지 못하며 살아가기도 합니다. 원망을 많이 하기도 합니다. 그러나 본인에게도 문제가 있을 수 있

습니다. 찾아서 내적치유 하시기를 바랍니다.

20) 실직, 사업 실패의 상처를 당합니다. 이것은 보통 큰 상처가 아닙니다. 우울이나 화병이 불면증이 발생하여 고생을 합니다. 아니 정상적인 생활을 못하는 분들도 있습니다. 새로운 시도를 못하고 실패 감에 사로잡혀 삽니다. 실패는 성공의 어머니입니다. 사업실패나 부도를 당한 경험에 의한 상처로 정상적인 생활을 못하다가 일찍 세상을 떠나는 분들도 있습니다. 인생을 살아가다가 보면 부도를 당하거나 사업이 실패하여 경매 등으로 가산을 탕진하는 경우가 있습니다. 이를 치유하지 못하면 실패감에서 오는 두려움으로 창조적인 삶을 살아가지를 못합니다. 새로운 일만 시작하려면 두렵고 불안이 찾아옵니다.

우리는 인생길에서 받은 상처를 치유 받아야 합니다. 치유 받은 후에는 성령님과 교제를 통하여 악한 생각이 나지 않도록 기도생활을 해야 합니다. 진정한 치유란 지속적인 성령 하나님과의 동행입니다. 늘 마음에 하나님을 느끼고, 하나님과 동행하고 하나님을 의지하여야 합니다. 그리함으로 늘, 점점 마음이 맑아지고, 자유해지고, 평안해지는 삶을 살아야 합니다.

충만한 교회에서는 지방에 계시는 분들을 위하여 성령치유 집회 실황 녹음 CD가 33개 세트가 준비되어 있습니다. CD내용과 같은 교재도 준비되어 있습니다. 필요한 분은 충만한 교회 홈페이지 www.ka0675.com 에 들어오시면 상세하게 아실 수가 있습니다. 주문하시면 입금확인하고 택배로 보내드립니다.

15장 영적인 상처 내적치유

(막 9:20-27)"이에 데리고 오니 귀신이 예수를 보고 곧 그 아이로 심히 경련을 일으키게 하는지라 그가 땅에 엎드러져 구르며 거품을 흘리더라. 예수께서 그 아버지에게 물으시되 언제부터 이렇게 되었느냐 하시니 이르되 어릴 때부터니이다. 귀신이 그를 죽이려고 불과 물에 자주 던졌나이다. 그러나 무엇을 하실 수 있거든 우리를 불쌍히 여기사 도와주옵소서, 예수께서 이르시되 할 수 있거든이 무슨 말이냐 믿는 자에게는 능히 하지 못할 일이 없느니라 하시니 곧 그 아이의 아버지가 소리를 질러 이르되 내가 믿나이다. 나의 믿음 없는 것을 도와주소서 하더라. 예수께서 무리가 달려와 모이는 것을 보시고 그 더러운 귀신을 꾸짖어 이르시되 말 못하고 못 듣는 귀신아 내가 네게 명하노니 그 아이에게서 나오고 다시 들어가지 말라 하시매 귀신이 소리 지르며 아이로 심히 경련을 일으키게 하고 나가니 그 아이가 죽은 것 같이 되어 많은 사람이 말하기를 죽었다 하나 예수께서 그 손을 잡아 일으키시니 이에 일어서니라"

하나님은 지금 우리에게 강하고 담대하라고 말씀하십니다. 내적치유는 혼적이고 육적인 상처만 치유하는 것이 아니라, 영적인 상처도 찾아서 치유해야 합니다. 그래야 완전한 치유가 되어 환자가 영적으로 변화되어 하나님과 깊은 영적인 교통을 하게 됩니다. 그리고 모든 상처의 뒤에는 악한 영의 역사가 있습니다. 악한 영은 상처에서 나오는 고름을 먹고 살고 있기 때문에 혼적이고 육적인 상처를 치유 후에는 반드시 영적인 치유를 해야 완치가 가능합니다.

1. 내적 치유는 영적 싸움이다.

치유는 영적 싸움에서 승리 할 때, 치유가 일어나기 때문에, 하나님의 군사 된 우리들은 이 영적 싸움을 두려워해서는 안 됩니다.

1) 사단은 지금도 활동하고 있고, 사단의 활동을 모르면 그 사람은 하나님의 군사라고 할 수 없다. 어떤 사람들은 사단의 활동을 거부하는 사람도 있습니다. 심지어 귀신이 어디 있느냐 라고 말하는 사람도 있습니다. 불경을 아무리 자세히 들여다보아도 귀신에 대해서 이야기하지 않지만, 성경을 잘 보면 사단의 활동, 귀신들의 활동에 대해서 자세히 나와 있습니다.

① 오늘 본문(막9:14-29) 말씀만 보아도 '귀신'이란 말이 8번이나 나옵니다.

② 엡6:6-10절에 하나님의 전신갑주를 입고 싸울 것을 말씀하고 있습니다. 사단이 주는 생각에 사로잡히지 마시고 승리하시기를 바랍니다.

2) 사단의 활동으로 인해 여러 가지 질병들이 걸리기도 합니다.

① 막5:1-15 말씀에 보면 군대귀신 들린 사람이 자신의 몸을 해하고 쇠사슬을 끊기도 하는데, 이는 이 사람 안의 영적인 존재 때문에 영적, 정신적인 문제가 온 것입니다.

② 요14:1 에 "너희는 마음에 근심하지 말라 하나님을 믿으니 또 나를 믿으라" 라고 말씀하십니다. 마음이 근심하면 마음은 병에 걸리게 됩니다. 하나님을 믿으시길 예수님의 이름으로 축원드립니다. 그러면 마음의 병은 끝납니다.

③ 마8:16에 보면 귀신을 쫓아 내었는데 육신이 치유되었습니다. 그러면 이 사람의 병은 사단의 역사로 말미암아 귀신의 능력으로 육신에 질병이 생긴 것입니다. 사단의 활동으로 말미암아 영적, 정신적, 육신적인 문제가 올 수 있습니다. 그렇기 때문에 우리는 이 존재와 싸워야하며, 이것을 가리켜서 영적 전쟁이라고 합니다.

3) 심리적인 면도 있습니다. 성도들이 많이 배우고, 너무 책을 많이 읽고 심리적인 면만 따라가다 보면 영적 전쟁에서 승리할 수 없습니다. 물론 사람은 심리가 있기 때문에 심리를 무시 할 수는 없지만, 사람의 심리를 연구하고 따라가면 영적인 부분을 보지 못하게 되는 것입니다. 프로이드, 융, 왓슨, 스티너, 칼 로저스 등의 이론을 따라가면 우리에게 영적인 문제를 가져다준 영적인 존재와 싸워서 이길 수 없습니다.

2. 마귀, 귀신이 침입하는 경로.

1) 마귀는 사악하고 더러운 존재이며, 자신의 특성을 인간에게 영향을 끼쳐서 영. 혼. 육을 더럽혀서 하나님의 형상을 가지지 못하게 하려합니다. 세상을 혼미케 하고 하나님의 빛이 비춰지지 못하게 합니다.

2) 마귀는 인간을 유혹, 미혹하여 죄를 짓게 하며 서로에게 미움, 원망, 고발, 저주, 분쟁, 파괴, 음란, 자살을 충동합니다.

3) 마귀는 직접, 간접으로 초청함으로 인간 측으로부터 거주할 조건이 제공됨으로 인간에게 들어와서 거주할 수 있습니다. 초청에는 의도적 초청과 무의식적 초청이 있습니다.

4) 마귀는 종류에 따라 서로 다른 힘을 가집니다. 오래된 것이 최근에 침입한 것보다 더 강하며, 무의식적 초청보다 의식적으로 초청한 것이 더 강하고 상처가 많고 깊을 수 록 더 강합니다.

3. 의도적인 초청을 통한 귀신의 침입

1) 우상숭배에 관여할 때: 집에서 굿을 하는 것, 제사를 지내는 것은 악한 영을 초청하는 것이며, 이러한 때 사단은 악한 영을 그 사람에게 들여보냅니다.

2) 사교(이단) 모임 참석: 자신이 영적 활동에 대한 지식이 없는 상태에서 불건전한 모임, 무당 집, 점치는 집과 같이 악령이

강하게 역사 하는 곳에 참석하면, 자신의 의사 여부에 관계없이 영적 침범을 당하게 됩니다. 타인을 구해내기 위하여 이단집단의 모임에 참석하다보면 그 집단에 속하게 됩니다. 늘 성령님으로 내 영혼을 깨끗하게 씻어 주어야 합니다. 우리도 모르게 보는 것, 듣는 것을 통해 악한 것들이 우리 속으로 침투하기 때문입니다.

4. 무의식적인 초청에 의한 귀신의 침입

1) 자신의 행위와 관계없이 조상이나 사회적인 환경의 영향으로 침입합니다.

① 조상의 심한 우상숭배: 집에서 부모들이 굿이나 제사를 하는 경우, 악한 영들이 우리 속에 들어와 평소에는 잠복해 있으나 영적으로 약해질 때, 이것들이 고개를 들고 나와 크리스천을 공격하여 쓰러지게 만듭니다. 고정 지하 간첩과 같은 역할을 하는 것입니다. 조상을 통해 들어온 영들은 조상들과 같은 감정적 문제, 죄, 병(알코올중독, 우울증, 성도착증, 병적 비판 증세, 심한 공포증, 암, 당뇨병, 등)을 일으킵니다. 우리 속에 잠복하여 있는 이러한 것들을 씻어내는 것이 믿음의 기초를 튼튼히 하는 것입니다. 시험에 쉽게 넘어 가지 않는 체질을 만드는 것입니다.

② 가족에 대한 다른 사람으로부터의 저주.

③ 가족 가운데 무당과 같은 마귀에게 직접 관련된 사람이 있는 경우.

④ 폭력, 살인과 같이 다른 사람에게 큰 피해를 입힌 경우: 마귀는 죄를 따라서 침입합니다. 상처를 주고받으면 그 상처를 통하여 악한 영이 활동합니다.

⑤ 악한 사업과의 관련(매춘, 마약밀매, 포르노사업, 도박장).

2) 문화, 생활환경, 시대의 영적 배경, 부모의 영적 상태, 성장 배경의 영향으로 침입합니다.

① 기독교 문화보다 불교 권의 문화에서 마귀의 영향을 많이 받습니다.

② 음산한 날씨, 비오는 날, 궂은 날씨.

3) 마음에 큰 충격, 상처를 받았을 때, 마귀가 침입합니다.

① 인간이 약해질 때(큰 충격, 질병)약한 부분에 공격을 받습니다. 또한 인간의 성장기간 중 가장 약한 기간인 유아기에 사단의 공격이 심합니다. 또한 모태에 있는 동안에 사단의 공격이 심하고, 소년 성장기 등이 가장 약한 시기입니다.

② 이성의 활동과 육체의 활력이 떨어지는 노인시기에 마귀의 공격으로 많은 부분이 노출됩니다.

③ 인간의 장점, 약점을 공격합니다. 약점은 마귀의 공격으로 쉽게 쓰러지게 됩니다. 또 장점은 교만해지기 쉬운 습성이 있습니다. 마귀는 이 부분을 공격하여 넘어지게 합니다. 약점과 장점을 잘 조절하려고 노력을 해야 합니다. 마귀는 세상에서 활동하기보다는 내 속에 숨어서 나의 약점과 강점을 자꾸 건드려서 넘어지게 합니다.

④ 배우자의 사별, 파산, 직장해고와 같은 자신의 수용할 수 있는 한계를 넘는 환경의 큰 변화 시에 침입합니다. 영원 속에서 인생을 살고 있다는 것을 늘 인식해야 합니다. 시야를 넓혀야 합니다. 감정으로 살지 말고 넓은 안목으로 살아야 합니다. 지혜로 살아야 합니다. 사람을 빨리 죽게 하는 법: 그 사람이 하는 일에 대하여 계속 잔소리를 하며 스트레스를 주는 것입니다.

⑤ 심한 수치, 모욕, 충격이 좌절하게 만들고, 삶을 포기하게 만들고, 극단적인 행동을 취하게 만듭니다. 건강을 잃기 전에 건강을 유지하기 위해 노력해야 하는 것처럼, 이러한 일이 생겨도 감당할 수 있는 마음을 미리미리 준비해두어야 합니다. 성령의 도우심으로 늘 치유하여야 합니다. 스트레스를 이기는 치유를 늘 해놓아야 합니다.

그래서 이러한 충격들이 심한 스트레스가 되지 않게 해야 합니다. 우리가 받는 스트레스는 영-혼-육의 순서로 영향을 줍니다. 그러므로 육체가 스트레스로 영향을 받는 것은 이미 늦은 것입니다. 평소에 영혼을 잘 치유해 놓음으로 스트레스를 받지 않고 처리할 수 있게 해야 합니다. 평소에 내면을 잘 관리해두어야 합니다. 이것이 내면의 능력입니다. 인간은 평범할 때 그 사람의 능력을 알 수 없습니다. 문제가 생겼을 때 참 능력이 나타나게 됩니다. 어려운 일 그 자체가 문제가 아니라, 그에 대하는 나의 자세가 문제입니다. 누구나 어려운 문제는 만나게 되어 있습니다. 크리스천에게도 어려움은 찾아옵니다. 그러나 우리는 그러한 것을 만나도 평안을 유지하고 하나님이 주시는 지혜로 처리해나갈 수 있는 능력을 가지고 있습니다. 그런 훈련이 되어 있어야 합니다. 이것이 바로 성령님을 통하여 속사람을 강건케 하는 것입니다. 이것이 성령님을 통해서 우리의 실제적인 삶이 도움을 받는 것입니다. 위기는 위험과 기회입니다. 성령의 도우심을 받아서 모든 위기를 기회로 만드는 성도가 되어야 합니다.

4) 심한 분노를 지니고 있을 때 침입합니다. 마귀는 분노의 영입니다. 분을 내는 것은 마귀로 우리의 분노의 감정을 타고 우리 속으로 들어오도록 문을 열어놓는 것입니다. 마귀에게 초청장을 보내고 있는 것입니다. 분은 품지 말고 풀어야 합니다. 성령의 도우심으로. 내 면속에 있는 뭉쳐진 마음을 성령의 도우심으로 자꾸 풀어 주세요. 마귀가 아니라 성령님을 내 아픔으로 자꾸 초청하세요. 적극적인 신앙생활을 해야 합니다.

5) 신앙생활을 하면서도 특정한 죄를 상습적으로 반복하는 행위를 통하여 침입합니다. 성적인 죄, 능력을 잘못 사용하는 죄, 음란, 마약, 질투, 걱정, 두려움, 자기증오와 같은 죄를 짓는 것이 내 몸의 일부분이 되어 버립니다. 그러면 그것을 끊어내는 것이 매우 힘들게 됩니다. 초기에 잡아야 합니다. 죄는 자꾸 안으로 파고들게 됩니다. 성령으로 자꾸 건져내고 씻어내야 합니다. 확실한 죄뿐 아니라, 의심이 가는 태도나 행위도 모두 깨끗하게 처리해야 합니다. 옛사람은 옛 성품입니다. 마귀는 자꾸 옛 성품을 붙잡고 늘어집니다. 성령의 도우심으로 자꾸 새로운 습관을 만들

어야 합니다.

① 죄를 통하여 침입합니다. 마귀는 유혹할 여지가 있는 것은 무엇이나 계속해서 두드려보는 습관이 있습니다. 그래서 죄를 짓도록 유혹한 후 죄를 지으면 그 죄지음을 통하여 인간의 마음(무의식)으로 파고 들어가게 됩니다. 악한 영의 영향력은 육체적 일과 많은 관련이 있습니다. 마귀는 육체의 본능을 통로로 하여 우리 몸 안에 침범하여 정신적, 영적인 부분까지 점령하여 갑니다.

② 그 마음에 자신들의 거처를 견고하게 구축합니다. 견고한 진을 구축합니다.

③ 죄는 인간에게 2중 적인 문제를 안겨줍니다. 죄와 죄의식, 또는 죄성입니다. 죄를 지음으로 마음에 죄의식, 죄성이 흔적과 상처로 남게 됩니다. 죄를 회개하면 죄는 사함 받으나 죄의식, 죄성이 흔적과 상처로 그냥 남아 있게 됩니다. 그리고 마귀는 우리 속에 있는 죄의식, 죄성을 끊임없이 공격합니다. 우리 속에 죄성, 죄의식이 남아 있는 한, 마귀의 공격은 그치지 않습니다.

④ 회개의 다음 단계로, 성령님의 도우심으로 죄를 따라 들어온 죄의식, 죄 성 속에 진을 치고 있는 마귀를 축출해야 합니다 (요일1:9). 불의가 바로 죄 성입니다. 불의가 죄를 자꾸 생산해냅니다. 회개하면 죄 사함은 받으나 불의를 처리하지 않으면 다시 죄를 짓게 됩니다. 공격적인 기도로 불의함을 씻어내야 합니다. '내 속에 숨어 있어서 불의함을 역사하고 자꾸 죄를 반복해서 짓게 하는 악한 영은 나사렛 예수의 이름으로 명하노니 나에게서 떠

나가라!' 이러한 공격적인 기도로 끊어내고 씻어내야 합니다. 그리고 성령님께 감사하세요. 우리도 모르고 지은 죄, 죄가 아니라고 생각한 것들도 우리의 의식은 모르지만 양심은 살아서 죄의식을 가지게 되는데, 마귀는 이 죄의식을 공격합니다. 그러므로 성령님의 도우심으로 이러한 것들조차 씻어내야 합니다.

6) 자신의 추구하던 일이 성공적으로 이루어졌을 때, 마귀는 교만한 마음을 일으키고, 그 뒤를 따라, 마음속으로 들어간다.

① 다윗이 우리아의 아내를 범했을 때: 한가하여 지붕 위를 거닐었습니다. 어떠한 상태에서도 자신의 마음의 태엽을 풀어놓지 말아야 합니다.

② 엘리야가 갈멜산의 대결에서 승리했을 때.

③ 여리고 성의 전쟁에서 대승을 거두었을 때.

7) 말로 하는 저주가 원인이 됩니다. 말은 영적인 매개체입니다. 따라서 말은 다른 사람에게 축복, 위로, 사랑을 전달할 수도 있고, 반대로 저주, 미움, 좌절, 염려를 줄 수 있습니다(잠 18:21). 말의 권세를 알려면 제가 집필한 "말에 권세를 사용하라"를 읽어보세요.

8) 술, 마약, 도박과 같이 중독성을 유발하는 것들과 접할 때 침입합니다.

(잠23:31-33)"포도주는 붉고 잔에서 번쩍이며 순하게 내려가나니 너는 그것을 보지도 말지어다 이것이 마침내 뱀 같이 물

것이요 독사 같이 쏠 것이며 또 네 눈에는 괴이한 것이 보일 것

이요 네 마음은 망령된 것을 발할 것이며.”

술이나 마약, 도박 그 자체는 마귀가 아닙니다. 마귀가 이것들을 따라서 마음속에 들어가 견고한 진을 짓는 것입니다. 도박의 영에게 사로잡히는 것입니다. 평상시에는 잘 이기다가 어려운 일이 생겼을 때, 이것에 자신을 내어주는 것이 문제입니다.

9) 성적 타락을 통해. 하나님은 고린도전서 6장 16절에서“창기와 합하는 자는 저와 한 몸인 줄을 알지 못하느냐 일렀으되 둘이 한 육체가 된다 하셨나니.” 말씀하십니다.

10) 탈진현상을 통해, 스트레스가 지나칠 때 마귀가 들어오게 됩니다. 의사나 목사와 같이 특히 사람을 많이 접하는 사람들에게 생기기 쉽습니다. 생활의 리듬, 생활의 탄력을 유지 해주어야 합니다.

5. 죄를 통한 귀신의 침입경로

1) 마귀는 우선 사람의 마음속에 죄를 범할 생각(망상)을 넣어 줍니다. 이를 위해서 마귀는 항상 기다립니다.

① 용서하지 않는 미움을 통하여 침입하여 자리 잡게 됩니다 (고후2:9-10).

② 영적인 속임을 통하여 침입합니다. 마귀의 미혹을 말씀과

성령으로 분별하여 속지 말아야 합니다(딤전4:1-2).

③ 교만한 마음을 통해서 침입을 합니다(딤전3:6-7).

④ 음란(고전7:5, 유1:1-10, 벧후2:9-15).음란은 육적인 음란(고전7:5)과 영적인 음란이 같이 따라옵니다(벧후2:13-14).

⑤ 불순종, 거역과 완악함(삼상15:23)"이는 거역하는 것은 사술의 죄와 같고 완고한 것은 사신 우상에게 절하는 죄와 같음이라 왕이 여호와의 말씀을 버렸으므로 여호와께서도 왕을 버려 왕이 되지 못하게 하셨나입니다."

⑥ 심한 두려움 (히2:1-15). (요일4:18)"사랑 안에 두려움이 없고 온전한 사랑이 두려움을 내어쫓나니 두려움에는 형벌이 있음이라 두려워하는 자는 사랑 안에서 온전히 이루지 못하였느니라."

2) 선한 생각을 하지 않으면 악한 생각이 침입합니다.

3) 마귀는 생각을 넣어준 후 틈을 타기 위해 기다립니다. 생각은 마귀의 놀이터입니다. 생각은 자유입니다. 생각에서 마귀의 놀음을 허용하지 말아야 합니다. 부지런한 주부가 안방을 정리하듯 생각을 늘 정돈해야 합니다. 생각은 또 T.V를 통해서 마귀에게 길을 내어줍니다. 현시대에 사람들에게 하나님의 말씀이 들어가지 못하는 이유는 T.V가 사람들의 마음을 사로잡아 버렸기 때문입니다.

사람들의 마음을 말씀만으로는 감각을 느끼지 못하도록 시청각으로 입체감이 강한 메시지를 줌으로 이에 익숙해지게 만들어 버렸기 때문입니다. 말씀만으로는 감각을 느끼지 못하도록 사람들의 마음을 둔하게 만들어 버렸습니다. T.V는 악한 영들을 사로잡아둔 상자입니다. 악한 영들이 뿜어내는 독기를 싸둔 상자입니다. 유행을 만들고, 소비풍조를 만들고, 생각하는 틀을 만들고 사람들은 그저 이에 사로잡혀 끌려 다니고 있는 것입니다.

4) 마귀가 넣어준 생각을 떨쳐버리지 않으면 시간이 흐르면서 그 생각이 점차 구체적으로 발전하게 되며, 상상의 범위를 벗어나서 사건화 됩니다. 이는 마귀가 틈을 타고 들어온 증거이며, 마음은 불안, 흥분됩니다.

5) 마귀는 죄를 짓게 한 후 자신의 거점을 확보해나갑니다. 이 때가 마귀의 잠복시기입니다.

6) 어느 정도 시간이 지나면 본격적인 활동을 시작합니다. 이 때 나타나는 증세는 불안, 초조, 어두움, 눌림 등입니다.

7) 인격을 사로잡아 포로로 삼게 됩니다. 이때의 증세는 죄의식의 상실입니다.

6. 기타 귀신이 침입하는 시기

귀신이 좋아하는 장소나 환경이나 사람을 통하여 혹은 전이(轉移) 현상을 통하여 육체에 직접 침입합니다(행19:13-20, 마 8:28-34.).

.귀신에 접 한자의 안수를 받든지. 환자를 안수하다가 사역자에게 전이되기도 합니다. 귀신 섬기는 곳, 절이나 사당, 제사 지내는 곳. 굿하는 현장, 축사(逐邪)현장. 음침한 물가. 임종 시. 더럽고 음침한 곳. 지하실. 굴속. 포르노 영화관이나 변태적인 성적 유희가 벌어지는 곳과 같은 음란한 곳, 뉴 에이즈들이 광란하는 곳, 무덤이나, 울창한 숲속, 한적한 고가(古家), 굴속. 고목나무…등 기타 귀신들이 좋아하는 장소가 있습니다.

이런 장소는 가급적 피하는 것이 좋습니다. 추방할 때 이런 곳에 있다가 들어갔다는 말을 합니다. 주로 음침하게 느껴지고 소름이 끼치거나 으스스하게 느껴지거나 불쾌하거나 골치가 아파옵니다. 영적으로 민감한 사람은 영감으로 느껴지기도 하고 환상으로 보이기도 합니다. 그러나 이러한 장소나 접촉을 통한 전이가 이루어지더라도 전부가 다 되는 것이 아니라, 귀신이 접하기 쉬운 상태와 조건에 있는 사람일 경우에 그렇게 됩니다.

예배나 말씀이나 찬송이나 기도나 능력자의 축사로 추방이 비교적 쉬운 편입니다. 그러나 침입 당한 것을 모르고 잠복된 체 오랫동안 계속 눌려 지내게 되거나 깊이 침입 당하게 되면 이 역시 추방이 힘들게 됩니다. 어떤 사람은 기도 굴에서… 어떤 사람은 무덤 옆을 지나다가… 어떤 사람은 절에서 공부를 하다가… 어떤 사람은 중에게 침을 맞으러 다니다가… 어떤 사람은 교회 옆에 절이 있어 계속 염불 외우는 소리에 눌려서… 어느 사람은. 굿하는 것을 구경하다가. 혹은 어떤 사람은 텔레비전의 충격적인 장면을 보다가… 등 이루 헤아릴 수 없습니다.

7. 귀신을 쉽게 축사하는 원리

① 성령님 임하여 사로잡아 주시옵소서. 강하게 임하여 주시고, 치료하여 주옵소서. 이 시간, 이 지역, 여기 모든 사람들에게 임하여 보호하여 주시옵소서. 여기 모든 사람의 식구들에게 임하여 보호하여 주시옵소서.

② 머리나 손에 가볍게 손을 대시고, 성령의 임재를 더 충만히, 더 충만히, 더 강하게… 완전하게 사로잡아 주시옵소서. 성령에게 요청하면서 기다려야 합니다.

③ 나타나는 현상에 깊이 유념하여야 합니다. 손의 촉감을 활용해야 합니다.

④ 배가 꿈틀거리거나, 뛰기 시작하면 집중적으로 축사가 시작됩니다. 이때 성령의 인도에 따라 조상으로부터 전이된 악한 영을 다루어야 합니다. 상처에 의한 악한 영의 영향을 다루세요. 우두머리에게 명령하세요. 모두 데리고 나오도록 명령하세요. 예를 들어서 "대장이 앞서고 모두 줄서서 나올지어다." 성령의 감동에 따라서 정체를 밝히라고 명령하세요. 지속적으로 성령의 인도와 감동에 따라 행동과 명령을 하세요.

⑤ 예수 이름으로 명령하라. "내가 예수 이름으로 명하노니 이 사람에게서 떠나가라. 완전하게 해 놓고 떠나라." 손해나게 하고, 병들게 하고, 고통을 주던 모든 것을 회복하고 가지고 나오라고 명령하세요.

⑥ 다시 오지 못하도록 명령하세요. "나는 예수의 이름으로 악

영들을 ○○○에게서 분리시킨다. 이제 ○○○에게서 떠나 예수님 발 앞으로 갈지어다. 영원한 불 못으로 들어갈지어다. 다시는 오지 말지어다."

⑦ 만일 사역이 충분치 못하여 덜 끝났으면 이렇게 하기를 바랍니다. 악 영들에게 이렇게 명령하기를 바랍니다."내가 다음에 예수님의 이름으로 대적하여 부를 때까지 입 다물고 있고, 이 사람을 해치지 말라."고 명령한 후에 일단 사역을 끝내기를 바랍니다. 사람이 하나님의 권능아래 있을 때에 하나님께서는 치유, 축귀 혹은 죄 씻음과 같은 놀라운 역사를 행하십니다. 성령 안에서 성령의 권능아래 쓰러질 때, 하나님의 임재 하심을 은밀하게 체험할 때 많은 경우에 치유와 축사가 일어나는 것을 체험합니다. 마음에 평안이 일어납니다. 악 영을 축사할 때 주의 사항은 이렇습니다. 귀신축사를 할 때에 한 사람이 명령하세요. 악한 것이 헷갈려서 나오지 않습니다. 그리고 치유는 부부가 함께 치유받는 것이 유익합니다. 왜냐하면 문제가 있는 사람은 이상이 없을 수가 있습니다. 그런데 반대로 문제가 없다고 생각하는 사람의 영적인 문제로 상대편에 문제가 발생할 수가 있다는 것입니다. 예를 든다면 부인에게 여러 문제가 있는데 부인에게 영적인 문제가 없고, 오히려 남편에게 문제가 있어 부인이 고통을 당할 수가 있다는 것입니다. 그리고 공동으로 동일하게 들려있을 수도 있습니다. 지금 세상에는 알게 모르게 악 영에게 고통을 당하는 사람이 많습니다. 우리 악 영에게 고통을 당하는 사람들을 찾아가 능력 전도하여 내적치유 하므로 축복된 삶을 살게 합시다.

16장 견고한 진의 내적치유

(고후10:5-6)"하나님 아는 것을 대적하여 높아진 것을 다 무너뜨리고 모든 생각을 사로잡아 그리스도에게 복종하게 하니 너희의 복종이 온전하게 될 때에 모든 복종하지 않는 것을 벌하려고 준비하는 중에 있노라"

하나님은 우리에게 알게 모르게 형성되어 하나님의 역사를 거부하거나 방해하는 견고한 진을 찾아서 내적치유 하기를 원하십니다. 성령의 임재 하에 견고한 진을 찾아 치유하여 자유 함을 갖는 시간이 되시기를 바랍니다.

40대 중반 이상인 사람들은「나바론의 거포」라는 세계 제2차 대전을 배경으로 한 영화를 기억할 것입니다. 이 거대한 대포는 전략적인 요충지에 배치되어 그곳을 항해하는 연합군의 선박을 무자비하게 침몰시켰습니다. 이 거포는 외부에서는 도저히 파괴시킬 수가 없었습니다. 해변의 암벽을 깎아서 만든 천연 요새 속에 숨겨져 있기 때문에 아무리 심한 공중 폭격을 감행해도 끄덕 없었습니다. 마침내 연합군은 특공대를 조직하여 거포가 배치되어 있는 내부에 침투하여 거포를 폭파시킬 수 있었습니다. 사람 속에도 외부에서는 도저히 격파시키지 못하는 암벽 같은 천연 요새가 있습니다. 성경은 이것을 견고한 진이라고 부릅니다.

> (고후 10:3-5)"우리가 육신으로 행하나 육신에 따라 싸우
> 지 아니하노니, 우리의 싸우는 무기는 육신에 속한 것이 아니
> 요 오직 어떤 견고한 진도 무너뜨리는 하나님의 능력이라 모든
> 이론을 무너뜨리며, 하나님 아는 것을 대적하여 높아진 것을
> 다 무너뜨리고 모든 생각을 사로잡아 그리스도에게 복종하게
> 하니"

견고한 진을 말하는 헬라어 오키로마는 원래 군사 용어로서
견고한 요새를 의미하는 것입니다. 이 말이 구약에서는 성읍
(겔 19:7; 호 8:14), 견고한 성(사 34:13), 궁전 또는 궁궐(렘
49:27; 암 1:4, 7, 10)등의 의미로 사용되었습니다. 견고한 진
은 상징적인 의미로는 "사람이 의지하는 것"을 말합니다.

> (삼하 22:2)"이르되 여호와는 나의 반석이시요 나의 요새시
> 요 나를 위하여 나를 건지시는 자시요"
> (잠10:29)"여호와의 도가 정직한 자에게는 산성이요 행악
> 하는 자에게는 멸망이니라"

여기서는 여호와 하나님이 우리가 의지하는 견고한 진 ,즉, 반
석이자 산성이십니다. 그러나 고린도후서에서 사도 바울이 말하

는 견고한 진은 여호와 하나님이 아니라 여호와 하나님을 대적하는 견고한 진입니다. 초대교회 당시의 역사학자인 필로는 견고한 진을, 인간이 쌓은 바벨탑을 염두에 두고 "잘난 체하는 인간 이성의 요새"이라고 표현했습니다. 사도 바울도 필로의 표현을 염두에 두고 견고한 진이라는 단어를 사용한 것으로 볼 수 있습니다.

그래서 바울이 의미하는 견고한 진은 하나님 아는 것을 대적하여 높아진 인간의 모든 이론과 생각을 말합니다. 하나님을 아는 진리가 담긴 복음이 아니라 인간이 만들어낸 사고방식이나 철학적인 체계를 말합니다. 인간의 이러한 지식은 마치 견고한 성읍이나 요새같이 단단하여 잘 무너지지 않습니다. 나바론의 거포 같이 어지간한 외부의 공격에는 끄덕도 하지 않습니다. 강한 성령의 능력이 역사해야 파괴되는 것입니다.

그래서 하나님을 대적하는 견고한 진은 마귀의 좋은 서식처가 됩니다. 견고한 진 자체가 마귀는 아니지만, 견고한 진은 하나님을 대적하는 인간의 지식이나 사고방식이기 때문에 마귀가 이 인본주의를 발판으로 삼아서 자신을 은닉하고 영향력을 행사하는 좋은 처소란 말입니다.

제가 내적치유 사역을 하다가 보니 대다수의 성도들에게 견고한 진이 있었다는 것입니다. 어느 사모님이 무능한 아버지로 인하여 고생을 많이 했습니다. 장녀로서 동생들의 뒷바라지를 하다가 늦은 나이에 담임 목사님의 소개로 지금 남편인 목사님을 만난 것입니다. 가정불화가 하루가 조용하지 못하게 일어났습니다. 문제는 사모님이 항상 남편목사님이 하시는 일에 일일이 간섭을 하기 때문입니다. 급기야는 이혼을 해야 하는 지경에까지 진전이 된 것입니다. 이를 안 다른 사모님이 치유 세미나에 데리고 가서 치유를 받는 중에 현재 목사님에게 문제가 있는 것이 아니라, 자신에게 문제가 있다는 것을 발견하게 되었습니다. 현재 남편 목사님은 자신의 아버지와 같지 않다는 것을 깨닫고 목사님에게 사죄를 하고 이혼하지 않고 원만한 가정을 이루었다는 것입니다. 모든 남자를 자신의 아버지 같이 무능하다는 견고한 진으로 인하여 가정에 분란이 일어나게 된 것입니다. 혹시 이런 말 들어 본 적이 있습니까? 사람에 따라 다르지만 "한 번 당하지 두 번 당하지 않는다." "내가 당하면 너도 당하게 만든다." 연인에게 실연한 사람이 "절대로 남자 또는 여자 사랑하나 봐라"라고 속으로 다짐하는 경우가 많습니다.

　물론 모든 사람이 다 그런 것은 아니지만 이런 식으로 사고방식이 굳어져서 이런 사고방식 아래 세상을 살아가는 사람들이 많습니다. 이런 것들이 바로 개인적인 견고한 진입니다. 자신이 세상을 살아오면서 경험한 몇 가지 일들을 통한 현상을 일반화하여 하나의 체계적인 사고로 굳어진 것이 바로 견고한 진입니다. 사람은 저마다 이런 견고한 진을 갖고 있습니다. 이런 것은 그 사람의 괴팍한 성품이나 이해 못 할 일들로서 본인이 알 수도 있고, 다른 사람은 다 아는데 본인만 제대로 알지 못하는 경우도 있습니다.

영적인 체험이 많고 믿음이 좋고 하나님을 사랑한다고 하면서도 부부사이가 화목하지 못한 사람들, 매일 십자가를 진다고 하면서도 궂은일은 도무지 하지 않으려는 사람, "나는 매일 죽노라"고 하면서도 남이 조금만 헐뜯고 비방하면 분개하여 어쩔 줄 모르는 사람, 주님을 위해 목숨까지 바치겠다고 하면서도 이웃을 섬기지 못하는 사람, 생명을 살리는 일에 앞장선다고 하면서도 입에 재갈을 물리지 못하여 "수군거리고 비방하여" 형제의 가슴에 상처를 내는 사람들, 신앙이 좋다고 하면서도 약속을 제대로 못 지키는 사람, 주님 일을 한다고 하면서도 부도날 수표를 천연스럽게 발행하는 사람들. 왜 그럴까요? 모두가 나름대로의 "견고한 진"을 갖고 있기 때문입니다. 자신도 모르게 형성된 모든 이론과 하나님 아는 것을 대적하여 높아진 것과 모든 생각을 사로잡아 예수님께 복종시키지 않았기 때문입니다. 한마디로 치유되지 않았기 때문입니다.

1. 내적 치유 대상의 견고한 진들

1) 세상의 사조

① 다윈의 진화론과 프로이드의 정신분석학("free sex"). 오늘날 미국의 교육이나 사상을 지배하고 있습니다. 다윈의 진화론은 하나님의 창조사역을 부정하여 무신론자들을 양산했습니다. 프로이드의 프리섹스는 오늘날 이혼과 가정 파괴의 주범이

되고 있습니다.

② New Age 운동("내가 신이다")와 포스트 모더니즘(Post-modernism. 상대주의와 체제 및 형식 부정). 뉴 에지 운동은 동방 종교들--불교, 도교, 힌두교 등-과 같이 절대 유일신인 하나님은 부정하고 인간은 누구나 수양을 통해 신이 될 수 있다고 가르칩니다. 오늘날 한국에도 퍼져 있는 단, 기훈련 등이 좋은 예라고 할 수 있습니다. 포스트 모던니즘은 절대적인 신앙 표준을 부정하고 모든 것을 상대적인 진리로 격하시키고 권위와 전통을 부인합니다.

③ 세상의 학문과 문화는 하나님이 우리에게 주신 일반 은총이지만 모두가 타락한 인본주의 학문과 문화, 특히 마귀의 영향을 받은 대중문화는 신앙생활에 심각한 견고한 진을 형성합니다. 오늘날 TV, 영화, 게임, 책, 만화나 인터넷과 같은 대중문화 수단을 통해 인본주의와 마귀적인 요소가 심각하게 침투되어 있어 신앙생활을 제대로 하는 사람들조차 이들에게 무방비 상태로 노출되어 있습니다. 특히 좋아하는 사람(배우, 가수, 유명한 사람, 철학인,), 책, 음악, 영화, 연극과의 솔 타이가 생길 가능성이 높습니다. 일부 십대 소녀들은 자기들이 우상시 하는 가수의 일거수일투족에 민감하여, 좋아하는 어느 가수가 죽었을 때 인생의 의미를 잃고 자살한 사람도 있다고 합니다. 또한 스포츠에 많은 시간을 들이는 사람들은 스포츠 시즌이 끝나면 심각한 후유증을 앓는다고 합니다. 이런 것들이 모두 '견고한 진들'입니다.

이런 것들이 정도에 지나치면 중독 증세를 일으키고, 거부되었을 때 심각한 금단 현상을 일으켜서 건전한 정서생활은 물론 신앙생활을 방해합니다.

신상언씨가 쓴 「사탄은 마침내 대중문화를 선택했습니다」는 가히 이 분야의 예언적인 서적입니다. 오늘날 사단은 영화, 음악, 연극, 미술 등 대중문화의 전 분야에 침투하여 우리의 눈과 귀를 통해 사단적인 사상을 불어 넣고 있습니다. 사단이 더럽힌 대중문화를 하나님의 문화로 회복시키기 위한 우리의 대안은 "기도하고, 지금, 가서, 만드는 것"이라고 그는 제안합니다.

대중문화와 마찬가지로 민속 문화도 하나님이 주신 선물입니다. 그러므로 민속 문화 그 자체에 문제가 있는 것은 아닙니다. 그러나 민속 문화가 하나님을 높이지 않고 문화의 형태를 빌려 사단을 높이는 도구로 사용될 때 문제는 심각해집니다. 특히 농경 사회인 우리나라도 농경 문화권인 가나안 족속들과 마찬가지로 다산과 풍요를 기원하는 제사나 기우제가 각 지방마다 있습니다. 이런 제사들은 곧 사단의 무리들에게 지내는 제사입니다. 또한 각종 탈춤은 귀신 잔치하는 모습을 연상합니다.

우리는 민속 문화 보호나 창달이라는 미명 아래 하나님을 대적하는 일은 하지 말아야 합니다. 특히 제 3세계의 카니발 행사는 대부분이 사단의 사주 아래 행해지는 귀신 잔치임을 명심할 필요가 있습니다.

지금 한국 교회에 은밀하게 들어와 역사하는 것이 샤머니즘 신앙입니다. 정말로 은밀하게 여러분야에 역사하고 있습니다. 특별히 직분자들이 분별하지 못하고 은연중에 샤머니즘 신앙이 복음에 섞어지고 있습니다. 말씀과 성령으로 샤머니즘 신앙을 찾아서 뿌리를 뽑아내야 정상적인 복음의 권능이 나타나는 것입니다. 제가 내적치유 사역을 하다가 보니 샤머니즘의 신앙이 너무나 강한 견고한 진으로 형성되어 복음에 영향력을 행사하고 있습니다. 반드시 찾아내어 뿌리를 뽑아야 합니다.

2) 저주

여기서 말하는 저주는 잘 되지 못하게 악담하거나 어떤 행위를 하는 것을 말합니다. 말에 씨앗이 있다는 말이 있습니다. 부정적으로 내뱉은 말이 올무가 되어 고난을 당하는 경우도 있습니다. 저주하기 좋아하는 사람은 자신이 한 저주가 올무가 될 수가 있으니 주의하지 않으면 안 됩니다.

(시109:17-19)"그가 저주하기를 좋아하더니 그것이 자기에게 임하고 축복하기를 기뻐하지 아니하더니 복이 그를 멀리 떠났으며, 또 저주하기를 옷 입듯 하더니 저주가 물 같이 그의 몸 속으로 들어가며 기름 같이 그의 뼈 속으로 들어갔나이다. 저주가 그에게는 입는 옷 같고 항상 띠는 띠와 같게 하소서."

① 스스로 내린 저주(self-curse): '나는 왜 이렇게 못 생겼을까?' '내 눈은 왜 이렇게 작을까' '내 눈은 왜 이렇게 클까?' 스스

로 내린 저주를 통해 하나님의 축복의 통로가 막히는 경우를 많이 봅니다. 어떤 자매는 영문을 모르게 다리에 통증이 나서 잘 걷지를 못했습니다. 내적 치유를 통해 그 원인이 밝혀졌습니다. 그 자매는 대학 시절 기숙사에서 지냈는데, 그녀의 룸 메이트가 가진 늘씬하고 예쁜 다리와 비교하여 못생긴 자기의 다리를 저주하고 원망했습니다. 그녀는 자기의 다리를 원망하고 저주한 죄를 회개한 결과 다리의 건강은 정상으로 회복되었습니다.

② 다른 사람이 내린 저주: 권위의 질서 상에 있는 사람 특히 부모가 자녀에게, 남편이 아내에게, 목회자가 교인에게 내린 저주는 치명적입니다. 나는 어릴 때 자라면서 수많은 부모들이 자녀들이 말을 듣지 않거나 속을 썩이면 노골적으로 입에 담기에도 부끄러운 욕설을 해대는 것을 보았습니다. 또 저도 저주를 들었습니다. 그 저주가 어디 갈까. 이런 저주의 말을 타고 귀신이 역사하여 그 사람을 괴롭게 합니다.

③ 사단이 내린 저주: 무당이나 박수들이 내린 저주를 말합니다. 이것은 관념적인 것이 아니라 실질적인 것입니다. 성경에 보면 발락이 발람으로 하여금 이스라엘을 저주하게 했지만 하나님의 간섭으로 축복으로 끝난 기록이 있습니다(민 22장). 한국의 옛날 궁중 이야기에 보면 저주에 관한 기록이 많습니다. 특히 장희빈이 민중전을 저주하기 위해 짚으로 인형을 만들어서 화살을 쏘면서 저주한 것으로 알려져 있습니다. 오늘날에도 아프리카나 남미에서는 원수를 갚기 위해 무당을 사서 저주굿을 하는 경우가

비일비재하다고 합니다.

3) 종교의 영

예수님 당시에 예수님의 사역을 가장 방해한 집단이 누구일까요? 그들은 다름 아닌 유대주의의 일파인 바리새인들이었습니다. 바리새인라고 하면 성경에서 예수님이 너무나 책망하신 집단들이기 때문에 오늘날 대부분의 사람들은 그들은 형편없는 율법주의자들이자 형식주의자들이라고 쉽게 생각할지 모르지만, 그들은 그 당시에 이스라엘 백성들이 가장 존경한 종교지도자들이었습니다. 이들은 말씀을 열심히 상고했고 열심히 기도했습니다. 이들은 가난한 사람들에게 열심히 구제했고, 십일조를 철저히 했으며, 전도도 열심히 했습니다. 이들은 안식일을 열심히 지켰으며, 자기들이 구약 성경을 해석한 "장로들의 유전"을 통해 613개의 자질구레한 율법을 정해 놓고 그것을 준수하기 위해 모든 노력을 바쳤습니다. 이들은 자기들이야 말로 가장 성경에 합당한 삶을 사는 사람이라고 자부했습니다.

그런데 예수님이 나타나셔서 자기들의 가르침에 도전을 주고 율법주의와 형식주의를 책망하자 마침내는 제사장의 무리들과 공모하여 예수님을 십자가에 못을 박았습니다. 마태복음에 바리새인들이 많이 등장하는 이유는 마태가 마태복음을 집필할 당시인 A.D. 5-70년대에 당시 어린 아이 같이 기독교를 가장 대적한 집단이 바로 장로의 유전과 격식을 존중한 바리새인들이었기 때문이라는 연구 보고도 있습니다.

또한 사도들의 사역을 가장 방해한 집단들도 십자가와 함께 할례를 주장한 유대주의자들과 바리새인들 및 제사장의 무리들이었습니다. 이들은 모두 당시의 학식 높고 교양 있고 기품 있고 전통 있는 종교지도자들이었습니다. 이들이 예수님의 사역과 성령의 사역을 제일 방해한 사람들입니다. 쉽게 말하면 이들은 자신들의 전통, 성경해석법, 교양, 학식이라는 견고한 진을 통해 역사하는 '종교의 영'(spirit of religiosity)의 영향을 받은 사람들입니다.

그렇다고 나는 모든 종교 집단 전체가 종교의 영의 지배를 받고 있다고 주장하지는 않습니다. 그러나 비록 거듭난 신자가 성령을 받아 하나님을 기쁘게 하는 삶을 살면서도 죄를 지으면 본인도 모르게 마귀의 종노릇을 하듯이, 교단이나 종교 단체 내에서 말씀에 바로 서지 않고 소속한 단체의 전통이나 교리체계나 교권을 성경이나 예수님 보다 우위에 두거나, 또는 자기 열심이 지나쳐서 하나님의 의보다는 특정 교단이나 단체의 의를 높일 때, 자신도 모르게 종교의 영의 영향을 받게 된다는 말입니다.

교회의 역사가 이런 사실을 웅변적으로 증거합니다. 교회는 항상 성령의 새로운 사역을 겪은 이전 세대가 성령의 새로운 사역을 담당하는 현 세대를 핍박하고 배척하는 것으로 점철되어 왔다고 해도 과언이 아닙니다. 로마교회는 종교개혁자들을 핍박했고, 종교개혁자들은 재세례파와 같은 급진주의자들을 핍박했으며, 이후 성공회는 웨슬레의 부흥운동을 핍박했고, 20세기 초의 주류교단들은 오순절 성령운동을 핍박했습니다. 최근에는 일부 오순절 주의자들이 또 다른 성령 운동을 핍박하고 있습니다.

오늘날 세계적으로 성령 운동을 하는 사람들이 가장 강조하는 것 중의 하나가 각 나라에서 역사하는 종교의 영입니다. 이 영의 영향을 받은 사람들은 종교적 전통과 자신들의 성경해석법에 지나치게 집착하여, 바리새인들이 예수님을 핍박했듯, 성령의 새로운 사역을 핍박하고 있습니다. 이들은 종교의 영에 사로 잡혀 과거 그곳에서 역사 하신 성령의 사역에 집착한 나머지, 현재 이곳에서 역사하시는 새로운 성령의 사역을 대적하여 본인도 모르게 마귀에게 이로운 행위를 하고 있습니다. 그러므로 우리는 언제나 내 생각과 이론과 전통을 사로잡아 예수 그리스도께 복종시켜야 합니다. 그럴 때 교회가 서로 하나가 되어 종교의 영에서 벗어나서 마귀의 견고한 진을 파할 수 있습니다.

견고한 진을 파괴하여 축귀하는 방법을 깊게 알고 싶은 분은 "영분별과 기적치유"와 "귀신축사 알고 보니 쉽다" "귀신축사 차원높게 하는 법"를 읽어보시기를 바랍니다. 이 책에는 견고한 진에 대하여 상세하게 설명되어 있습니다.

(고후10:5-6)"하나님 아는 것을 대적하여 높아진 것을 다 무너뜨리고 모든 생각을 사로잡아 그리스도에게 복종하게 하니 너희의 복종이 온전하게 될 때에 모든 복종하지 않는 것을 벌하려고 준비하는 중에 있노라"

2. 견고한 진의 내적 치유시 참고 인내해야 할 일

저는 시골에서 농사도 지어봤습니다. 곡식을 심기 전에 굳는 땅을 기경해야 합니다. 굳은 땅을 기경하려면 쟁기를 통하여 굳은 땅을 갈아엎어야 기경이 되어 곡식을 심어 땅으로서의 역할을 다 할 수가 있습니다. 그러나 땅을 기경해 삽질을 하고 쟁기로 갈아엎으면 땅에 고통이 있을 것입니다. 그러나 이러한 고통을 감수하고 참아야 옥토로 변하여 곡식을 내는 땅이 되는 것입니다. 사람의 마음도 마찬가지입니다. 하나님이 사람을 흙으로 지으셨습니다. (창2:7절)"여호와 하나님이 땅의 흙으로 사람을 지으시고 생기를 그 코에 불어넣으시니 사람이 생령이 되니라"

그러기 때문에 사람의 근본은 흙입니다. 견고한 진이란 이 마음의 굳은 땅을 말하는 것입니다. 이 굳은 땅을 기경해야 백배, 육십배, 삼십배의 결실을 낼 수 있습니다.

(막4:3-9)"시험하는 자가 예수께 나아와서 이르되 네가 만일 하나님의 아들이어든 명하여 이 돌들로 떡덩이가 되게 하라. 예수께서 대답하여 이르시되 기록되었으되 사람이 떡으로만 살 것이 아니요 하나님의 입으로부터 나오는 모든 말씀으로 살 것이라 하였느니라 하시니 이에 마귀가 예수를 거룩한 성으로 데려다가 성전 꼭대기에 세우고 이르되 네가 만일 하나님의 아들이어든 뛰어내리라 기록되었으되 그가 너를 위하여 그의

사자들을 명하시리니 그들이 손으로 너를 받들어 발이 돌에 부
딪치지 않게 하리로다 하였느니라. 예수께서 이르시되 또 기록
되었으되 주 너의 하나님을 시험하지 말라 하였느니라 하시니
마귀가 또 그를 데리고 지극히 높은 산으로 가서 천하 만국과
그 영광을 보여 이르되 만일 내게 엎드려 경배하면 이 모든 것
을 네게 주리라.”

고로 견고한 진을 치유하는 것은 굳은 마음을 말씀과 성령으
로 기경하는 것입니다. 상처와 여러 가지 문제로 단단하게 굳은
마음을 기경하려면 성령께서 삽이나 쟁기를 통하여 기경해야 합
니다. 즉 생명의 말씀과 성령으로 치유해야 한다는 것입니다.

(렘 4:3)“여호와께서 유다와 예루살렘 사람에게 이와 같이
이르노라 너희 묵은 땅을 갈고 가시덤불에 파종하지 말라.”

땅이 곡식을 내려면 삽과 쟁기로 기경하는 고통을 참아야 하
는 것같이 사람도 마찬가지로 마음을 성령의 역사가 기경을 할
때 참고 인내해야 옥토로 변하여 하나님의 말씀을 받아들이고 믿
음이 자라 하나님에게 쓰임 받을 수 있는 성도가 됩니다. 그런
데 문제는 성령께서 마음을 기경할 때 삽질을 하고 쟁기질을 할
때 고통이 찾아온다는 것입니다. 이 고통을 감수하고 참아야 마
음의 밭을 성령이 장악하여 하나님이 쓰시는 부드러운 심령이

될 수가 있습니다. 누구에게나 말씀과 성령으로 치유할 때 고통이 옵니다. 가슴이 아프고, 가슴이 답답하고, 허리가 아프고, 눈물이 쏟아지고, 큰 소리가 올라오고, 기침이 사정없이 나올 수가 있습니다. 이런 고통을 참고 견디어야 하나님이 원하는 심령이 될 수가 있습니다. 마음에 굳은 견고한 진을 치유할 때 일어나는 여러 현상을 그대로 받아들이고 참고 인내하시기를 바랍니다. 잠간만 견디면 됩니다. 이 고통을 견디어 내야 마음이 옥토가 됩니다. 참고 인내해야 새로운 사람으로 태어납니다. 알고 참고 인내하시어 모두 새사람이 되시기를 바랍니다.

간증: 악성빈혈과 심장병을 내적치유 받다.

저는 20년이 넘도록 악성 빈혈과 심장병, 우울증으로 고통을 당하면서 지냈습니다. 그러다가 성령님의 인도로 충만한 교회 강요셉 목사님을 만나 치유 받고 새로운 삶을 살고 있는 여 목회자입니다. 제가 목회자가 된 것도 이 질병 때문에 된 것입니다. 어느분이 예언을 하는데 목회자의 사명이 있는데 사명을 감당하지 않으니 그런 질병으로 고통을 당한다는 것입니다. 만약 순종하면 질병은 금방 치유가 된다는 말을 믿고 신학을 하여 목회자가 된 것입니다. 그런데 목회자자 되니까 몸이 더 심하게 아픈 것입니다. 만약 이 간증을 읽는 분도 저 같은 경우라면 절대 속지 말고 내적치유를 받으시기를 바랍니다. 저의 체험으로 목회자가 된다고 질병이 치유되는 것이 아닙니다. 또한 여러 문제도 해결되는 것이 절대로 아닙니다. 직접 치유를 받아야 해결되는 것이라는 것을 저는 뼈저리게 체험했습니다. 좌우지간 저는 국민일보 광고를 보니 제가 사는 근처에서 강요셉 목사님이 오셔서 치유집회를 한다는 광고를 보고 참석하여 첫날부터 많은 은혜를 받았습니다. 그때까지 체험하지 못한 여러 가지 체험을 했습니다. 수많은 상처들이 떠나갔습니다. 귀신들도 많이 떠나갔습니다. 점점 몸이 가벼워지고 우울한 기분이 사라지는 것을 체험적으로 느꼈습니다. 그래서 집중 치유를 받겠다는 욕심을 가지고 충만한 교회에 등록을 하여 치유를 받았습니다. 특히 충만한 교회는 주일 오후 예배에 집중 치유하는 시간이 있는데 이때 성령의 역사가 강하게 일어납니다. 그 시간에 더 많은 상처를 치유 받은 것 같습니다. 정말 말로 표현 못하는 현상을 하면서 상처가 치유되었습니다. 점점 빈혈이 없어지고 가슴이 답답한 것도 사라지는 것입니다. 제가 이렇게 몸이 건강해지니 남편도 너무나 좋아하는 것입니다. 그래서 몇 개월간 치유를 받다가 병원에 가서 검진을 받아보니 모두 정상으로 나오는 것입니다. 그래서 참 신기하기도하다, 그렇게 많은 세월 약을 먹고, 나름대로 치유를 받겠다고 여기저기 다녔는데도 해결 받지 못했는데, 충만한 교회에 와서 집중적으로 내적치유를 받고 건강하게 되니 얼마나 감사한지 모릅니다. 그런데 제가 치유 받으면서 여러 환상을 보았습니다. 엄마가 저를 임신하고 괴로우니까, 저를 지우려고 하는 것입니다. 그때 충격으로 상처가 되어 우울증에다가 심장병에다가 혈액의 문제까지 당하고 세상을 산 것입니다. 그런데 치유를 받으면서 부모님을 용서하고, 그 때 생긴 태중의 상처를 치유하고 두려워할 때 들어온 귀신들을 축사하고 나니까, 난치의 질병들이 치유가 된 것입니다. 태중에서 상처가 있으니까, 계속 연속적으로 두려워하고 놀라는 일만 생기는 것입니다. 아버지와 어머니가 사고로 한꺼번에 돌아가셨습니다. 그때 얼마나 큰 충격을 받았는지 모릅니다. 그래서 저의 나이 스물에 소녀 가장이 된 것입니다. 그 모든 상처들을 하나님이 치유하여 주셨습니다. 앞으로 저같이 상처로 고생하는 사람들을 치유하는 사역자가 되겠습니다. 성남 김 ○○목사

충만한 교회 집회에 대하여 소개합니다. 충만한 교회는 매주 화-수-목요일 11:00-16:30까지 성령치유 집회를 년 중 무휴로 진행하고 있습니다. 이 때 성령의 세례를 받고 많은 불치의 질병과 상처가 치유됩니다. 귀신이 축귀되면서 성령의 은사를 받고 있습니다. 매주 목요일 저녁 19:30-21:30까지 성령집회가 진행됩니다.

매주 토요일 10:00-12:30까지 개별 집중치유를 통해서 깊은 상처와 불치 질병, 귀신을 축귀하고 있습니다. 개별 집중 안수를 통하여 현장에서 질병과 상처가 순간 치유되고, 귀신들이 떠나가고, 모두 성령의 강한 불과 성령의 9가지 은사와 권능을 받고 있습니다. 사전에 예약된 분에 한해서 은혜를 받을 수가 있습니다. 전화로 1주 전에 신청하면 됩니다. 02-3474-0675

17장 세상 생활하며 내적치유

(롬8:13~15)"너희가 육신대로 살면 반드시 죽을 것이로되 영으로써 몸의 행실을 죽이면 살리니, 무릇 하나님의 영으로 인도함을 받는 사람은 곧 하나님의 아들이라. 너희는 다시 무서워하는 종의 영을 받지 아니하고 양자의 영을 받았으므로 우리가 아빠 아버지라고 부르짖느니라."

하나님은 영적으로 바뀐 성도를 통하여 이 땅에 하나님의 나라를 만들어 가십니다. 예수를 믿었다고 영적인 성도가 아닙니다. 영적으로 바뀌려면 성령으로 세례를 받고, 성령의 역사로 내면의 상처를 치유 받아야 합니다. 자신의 자아를 부수어야 합니다. 그리고 혈통으로 역사하는 귀신을 축귀해야 합니다. 그래야 마음의 밭이 영적으로 기경이 되는 것입니다. 영적으로 기경이 된 마음 밭에 말씀의 씨앗이 떨어져야 100배, 60배, 30배의 결실을 맺을 수가 있는 것입니다.

많은 목회자들이나 성도들이 내적치유를 내면의 상처를 치유하는 것이라고 이해하고 있습니다. 상처로 고생하고 질병으로 고생을 하는 성도가 받는 것으로 알고 있습니다. 내적치유는 성도를 영적으로 변하게 하는 것입니다. 영적으로 변하여 하나님의 복을 받기 위하여 내적치유를 하는 것입니다. 그러므로 내적

치유는 모든 예배와 기도시간에 해야 하는 것입니다.

내적 치유는 깨달음과 가치관의 변화이고 삶의 영적인 변화입니다. 단순히 과거의 어떤 사건을 치유하는 것이 아닙니다. 평생을 두고 나갈 우리의 삶의 변화입니다. 내면을 깨워주는 사역입니다. 여기에는 반드시 성령님이 함께 하셔야 합니다. 내적이라는 영역은 인간이 어떻게 할 수 있는 부분을 넘어서는 영역입니다. 오직 성령님의 손만이 닿을 수 있는 영역입니다. 그러므로 내적 치유는 본질적으로 성령님의 사역입니다.

우리의 삶은 보이지 않는 하나님과의 관계와 보이는 세상과의 관계로 이루어집니다. 여기서 질서와 균형을 잘 유지해야 건강한 삶이 됩니다. 이 질서가 깨어지는 것이 바로 질병의 근원입니다. 영적인 삶과 현실의 육적인 삶을 잘 조화시켜가며, 이를 위해서 늘 점검하며 살아가야 합니다. 우리 혼자서만 그렇게 하기란 거의 불가능합니다. 그래서 우리의 연약함을 도와주시기 위해서 오신 분이 보혜사 성령님입니다. 이분이 오셔서 하나님과의 관계를 늘 예민하게 유지하게 해주시고, 세상과의 관계를 적절하게 유지하게 해주십니다. 그런데, 우리는 이 성령님을 추상적으로만 알고, 우리의 이성과 감성에만 의지해서 살려고 함으로, 자꾸 하나님과의 관계를 깨뜨리고 세상에 빠지게 됩니다. 영적인 무지가 바로 질병입니다. 육체의 질병, 가정의 질병, 사회의 질병의 원인입니다.

치유는 계속되어야 하는데, 여기서 중요한 것이 바로 영적 세계와의 관계, 성령님과의 관계입니다. 치유의 첫걸음은 성령님과의 교제와 사귐입니다. 여기로부터 모든 것이 풀려나갑니다. 예수님이 오셨을 때는 예수님을 만나는 것으로 모든 것이 풀려나갔습니다. 성령이 역사하는 교회 시대인 현재에는 성령의 세례를 체험하고 성령님의 인도를 받는 것이 모든 것의 시초입니다. 우리 삶의 기본은 성령님과의 관계입니다. 성령 안에서 기도하고, 성령 안에서 교제하고, 성령 안에서 믿음 생활해야합니다. 기도는 영으로 해야 합니다. 성령 안에서 성령으로 기도해야 합니다. 영으로 찬양해야 하고, 영으로 예배해야합니다. 모든 면에서 영이 먼저 나가고 이성과 감성이 그 뒤를 따라야 합니다. 성령에 의해서 끌어 올리지 않고 감정에 의해서 끌어 올리는 기도나 찬양이나 예배는 안 됩니다. 기도, 찬양, 예배 모두가 성령 안에서 이루어져야 합니다. 성령이 기본입니다. 성령의 감동이 생명입니다. 우리의 삶에서 성령님의 도움과 간섭이 없이는 되는 부분은 하나도 없습니다.

내적치유는 순간적인 사건이 아니라 삶의 변화입니다. 질병이 어느 한 순간에 갑자기 생기는 것이 아니라, 오랜 시간에 걸쳐서 진행되어온 것이 차츰 겉으로 나타나는 것처럼, 치유도 시간을 가지고 병들지 않는 영적, 육체적, 심리적 체질로 만들어가고, 그 체질을 유지하는 것이 참된 치유입니다. 이것을 예방 신앙이라고 합니다. 다른 사람, 물질을 대하는 나의 태도, 습관, 관점, 생각을 바꾸는 것이 진정 성경적 치유, 내면의 치유입니다. 그리고 이것을 위한 첫걸음이 바로 성령님입니다. 성령님과의 긴밀한 관계입니다. 왜냐하면 이러한 태도, 습관, 관점, 생각을 바꾸는 것은 내 힘으로 되는 것이 아니라, 오직 성령님의 도우심이 있어야만 하기 때문입니다. 성령님의 도우심이 없이는 이런 것을 바꿀 수가 없습니다. 우리의 노력으로는 안 됩니다. 자신은 3차원이고 자신에게 역사하는 귀신은 4차원이기 때문입니다.

그러므로 성령님의 도우심이 없고, 그에 대한 간구, 목마름이 없는 믿음생활은 변화가 없고, 포기한 상태, 힘이 없는 상태, 감동이 없는 상태, 생명력이 없는 상태, 형식적, 2중적인 삶이 되고 만 상태입니다. 그래서 표정관리나 하고, 2중인간이 되는 것입니다. 우리는 우리 스스로 우리를 변화시킬 수 없습니다. 내면을 치유할 수 없습니다. 그 사실을 인정하고, 성령님에게 내어놓고 맡기세요. 가지가 할 일은 나무에 붙어 있는 것입니다. 성령을 의지하고 그에게 붙어 있기만 하면 됩니다.

결혼이 마음과 마음의 연합, 인격적 연합이 아니라, 서류상이나, 육체적으로 만의 결혼은 진정한 결혼이 아닙니다. 성령님과의 연합도 마찬가지입니다. 성령님에게 자꾸 우리의 마음을 털어놓으세요. 죄성을 자꾸 감추려고 하면 성령님이 도우실 수가 없습니다. 아무리 죄악 된 마음이라도 성령님에게 솔직하게 털어놓으세요. 의사에게 나의 약한 부분을 털어놓고 보여주듯이 털어놓고 내어놓고 도우심을 간구하십시오. 그래야 성령님이 도우십니다. 회개를 너무 복잡하게 하지 말고 그냥 내어놓으세요. 성령님의 손에 내려놓는 것입니다. 하나님은 상한 심령에 가까이 하시고 고치시는 분이십니다. 부끄러워 마시기를 바랍니다. 결혼한 사이는 부끄러워하지 않는 사이입니다. 숨기는 것이 오히려 성령님을 섭섭하게 합니다.

세상의 모든 문제는 관계에서 일어납니다. 어떻게 대하는가 하는 대함이 문제의 근원입니다. 무시하는가? 존중하는가? 거기서 모든 문제가 생깁니다. 상처를 입고 문제가 생깁니다. 우리는 하나님을 어떻게 대하는가? 하나님이 나를 어떻게 대하고 계시는가? 하나님은 우리를 너무나 귀하게 여기십니다. 우리가 잘 되기를 소원하시는 하나님이십니다. 우리의 가치관을 바꾸어 나가야합니다. 하나님과 나의 가치관이 같아져야합니다. 바리새인들의 죄인들에 대한 관점은 개만도 못한 것이었습니다.

그러나 하나님이 보시는 관점은 이들도 역시 귀한 진주였습니다. 다른 사람을 무시하는 것은 마음이 교만한 것이요, 하나님이 싫어하시는 것입니다. 남을 무시하거나, 아부하는 것은 사람사이에서의 올바른 질서가 깨어진 것이며, 병든 것이요, 하나님이 싫어하시는 것입니다.

바리새인들의 문제점은 사람들이 가르치는 하나님에 대한 관점을 고정관념으로 가진 것이었습니다. 성령님을 통해서 하나님의 마음을 전달받지 못하는 모든 사람도 마찬가지로 이들은 오직 사람들이 전해주는 것으로만 하나님을 이해함으로 바리새인과 같을 수밖에 없습니다. 성령님을 통해서 하나님을 이해해야만 합니다. 하나님을 바로 알 때, 세상을 바로 알고, 나 자신을 바로 알고, 따라서 모든 것이 제대로 되고, 질병의 근원이 뿌리째 뽑혀져버리게 됩니다. 이것이 잘못되어 있으면, 아무리 교회에 충성봉사해도 질병이 끊임없이 우리를 괴롭히게 됩니다. 하나님의 은총과 축복을 누릴 수 없게 되는 것입니다.

용서의 마음은 하나님의 치료를 끌어당기는 힘이요, 하나님의 축복을 끌어당기는 힘입니다. 용서는 어떤 사건을 나 자신만의 문제가 아니라, 다른 사람과의 관계, 관점으로 보는 것으로부터 시작됩니다. 나는 지금 다른 사람, 환경을 어떻게 보는가? 부정적으로만 보는 사람은 하나님의 축복, 치료를 누릴 수 없습니다. 다른 사람, 환경에 대하여 늘 소망, 희망, 긍정적인 마음, 기쁨을 가져야합니다. 용서의 마음을 가져야합니다. 그래야 나와 다른 사람과 환경에 대한 하나님의 치료의 능력을 누릴 수 있게 됩니다.

소망이 사라지면 감정이 우리를 지배하게 됩니다. 감정에 지배되지 말고 소망을 부여잡으세요. 소망을 가지고 감정을 지배하십시오. 소망으로 감정을 다스려야 합니다. 성령님과 함께 염려와 불안을 공격하고, 평안과 기쁨을 세워주세요. 감정처리는 영혼의 조율입니다. 하루가 지나기 전에 깊은 영의기도와 성령님의 도우심으로 잠재의식에 가라앉기 전에 내 영혼에서 모든 부정적인 감정을 처리하십시오. 잠자기 전에 정리하십시오. 일과가 끝나고 자리에 들기 전에 손발을 씻듯이 감정을 정리하고 잠이 드는 습관을 들여야 합니다.

감정을 씻어내세요. 잠재의식에 들어가서 쓴 뿌리가 되어 자라지 못하게 하십시오. 자신과 남을 용서하고, 자신에게 자존심을 키워주고, 소망감으로 채워주세요. 내 마음속에 어떠한 쓰레기도 앙금처럼 가라앉지 못하게 하십시오. 내 마음을 더러운 쓰레기통으로 만들지 마시기를 바랍니다. 성령으로 씻어내세요. 하나님을 묵상함으로. 기도함으로, 찬양함으로, 자연 속에 파묻힘으로 늘 영혼을 조율하십시오. 이것이 바로 치유입니다. 예수 그리스도가 우리에게 주는 평안함으로 내 마음을 채우는 것, 이것이 바로 치유입니다.

마귀는 우리와 하나님과의 관계를 떼어놓으려는 존재입니다. 죄보다 무서운 것은 우리로 하여금 하나님 곁을 떠나게 만드는 죄책감입니다. 하나님은 우리 아버지이십니다. 우리의 죄 사함을 위한 독생자의 보혈을 들고 어떻게 하든지 우리가 돌아올 것을 기다리십니다. 하나님의 임재, 하나님의 사랑, 하나님의 죄 사하심을 늘 인식하십시오. 늘 마음에 입력시키세요. 주지시키세요. 그리함으로 나의 위치, 나와 하나님과의 관계를 인식하고, 그 인식 속에서 살아가야 합니다.

우리의 생각과 마음에는 마귀로 말미암아 쓸데없고 더러운 것들이 물밀듯 밀려오고, 이것이 자리를 잡고 있다가 기회를 틈타 행동으로 나타납니다. 우리의 생각과 마음은 마귀와의 가장 치열한 싸움이 일어나는 곳입니다. 이것들이 마음에 들어오면 벌써 대응하기가 늦고 어렵습니다. 생각에 들어올 때, 거기서부터 막아야 합니다. 성령의 충만함으로 마음과 생각을 지키세요. 마귀가 쏘아대는 무서운 무기인 더러운 생각을 쫓아내세요. 들어오지 못하게 하십시오. 이것은 내 힘으로는 어렵습니다. 오직 성령님을 의지하고 성령님의 도우심을 받음으로 가능합니다. 예수의 이름으로 (성령님의 도우심으로) 이것들을 머리로부터, 생각으로부터 막아내야 합니다. 씻어 내야합니다.

용서하지 못하는 생각, 불순종, 교만 등등의 생각을 머리로부터 쫓아내세요. 그리고 그 자리에 좋은 생각, 긍정적인 생각을 채워 넣으세요. '예수의 이름으로' 라는 말에서 예수의 이름 그 자체가 무슨 마술적 힘이 있는 것이 아닙니다. 예수님을 통해서 성령님과 깊은 관계가 이루어지고, 나와 성령님의 관계가 예수님과 성령님의 관계가 되었음을 믿고, 초자연적인 권세를 주장하는 것입니다. 그리고 여기서 중요한 것은 나와 성령님과의 관계성입니다. 마치 예수님과 성령님의 관계와 같은 관계를 가진 믿음으로 이루어진 관계성입니다. 그러므로 '예수의 이름으로' 라는 말은 성령님과의 깊은 교제가 있는 사람에게만 해당되는 말입니다.

무엇이든지 생각을 지배하는 것이 우리를 지배합니다. 우리의 생각을 채우는 것이 우리를 지배합니다. 시간이 있을 때마다 좋은 생각, 소망의 생각, 헌신의 생각, 도움의 삶이 되는 생각,

하나님의 뜻을 이루는 생각, 이런 생각으로 머리를 채우세요. TV는 우리로 하여금 이런 생각을 못하게 하는 것입니다. 그 대신 엉뚱하고 더러운 것을 우리의 머리속에 채우는 마귀의 가장 무서운 무기입니다. 자꾸 건전한 책, 영적인 책을 가까이 하십시오. 자투리 시간에 이런 것들을 보도록 하십시오. 손이 닿는 곳에, 발이 닿는 곳에 그런 책들을 놓으세요. 짧은 시간에라도 그러한 책들을 읽으면서 묵상하십시오. 이것이 영혼을 살찌게 하고 맑게 합니다. 어떻게 하면 내 삶이 맑게, 유익하게, 도움이 되게, 하나님에게 쓰임 받게 살 것인가를 늘 생각하십시오. 육의 생각으로 내 머리를 채우지 마시기를 바랍니다. 이러한 삶을 훈련하십시오.

생각은 그냥 내버려두면 육에 지배받게 됩니다. 영으로 생각을 지배하는 것은 훈련과 노력이 필요합니다. 그러므로 생각은 그냥 두면 안 됩니다. 생각의 고삐를 죄어야 합니다. 그리고 영의 생각만을 하게 하십시오. 영의 생각은 하나님에게로 올라가, 하나님의 기억되신바 되고, 하나님의 인정과 기뻐하심을 받게 되는 것입니다. 그래야 하나님께 쓰임 받게 됩니다. 그래야 육의 건강도 누리게 됩니다. 육의 건강은 영의 건강한 생각으로부터 시작됩니다. 그러므로 늘 영의 생각이 머리를 채우게 하십시오. 훈련하고 노력하십시오. 영의 생각으로 머리를 채우는 사람이 영적인 사람이요, 그렇지 못한 사람이 육적인 사람이요, 짐승 같은 사람이 되는 것입니다.

천국은 가장 정확하게 심은 대로 거두는 곳입니다. 이를 위해 하나님 외에 그 어떤 것도 따르지 마시기를 바랍니다. 이런 것들은 결국 나를 떨어뜨리게 만드는 것입니다. 오직 하나님 안에 거하려고 하십시오. 하나님을 의지하려고 하십시오. 그리할 때, 하나님께서 우리를 풍요하게 합니다. 삶의 목표, 가치관을 바꾸세요. 우리는 이 땅에 일하러 왔고, 희생하러 왔습니다. 남을 위해서 살기 위해 왔습니다. 나를 포기하기 위해 왔습니다.

이것이 바로 모든 질병의 가장 기본적인 치유입니다. 행복은 사람과의 관계성이 아니라, 이러한 하나님과의 관계성 속에서 이루어집니다. 하나님과의 관계가 바르게 된 삶을 사는 것, 이것이 바로 치유입니다. 성령 충만을 삶의 가장 지고한 목표로 삼으세요. 내 중심이 아니라, 하나님 중심의 삶을 살아야 합니다. 하나님 속에서 나를 잃으세요. 희생하십시오. 내 감정도, 내 이성도, 내 판단도 없게 될 때, 하나님의 감정, 하나님의 이성, 하나님의 판단, 하나님의 지성, 하나님의 뜻, 하나님의 능력, 하나님의 삶으로 내가 가득하게 됩니다. 그럴 때, 진정 가장 거룩하고, 고귀하고, 똑똑한 나를 발견하게 됩니다. 자꾸 나를 비우고 성령으로 채우려고 하십시오. 이것이 바로 치유입니다. 우리를 바꾸는 것입니다.

우리에게 내적치유가 가능한 것은 성령 하나님께서 우리 안에 계시기 때문입니다. 성령께서 우리 안에 계실 뿐 아니라, 치유로 역사를 해주시기 때문입니다. 우리는 성령 하나님의 전입니다.

성령 하나님이 우리를 전으로 삼는 것은 우리를 온전하게 치유하셔서 우리로 하여금 하나님께 영광 돌리게 하려는 것입니다. 이것이 구원받고, 치유 받고, 성령님을 모신 크리스천의 삶의 목표이며, 치유의 목적입니다.

하나님은 우리를 구원하시기를 원하시지만, 또한 구원받은 우리를 쓰시기를 원하십니다. 그런데 구원은 받았더라도 우리의 성품이 변화되지 않으면 하나님께서 쓰실 수가 없습니다. 하나님께 쓰임 받으려면 우리의 성품과 삶이 치유를 받아야 합니다. 그래야 하나님이 기뻐 받으시는 산제사, 영적인 예배를 드릴 수가 있게 됩니다. 그런데 우리 속에 상처가 있기 때문에 우리의 드리는 예배가 영적이 되지 못하고 하나님께서 기뻐 받으시지 않으십니다. 우리의 영이 깨어있지 못하기 때문입니다. 내안에 성령님이 거하시는 것을 느끼지 못하기 때문입니다. 내 연약함이 성령님으로 말미암아 치유 받지 못하였기 때문입니다.

치유 받은 자는 내 안에 살아서 역사하시는 성령 하나님을 느낄 수 있게 됨으로 진정 하나님께서 기뻐 받으시는 영적인 예배를 드릴 수 있게 됩니다. 이제 예배 가운데, 기도와 찬양 가운데 역사하시는 하나님을 느낄 수 있게 됩니다. 이제 들리는 설교 말씀이 살아서 역사하게 됩니다. 생명의 말씀이 됩니다. 예배 속에 운행하시는 하나님을 느낄 수 있게 됩니다. 이를 위해서 우리의 마음을 치유하는 것입니다. 우리는 하나님을 소유한 신분입니다. 하나님은 나의 것이고 나는 하나님의 것입니다. 하나님은 이제 나의 가장 귀한 재산이고, 나는 하나님의 가장 귀한 재산입니다. 내 마음속에서 나와 하나님은 이제 하나입니다. 이제 내가 할 일은 마음을 다하고 목숨을 다해서 이 좋은 하나님을 사랑하는 것입니다.

마음이 치유 받은 자는 이제는 마음이 늘 하나님을 향해서 열린 상태가 됩니다. 이제는 내 마음이 늘 성령의 전이 되고, 성령님이 늘 나를 다스리고, 내 삶이 산제사가 되도록 성령의 인도를 받게 됩니다. 자연스럽게 그렇게 됩니다. 이것이 내적치유의 놀라운 능력입니다. 마음이 치유 받은 자는 이 사실을 늘 인식하고, 입술로 시인하십시오. 고백하십시오. 그럴수록 성령님은 기뻐하십니다. 우리와 대화하십니다. 더 치유해 주십니다. 하나님을 귀하게 여기세요. 더 귀하게 여기세요. 가장 귀하게 여기고 높이시기 바랍니다. 그럴 때 하나님도 나를 귀하게 여기십니다. 높이십니다. 왜냐하면 하나님이 내안에 계시기 때문입니다. 나의 힘이 되어주시고, 눈이 되어주시고, 팔이 되어주십니다. 하나님만이 하실 수 있는 하나님의 일을 할 수 있게 됩니다. 기적을 일으키게 됩니다. 이것이 부흥의 불씨입니다. 내가 바로 하나님이 이 땅에, 이 시대에 던지신, 보내신 부흥의 불씨입니다. 하나님을 기뻐하십시오. 내 안에 하나님을 기뻐하고 귀하게 여기고 높이는 것이 바로 이 모든 일의 기본입니다. 능력입니다. 힘입니다.

하나님은 이제 나의 삶의 인도자입니다. 우리는 성인이 되었으므로 하나님이라는 인도자가 필요합니다. 세상에서는 아무도 나를 인도하고 보호해줄 존재가 없습니다. 오직 나와 함께 하시는 성령 하나님만이 나의 인도자와 보호자이십니다. 단 한번밖에 살수 없는 이 인생의 길이 잘못되지 않도록 인도하시는 분입니다. 나의 인생이 너무나도 귀하기에 하나님이 직접 내 인생을 인도하시려고 내 속에, 내 안에 들어와 계십니다.

성령 하나님은 내 삶의 코치입니다. 내 삶의 모든 부분을 속속들이 알고 계시며 나를 가르치시기를 원하십니다. '성령 하나님의 코치를 받으며 살리라' 하고 결단하십시오. 치유를 받고 성령 하나님의 코치를 받음으로 이제 새로운 삶을 시작하십시오. 전혀 새로운 삶을 시작하십시오. 하나님을 섬길 수 있는 새로운 기회, 가정을 새롭게 할 수 있는 새로운 기회, 새 역사를 창조할 수 있는 새로운 기회입니다. 소망이 있고 자유 함이 있고, 기쁨이 넘치는 새로운 길이 열리게 되었습니다. 이제 나는 답답한 마음이 자유로운 마음으로, 어둡던 눈이 열린 눈으로, 바뀌게 되었습니다. 더욱 성령님을 사랑하고, 기뻐하십시오. 그러면 더욱 깊은 것을 볼 수 있게 되고, 보이지 않는 하늘나라의 영광을 볼 수 있게 되고, 새로운 세계가 눈앞에 열리게 됩니다. 남보다 더 멀리 보게 되고, 더 깊이 보게 됩니다. 그러면 새로운 길이 보이게 됩니다. 이것이 하나님의 인도하심입니다. 이것이 하나님의 축복입니다. 기적을 일으키는 길입니다. 내 안에 계시는 성령하나님은 바로 이러한 길로 나를 인도하시기를 원하십니다. 성령님을 사랑함으로 이러한 길로 들어설 것입니다. 늘 푸른 초장으로, 쉴만한 물가로 인도함 받을 것입니다.

이 새로움을 보다 많은 사람들에게 전하십시오. 나누어주세요. 하나님의 은혜, 하나님을 내 안에 모시고 살 수 있다는 이 놀라운 축복을 전하고 나누어 주세요. 묶여 있는 이들에게, 답답해하는 이들에게, 삶의 의미를 모르고 방황하고 있는 이들에게, 영적으로 하나님에게 예배드리는 것이 무엇인지 모르는 이들에게, 전통 속에 묶여 있는 이들에게, 성령님과의 교제가 무엇인지 모르는 이들에게 이 새로움, 생명을 전하십시오. 슬픔을 찬송으로 바꾸어 줄 수 있는 하나님과의 새 만남을, 하나님과의 새 회복을 나누어주세요. 마음을 치유하고, 마음을 관리하는 것이 하나님의 쓰임을 위하여 나 자신을 준비시키는 것입니다. 말씀과 성령으로 성전을 청소하는 것입니다. 하나님이 마음껏 쓰실 수 있게 하는 것입니다. 달라고만 하지 말고, 마음을 갖추세요. 준비하십시오. '나는 준비된 사람이 되리라. 쓰임 받는 그릇이 되리라. 성령님의 능력이 함께하는 그릇이 되리라.'다짐하고 또 다짐하시기를 바랍니다.

18장 질병 치유와 내적치유

(출15:26)"이르시되 너희가 너희 하나님 나 여호와의 말을 들어 순종하고 내가 보기에 의를 행하며 내 계명에 귀를 기울이며 내 모든 규례를 지키면 내가 애굽 사람에게 내린 모든 질병 중 하나도 너희에게 내리지 아니하리니 나는 너희를 치료하는 여호와임이라."

하나님은 우리의 질병을 치유하여 주시기를 원하십니다. 반면에 예방 신앙으로 자신의 마음과 육체를 잘 관리하여 질병을 예방하기를 소원하십니다. 말씀과 성령의 충만한 신앙생활로 마음의 평안을 날마다 유지하시기를 바랍니다. 하나님의 치료인 신유는 신유의 은사가 있는 사람을 통하여 이루어집니다. 그러나 이러한 신유의 치료에도 치료받는 사람의 믿음, 영적 상태, 마음의 상태에 영향을 받으며, 또 이것이 재발에도 영향을 미칩니다. 또 하나님의 치료에는 스스로 몸을 건강하게 유지할 수 있는 능력을 활성화시킴으로 자연스럽게 치료하심도 포함되며, 시간이 걸려서 치료하심도 포함되며, 약을 먹고 수술을 해서 치료됨도 역시 하나님의 치료라고 할 수 있습니다. 중요한 것은 모든 치료는 기본적으로 사람이 아니라, 하나님이 우리에게 해주신다는 것입니다.

그러므로 죄와 치료는 어떤 식으로든 관계가 됩니다. 용서와 치료도 관계가 있습니다. 그리고 무엇보다도 내적 상처는 치료에 매우 중요합니다. 아무리 좋은 약이 있어도 병이 잘 치료되지 않는 것은 많은 경우 깊이 숨어있는 내적 상처에 원인이 있습니다.

삶을 살아가는 우리의 태도도 치료에 매우 중요합니다. 이러한 태도가 질병을 불러일으키는 요인이 됩니다. 사람과 세상과 나 자신에 대한 시각은 질병의 원인에 깊이 관계됩니다. 무분별한 생활, 다른 사람과의 관계 등도 마찬가지입니다. 그런데 육체만을 다루는 현대의학은 진정한 치료가 아니라, 질병의 진행을 잠깐 멈추는 것입니다. 진정한 질병의 뿌리를 뽑는 것이 아닙니다. 병의 근원을 찾아서 뿌리를 뽑아내는 것이 진정한 치료입니다. 마음의 치료가 진정한 치료입니다.

무엇보다도 먼저 불안을 마음에서 뽑아내시기를 바랍니다. 그래야 성령님의 능력이 마음에서 역사 하실 수 있습니다. 내 영혼이 잠잠히 하나님을 바라고 평안할 수 있을 때, 하나님의 치유가 시작됩니다.

치료의 첫 단계는 하나님이 나를 치유하시기를 원하신다는 하나님에 대한 신뢰를 가짐으로, 내 마음을 평안으로 채우는 것입니다. 치료의 두 번째 단계는 병에 집착하지 않고 하나님에게 집착하는 것입니다. 마음을 가라앉히고 자꾸 하나님을 크게 보는 것입니다. 하나님을 기대하십시오. 하나님의 치료를 기대하십시오. 하나님의 치료를 상상하십시오. 현대의학에서도 상상료법을 매우 중요하게 여깁니다. 단 우리의 상상은 성령님의 도우심이 있는 상상입니다. 성령의 도우심으로 내가 건강하게 되는 상상입니다. 그래야 강력한 치료의 능력이 나타납니다. 믿음을 가져야 합니다. 건강한 모습을 상상하십시오. 그 상상하는 모습에 성령님이 역사 하시게 하십시오.

세 번째 단계는 입으로 시인하고 선포하는 것입니다. 우리 안에 와있는 생명력과 질병치유의 권세를 사용하는 것입니다. 이것을 말에 담아 내 것으로 사용하는 것입니다. 하나님의 자녀에게 주신 이 치료의 능력, 창조의 능력을 사용하십시오. 믿음으로 사용하십시오. 영적 세계에 의하여 자연세계는 지배됩니다. 육은 영에 의하여 지배됩니다. 영의 능력, 권세를 가지고 명하면 육은 치료받을 수 있습니다. 중요한 것은 우리의 믿음입니다. 성령께서 역사 하시는 믿음의 언어로 치료됩니다. 그냥 하는 말은 중간에 떨어지지만, 성령의 인도하심, 성령이 함께 하심이 있는 언어는 떨어지지 않고 역사 합니다.

중요한 것은 성령 충만과 믿음의 언어사용입니다. 성령 충만이 우리의 사는 길입니다. 우리는 성령 충만한 믿음의 언어를 사용하여 우리의 환경을 지배하며, 새로운 창조를 할 수 있습니다. 이것이 바로 하나님의 참 형상이신 예수님이 오셔서 하신 일이며, 우리의 본이 되어주신 것입니다. 우리도 그렇게 하라는 것입니다. 할 수 있다는 것입니다.

인간이 타락하기 이전에는 죽음과 관계가 없는 완벽한 존재였으며, 영, 혼 육은 완전한 조화를 이루며 질서를 유지하였습니다, 영은 마음, 생각을 지배하였으며 육체는 이성의 지배를 받는 조화를 이룬 상태였으나 인간의 타락으로 죄가 유입되자 인간의 내적 질서는 균형, 조화를 잃게 되며 나머지 모든 부분들이 인간에게 유입되게 됩니다. 그리하여 인간에게 질병이 생기게 됩니다.

1. 질병은 자율신경의 계통의 흐름과 부조화로 생긴다.

모든 질병의 대부분이 자율 신경의 부조화에서 나오는 경우가 많기 때문에 내 영이 무거운 죄짐이나, 불평이나, 원망의 무서운 독소에서 자유 함이 있어야 합니다. 자율 신경의 조화는 주로 마음의 평안과 영의 기쁨을 항상 유지하게 됩니다. 자율 신경의 교감신경은 불안 좌절 분노, 등의 결과를 유발하고, 부교감 신경은 주로 기쁨, 화평, 감사, 용서, 사랑, 절제, 인내, 자비와 양선과 충성과 온유함을 주관합니다. 그래서 하나님은 빌립보서 4장 4절에서 "주 안에서 항상 기뻐하라 내가 다시 말하노니 기뻐하라." 하시는 것입니다. 포도나무의 가지가 원줄기에 붙어 있어야 하듯이, 우리의 영적 생명과 성령의 역사는 생명의 근원 되시는 예수님에게 붙어 있어서, 영적 신령한 생명이 계속 공급을 받아서 끊임없이 흘러나오거나 솟아나야 합니다. 이러한 생명의 흐름이나 성령의 흐름이 성경에서는 기름부음이라는 표현으로 설명되고 있습니다.

이러한 예수의 생명이 흘러넘치는 역사가 충만하기 위해서는 속사람(영)이 강건해야 하는데, 이 속 사람은 자율신경의 부교감 신경에 주로 영향을 받게 됩니다. 자율 신경의 조화를 이루지 못하고, 분노나 불안이나 좌절 등을 일으키면 위장, 간, 심장, 폐, 등 오장육부의 혈관 정맥, 근육 등에 뻗어 있는 자율 신경에 자극을 주게 되어, 신체에 이상을 일으키고 질병을 유발시킵니다.

모든 쓰라림과 원한은 첫째 분노로부터 시작, 이것이 신체에 공급되는 아드레날린을 지나치게 분비시킵니다. 신체는 분비된 아드레날린의 초과량을 흡수할 수 없습니다. 결과적으로 그것은 신장으로 가지만 그러나 신장은 이 초과량을 수용할 수 없습니다. 그 결과로 그것은 신체의 관절에 모여 관절염을 일으킵니다. 관절염을 앓는 사람은 자신의 삶을 성찰하고, 혹 다른 사람에 대한 쓴 뿌리와 용서하지 않는 마음을 품고 있는지 여부를 알아보라고 성심성의로 충고하시기 바랍니다.

2. 질병의 진행 과정

하나님은 로마서 6장 23절에서 "죄의 삯은 사망이요 하나님의 은사는 그리스도 예수 우리 주 안에 있는 영생이니라." 말씀하십니다. 어떠한 형태의 죄이든지 작은 것이 씨앗이 되어 누룩과 같이 우리들의 정신과 마음과 육체를 파괴해 나갑니다. 표면적인 생각이 잠재의식까지 진행되어 신경 세포가 파괴되고 자율 신경이 파괴되어 자신의 생각이나 의지대로 조절이 되지 아니하게 됩니다. 말초신경의 자극은 내장기관의 파괴를 가져오고 뿐만 아니라, 인체의 호르몬 기능이 조화를 잃게 되고 체액과 혈액이 산성화되거나 혼탁해져서 인체의 여러 가지 질병에 대한 면역력이 상실되고, 특별한 부위의 세포가 비정상적인 세포로 파괴되면서 육체의 병으로까지 진행되어 갑니다.

영의 병과 원인이나 결과가 유사합니다. 그러나 외적인 악한 영의 영향이나 침투로 인하여 질병이 발생하는 것이 아니라, 내적인 자신의 성품이나 인격(혼)이 조화를 이루지 못한 마음인 '병든 영혼'의 죄로 말미암아 일어나는 질병입니다. 이는 상처가 주요 원인이 됩니다. 주로 특별한 신체적 장애가 없음에도 불구하고 신체적 통증을 동반하는 질병으로 대개 자율신경의 부조화를 통하여 병으로 진행이 됩니다. 자율 신경은 교감신경과 부교감신경으로 나누는데 좌절, 낙심, 분노, 미워하는 마음, 질투하는 마음, 원망하거나 불평하는 마음, 불안이나 염려나 낙심이나 두려움 등은 교감신경과에 속합니다. 반대로 기쁜 마음, 평안한 마음, 사랑의 마음이나 용서의 마음, 온유한 마음 등은 주로 부교감신경에 속합니다.

자율신경의 균형이 조화가 깨어질 때 각종 장기의 혈관 근육 등에 퍼져 있는 세포에 영향을 주므로 신체에 이상을 일으키게 됩니다. 자율 신경을 자극하는 것이 바로 인간의 감정이나 화나 정신적 혹은 심적 스트레스를 받게 되어 평안함이 깨트려지고 하나님과의 불화가 시작되는데 이 스트레스는 하나님의 뜻대로 살지 못하거나 믿음으로 살지 못한 죄의 결과라고 할 수가 있습니다.

> (빌 4:4-7)"주 안에서 항상 기뻐하라 내가 다시 말하노니 기뻐하라. 너희 관용을 모든 사람에게 알게 하라 주께서 가까우시니라. 아무 것도 염려하지 말고 다만 모든 일에 기도와 간구로, 너희 구할 것을 감사함으로 하나님께 아뢰라. 그리하면 모든 지각에 뛰어난 하나님의 평강이 그리스도 예수 안에서 너희 마음과 생각을 지키시리라."

> (살전 5:16-18)"항상 기뻐하라. 쉬지 말고 기도하라. 범사에 감사하라 이것이 그리스도 예수 안에서 너희를 향하신 하나님의 뜻이니라."

충격적인 상처로 감정적인 충격을 받으면 사고기능은 저하되고 합리적인 판단이 흐려져서 앞뒤를 생각할 겨를이 없이 공격적이 됩니다. 심령이 상하게 되어 본성인 육성이 드러나게 됩니다. 이러한 화가 분노로 격한 심령으로 확산됩니다. 이러한 화병이 통제되지 못하면 빈발하게 되어 병적이 되고 질병으로 진행됩니다. 충격이나 신경성 원인에 의한 모든 질병은 모두 이 혼에 속한 병인데 정신적인 질병과 육체적인 질병의 2가지 형태로 진행이 됩니다.

화나 분노가 내적으로 스며들거나 발산되지 않은 상태로 속으로 심령이 상하게 되고, 정신적인 손상이 계속되어 뇌신경 세포의 파괴가 진행되면 노이로제나 우울증 및 정신병으로 발전하게 됩니다. 그렇지 않고 내장기관의 신경세포가 손상이나 자극이 계속되면 육체적인 질병으로 발전하게 되어 신심 상관병(마음의 병)으로 발전하게 됩니다. 질병은 대략 이런 순서로 발병하게 됩니다.

1) 제 1 단계 환경의 위기: 사업이나 직장 가정 및 인간관계의 파탄이나 다른 사람으로부터 영향이나 자극이나 충격을 받게 됩니다.

2) 제 2 단계 자아의 위기: 이를 자신의 인격이나 믿음으로 소화하지 못하면 내적인 갈등이나 불안, 염려, 의심, 초조, 미움, 원망, 불평 등이 발동하며 육성이 발동 됩니다.

3) 제 3 단계 영적 위기: 갈등이나 불안이나 미움이나 원망이 심화되어 말로 불평을 나타내거나 행동으로 표현하게 됩니다. 심령이 메말라오며 보복하려는 심령이 되거나 기도가 막히거나 여러 가지 육체의 일로 외적으로 나타나게 됩니다.

4) 제 4 단계 신체적 위기: 정신적 혹은 육체적 이상 현상들이 외적으로 나타나기 시작하여 분명한 질병의 형태로 나타납니다.

5) 제 5 단계 파멸의 위기: 질병이 악화되어 영혼의 파멸을 가져오거나 나아가서는 육신의 사망으로 연결되며 혹은 신경적으로 파멸이 오면 돌이키기 어려운 정신적인 이상을 가져오거나 영

적으로 악화되면 악한 영의 침입으로 파멸의 위기를 맞게 됩니다.

보편적으로 마음의 병이란 여기서는 혼의 병으로 분류했습니다. 이는 신경성 원인에 의한 질병으로 육체의 질병으로 외부적인 형태로 심하게 발전되어지지 않은 상태의 질병을 말합니다. 특별히 내분비 계통과 신경 계통과 자율신경 계통에 발병되어진 질병의 경우를 말합니다.

3.내적 상처와 질병과의 관계

1) 현대 의학은 육신의 질병을 단순히 병리학적인 차원에서 다루지 않고 유전적, 심리적이며, 영적인 분야를 함께 다루고 있습니다. 질병과 내적 상처와의 관계는 사회가 복잡해지면서 더욱 관계가 깊어지며, 육체의 질병은 유전, 환경, 식생활 습관, 심리적, 영적으로부터 복합적으로 영향을 받아서 질병이 생기게 됩니다.

2) 과거 어떤 상황을 접하여 심한 감정의 상처를 입었다면 그 상황이 다시 생각날 때, 감정에 자극이 생기게 되며, 이러한 반복이 심하게 되면 신체적 질병, 심한 노이로제로 이르게 됩니다. 이렇게 됨으로 교감신경이 강화되어 분노하거나 앙심을 품는다거나 하여, 자신의 인체 속에서 분비되는 "아드레랄린"으로 인하여 신체 여러 장기와 뼈와 신경의 손상을 가져오게 됩니다. 그리

하여 시간이 경과됨에 따라 질병으로 나타나게 됩니다. 그러므로 질병이 몸 밖으로 나타났다면 상당히 시간이 많이 경과된 상태라고 이해하고 치유해야 할 것입니다. 그러므로 미리미리 말씀과 성령 충만한 신앙생활로 예방하는 것이 중요합니다.

3) 우리 민족은 역사를 통해 문화와 환경에서 아픔을 부둥켜안고 살아야만 했습니다. 반상제도, 남존여비, 장유유서의 문화로 누르고 눌리는 악순환을 거듭했습니다. 이러한 아픔과 눌림은 단지 한 시대의 문화뿐만 아니라, 그 시대를 사는 사람들에게 커다란 감정적, 정서적 상처를 안겨 주게 됩니다. 이러한 내적 상처는 정신, 육체적 질병과 연결이 됩니다.

4) 여성인 경우 고부간의 갈등, 시댁 가족과의 관계, 남편의 문제, 경제적인 어려움 등 많은 갈등을 겪어왔습니다. 그런데 대부분의 경우 참으며 살아가는 것을 운명으로 체념하고 살아왔습니다. 이러한 이유로 인해 한국의 여성들에게 보이지 않는 내적인 질병인 화병이 생겨난 것입니다. 정신 심리학에서 화병은 어떤 충격으로 인해 신체적, 심리적으로 6개월 이상 만성적인 고통을 겪게 되는 상태를 말합니다. 화병은 심리적인 갈등, 긴장으로 인하여 정신적 부분에 병이 발생하지만 이 부분에만 국한되지 않고 어느 정도 기간이 지나면 심폐기능, 근육, 위장 장애를 유발하게 됩니다.

5) 우리가 웃을 때, 행복할 때, 하나님을 찬양할 때, 운동을 할 때, 엔돌핀이라고 불리는 물질이 신체 안에 배출되는데 그것은

고통을 덜고 신체의 조직에 치료(마치 약의 작용처럼)를 일으킵니다. 모든 쓰라림과 원한은 첫째 분노로부터 시작, 이것이 신체에 공급되는 "아드레날린"을 지나치게 분비시킵니다. 신체는 분비된 아드레날린의 초과량을 흡수할 수 없습니다. 결과적으로 그것은 신장으로 가지만 그러나 신장은 이 초과량을 수용할 수 없습니다. 그 결과로 그것은 신체의 관절에 모여 관절염을 일으킵니다. 관절염을 앓는 사람은 자신의 삶을 성찰하고, 혹 다른 사람에 대한 쓴 뿌리와 용서하지 않는 마음을 품고 있는지 여부를 알아보라고 성심성의로 충고하시기 바랍니다.

4.마음과 육체의 질병 내적치유

1) 자신에게 마음과 육체의 질병이 있다는 것을 인정해야 합니다. 필자가 지금까지 성령치유 사역을 해오면서 체험한 바로는 본인의 마음과 육체에 질병이 있다는 것을 인정하기만 하면 치유는 가능합니다. 또 중요한 것은 세상 의술과 약물을 의지하여 치유하려는 생각을 가지지 말고 말씀과 성령님의 역사로 치유 받겠다는 의지 또한 중요합니다. 환자가 자꾸 세상 의술에만 의존한다면 마음과 육체의 질병의 근원 치유가 거의 불가능합니다. 세상 의술은 질병이 더 진행되지 않게 하여 자신에게서 치유의 항체가 나와 치유되기를 기다리는 치유 방법이기 때문입니다. 그러나 영적인 치유는 하나님이 하시는 것이므로 마음과 육체에 발생한

질병의 근원을 찾아서 성령께서 깊은 곳에 역사하여 근원을 뽑아내며, 치유하는 것이므로 완치가 가능한 것입니다. 충만한 교회에서 열두 가지 질병으로 고생하던 환자도 모두 치유 받고 하나님에게 영광을 돌리고 있습니다. 하나님은 못 고치는 질병이 없다는 것을 믿으시기를 바랍니다.

2) 성령으로 세례를 받고 성령으로 충만 해야 합니다. 마음과 육체의 질병을 치유 받으려면 아담(옛 사람)이 죽어 없어져야 합니다. 그런데 아담을 죽어 없어지게 하는 것은 성령의 역사입니다. 아무리 말씀을 외워도 성령이 장악하지 아니하면 아무런 소용이 없습니다. 하나님은 육체에는 역사하시지 않기 때문입니다. 하나님은 영이시기 때문에 사람이 영적이 되어야 역사하시는 것입니다. 그러므로 성령으로 세례를 받아야 합니다. 그리고 지속적으로 성령을 요청하여 성령으로 충만해야 합니다. 성령으로 충만하여 성령이 자신을 장악하여 옛 사람이 없어지고 성령으로 거듭나면 치유가 되기 시작합니다. 그러므로 마음과 육체의 질병을 치유 받으려면 성령으로 세례를 받아야 하고 계속적으로 성령 충만해야 합니다.

3) 말씀과 성령의 역사로 내적치유를 해야 합니다. 성도님들 중에 목사님 저는 상처가 없습니다. 하시는 분들이 계시는데 육체를 가진 성도가 상처가 없을 수가 없습니다. 인생을 살아가는 것이 상처이기 때문입니다. 그러기 때문에 하나님은 이렇게 말씀하시는 것입니다. (빌4:4)"주 안에서 항상 기뻐하라 내가 다시 말

하노니 기뻐하라." 상처는 모두가 다 있을 수 있습니다. 그래서 말씀과 성령의 역사로 상처를 내적 치유해야 합니다. 질병을 치유하려면 질병이 발생한 근원인 상처를 먼저 찾아서 내적치유를 해야 질병의 뿌리가 뽑히는 것입니다. 그래서 미국의 병원에서는 환자들에게 약물만 투여하는 것이 아니라, 전문적으로 내적치유를 하시는 목사님들을 통하여 환자들에게 내적치유를 하고 있는 것입니다. 원래 내적치유는 미국 병원에서 하던 것을 우리나라 의사 분들이 배워서 우리나라에 접목한 것입니다. 그러므로 내적치유 없이는 질병의 완치는 불가능하다고 해도 과언은 아닌 것입니다. 내적치유를 받으려면 먼저 예수를 자신의 주인으로 영접하고 성령으로 세례를 받고 성령으로 충만해야 합니다. 내적치유는 전적으로 성령께서 하시는 사역이기 때문입니다. 저는 개인적으로 이런 견해를 가지고 있습니다. 우리나라의 모든 교회의 목사님들은 내적치유를 받아야 하고, 또한 내적치유를 할 수 있는 능력을 소유해야 한다고 생각하고 있습니다. 당신도 내적치유를 받으시기를 바랍니다. 그리고 자신의 내면에 상처가 머무르지 못하게 하시기를 바랍니다. 상처는 만 가지 문제의 근원입니다.

4) 자신의 질병의 원인을 찾아야 합니다. 필자가 지금까지 성령으로 치유하역을 하면서 개인적으로 정립한 견해는 질병을 치유하려면 질병을 발생하게 한 원인을 찾아야 한다는 것입니다. 근본이 되는 원인만 정확하게 찾으면 질병치유는 문제가 되지를 않습니다.

① 질병의 원인이 상처에 있다면 상처를 내적 치유해야 합니다. 의사 분들이 이렇게 말합니다. 질병의 원인의 70-80%는 스트레스에 의하여 질병이 발생한다고 합니다. 스트레스는 상처입니다. 그러므로 상처로 인하여 질병의 70-80%가 발생하는 것입니다. 그러므로 상처를 내적 치유해야 합니다.

② 질병의 원인이 영적인 문제에 있다면 축사해야 합니다. 질병의 원인 중에는 죄로 인한 질병도 있습니다. 질병의 원인이 죄라면 회개하고 죄 뒤에 역사하던 귀신을 축사해야 합니다. 귀신을 축사하려면 먼저 내적치유로 쓰레기를 청소하고 귀신을 축사해야 합니다. 쓰레기가 청소되지 않으면 귀신은 떠났다가도 다시 들어오게 됩니다.

환자의 영 안에 계신 성령의 강력한 역사로 인하여 귀신이 밀려나와 떠나가게 해야 하는 것입니다. 물론 사역자가 밖에서 귀신을 불러내어 축사를 해도 되지만 이렇게 축사하면 환자에게 귀신을 방어할 수 있는 능력이 없기 때문에 조금 지나면 귀신이 다시 들어올 수가 있는 것입니다. 그러므로 귀신이 떠나갈 수 있는 영육의 상태를 만드는 것이 선행되어야 합니다.

③ 질병의 원인이 가계에 대물림되는 것이라면 대물림을 끊고 귀신을 축사해야 합니다. 필자가 지금까지 성령치유 사역을 하다가 보니까, 질병 중에는 가계로 대물림되는 질병이 많이 있더라는 것입니다. 그래서 질병의 원인을 찾을 때 환자의 가계력을 점검하는 것도 필수입니다. 만약에 혈통으로 질병이 대물림이 되고

있다면 대물림의 원인을 찾아 회개하거나 용서하고 대물림되는 질병의 줄을 끊고 질병에 역사하던 귀신을 축사해야 합니다.

5) 지속적으로 말씀과 성령 충만한 믿음생활과 내적치유로 성령이 자신을 장악하게 해야 합니다. 성령이 자신을 장악하면 질병은 떠나가게 됩니다. 만약에 귀신에 의한 질병이라면 귀신 축사하는데 너무나 많은 시간을 투자하지 말고 말씀과 성령으로 충만하게 하는데 시간을 투자하는 것이 좋습니다. 귀신은 성령으로 충만해지면 힘이 자꾸 약해지기 때문에 나중에는 기침 한번으로 떠나가게 됩니다. 그러므로 무엇보다도 성령 충만한 믿음생활이 중요한 것입니다. 신유사역에 대하여 더 상세하게 알고 전문적인 치유 사역을 하고 싶은 분은 "신유 은사사역 달인이 되자" 를 읽어보시기를 바랍니다.

6) 치유 후에 관리도 중요하다. 필자는 암으로 고생을 하다가 치유되었는데 관리를 잘못하여 재발해서 세상을 떠나는 사람들을 여러 명을 보았습니다. 암으로 고생하다가 치유되니 하나님에게 영광을 돌리고 성령으로 충만한 생활을 하지 않고 세상에 소망을 두고 살다가 재발한 분들이 있습니다. 무엇보다도 치유 후에는 치유 받을 당시와 같은 성령 충만한 믿음생활을 해야 떠나간 질병이 다시 들어오지 못합니다. 치유 후에 관리를 잘하시기를 바랍니다.

19장 깊은 회개를 통한 내적치유

(행2:38)"베드로가 이르되 너희가 회개하여 각각 예수 그
리스도의 이름으로 세례를 받고 죄 사함을 받으라 그리하면
성령의 선물을 받으리니"

하나님은 회개하고 돌아오라고 말씀하십니다. 상처는 죄와
긴밀한 관계가 있습니다. 그리고 회개는 치유를 위한 것입니
다. 용서와 죄사함은 예수를 믿음으로 이미 받은 것입니다. 회
개가 철저하지 않더라도 예수를 믿음으로 이미 용서는 받고 구
원은 얻은 것입니다. 그러므로 예수를 믿고 하는 회개는 십자가
의 용서의 효과를 내게 적용하기 위한 것, 즉 내 상처의 치유를
위한 것, 하나님과 같은 영적인 수준을 높이기 위한 것입니다.
용서를 받기 위해서 회개하는 것이 아닙니다.

하나님은 용서해주시는 분입니다. 회개가 필요한 것은 하나
님의 용서를 위한 것이 아니라, 우리의 상처를 치유하기 위한
것입니다. 회개를 해야, 상처가 치유 받고, 성령님이 우리 속에
서 활동하실 수가 있게 됩니다. 성령의 인도하심 속에서 하는
회개는 상처의 치유를 위한 것이요, 이러한 곳에 치유의 역사가
나타나는 것입니다.

사도행전 2장의 베드로의 회개 설교는 기름부음 받은 자의

회개의 설교이고, 이러한 설교는 성령 충만을 일어나게 하는 설교입니다. 이러한 회개의 설교는 내적 치유를 통하여 성령 충만을 받게 합니다. 성령님은 이러한 회개를 통하여 우리의 마음을 치유하시고, 자기의 활동영역을 늘리십니다. 우리가 회개하는 만큼 우리 속에서 성령님이 역사 하십니다.

회개하지 않고 죄를 붙잡고 있는 만큼 우리는 마귀에게 활동영역을 보장하고 있는 것입니다. 성령의 임재 가운데 회개하십시오. 회개함으로 성령님에게 더 넓은 활동영역을 내어드리세요. 성령님에게 사로잡히세요. 회개하고 성령을 선물로 받으세요. 더 많이 받으세요. 더 많은 부분을 성령님에게 내어드리세요. 더 많은 부분에서 성령께서 역사 하시게 하십시오.

이러한 회개는 우리 마음대로 할 수 있는 것이 아닙니다. 이미 우리 속에 내재하신 성령님의 도우심으로만이 가능합니다. 그러므로 우리는 늘 성령님의 도우심을 받아야 합니다. 성령님의 도우심으로 늘 회개하십시오. 그리고 더욱 깊이, 넓게 성령의 활동영역을 보장해드리세요. 성령의 도우심으로 하는 회개를 통해서 악한 마음, 분노하는 마음, 상처들을 치유하십시오. 그리고 이 모든 것들이 있던 자리에 성령님이 임하고 활동하게 하는 것이야말로 진정한 크리스천의 모습입니다.

회개는 내 영혼을 정결케 하는 것이요, 내 마음을 치유하는 것이고, 원석을 가지고 보석을 만드는 것입니다. 하나님은 거룩하시고, 정결하시며, 또 우리와 함께 하시기 위하여 우리에게도 정결하고 거룩할 것을 요구하십니다. 회개는 그릇을 닦아 내듯 내 영혼을 닦는 것입니다. 회개는 부패한 것을 신선하게 만드는 것입니다. 회개할 때, 하나님의 치유 약이 우리에게 발라집니다. 죄는 참으로 무섭고 더러운 것입니다. 성령의 임재속에서 회개하십시오. 치유를 위해서 깊은 회개를 하십시오.

죄는 하나님을 외면하고, 하나님에게서 멀어지는 것입니다. 자꾸 세상으로 들어가면서 더러워지는 것입니다. 그러나 회개는 하나님에게로 돌아가는 것입니다. 어떤 죄를 지어도 하나님과의 관계가 끊어지는 것은 아닙니다. 다만 하나님과 자꾸 멀어지는 것입니다. 왜 슬프고, 자신감이 없고, 평강이 없고 아픈가요? 하나님과 멀어져 있기 때문입니다. 죄를 회개하십시오. 내면에 있는 하나님과 나 사이를 가르는 모든 담을 헐어버리세요. 그리고 하나님과 가까이 하십시오.

죄는 영적인 질병, 무거운 짐, 우리를 노예 삼는 폭군입니다. 죄는 스스로 성장하고 자꾸 세련되고, 자꾸 교활해지는 무서운 존재입니다. 죄는 자꾸 성장합니다. 죄는 스스로의 생명을 가진 무서운 놈입니다. 죄를 지을 때, 악한 존재가 우리 속으로 파고 들어옵니다. 죄를 향해서 공격하십시오. 잘라내세요.

회개하는 것은 죄에 대한 공격이요, 우리 속에 있는 무서운 세력을 잘라내는 것입니다. 회개는 어려운 것이 아닙니다. 죄짓는 것에는 순간적 쾌락이 있으나, 오랫동안의 아픔이 따르게 됩니다.

그러나 회개는 순간적으로는 아프나, 오랫동안 하나님의 은총이 있고, 하나님과 맑은 관계를 가지게 하는 축복중의 축복입니다. 회개를 귀찮아하지 말고, 환영하십시오. 도움을 주는 것이고, 치유해주는 것이며, 하나님의 은총, 평강, 기쁨을 오게 하는 통로입니다. 회개는 이모든 것이 나에게 오게 하는 통로를 준비하는 것이요, 통로를 청소하는 것입니다. 통로를 청소하십시오. 회개함으로 은혜를 가져오는 통로, 은혜가 흐르는 통로를 준비하십시오. 회개는 상처에 활동하고, 찾아오는 죄와 귀신의 통로를 막아버리는 것입니다.

회개함으로 죄와 저주의 통로를 막아버리고 하나님의 은혜가 흘러 들어오게 만드는 통로를 준비하십시오. 회개할 수 있다는 것은 진정 축복중의 축복입니다. 회개함으로 심령을 맑게 하십시오. 마음을 맑게 하십시오. 잠재의식을 맑게 하십시오. 회개로 씻어내세요.

회개는 고리타분하거나, 억지로 할 일, 검사 앞에 내 수치를 들어내는 죄인의 마음으로 하는 것이 아니라, 축복중의 축복을 이끌어오는 기쁨, 자유 함, 소망하는 마음으로 해야 합니다. 하나님 앞에 가장 기쁜 마음으로 해야 하는 것입니다. 하나님의 주시는 은총을 받기 위해서, 내 마음에 하나님을 모시기 위해서 기쁨으로, 소망으로 자진해서 하는 청소입니다.

하나님의 능력을 위해서 하는 기쁜 청소입니다. 성령님의 도우심을 받으면서 회개할 때, 엄청난 은혜, 능력이 임하게 되고,

모든 더러움, 상처가 다 사라지게 됩니다(요일1:9).

우리를 사랑하시는 하나님께서는 우리가 죄를 회개하면 사하시고 깨끗하게 하십니다. 사하심이 용서하심입니다. 깨끗케 하심은 치유하심입니다. 우리가 회개하면 하나님께서는 우리 속에 남아서 자꾸 죄를 짓게 하는 상처를 치유하신다는 것입니다. 하나님의 용서로 말미암아 우리는 죄 사함은 받으나, 죄 성, 즉 쓴 뿌리는 그냥 남아 있는데, 회개함으로 그 쓴 뿌리를 뽑아내는 것입니다. 그러므로 회개는 현실적인 축복이 흐르게 하는 것입니다. 죄는 복의 근원 되시는 하나님 앞의 담입니다. 회개는 그 담을 헐고 하나님의 축복을 우리에게 가져오게 하는 통로를 준비하는 것입니다.

회개는 펌프에 붓는 프라임워터(마중물)와 같습니다. 우리 마음에 회개함이 있을 때, 축복의 생수가 솟아올라오는 것입니다. 왜 회개하지 않는가? 회개하십시오. 회개한 마음, 회개한 눈으로 보면 세상이 주는 것은 아무것도 아닙니다. 전혀 두려움, 미움, 슬픔이 필요 없는 것들입니다. 세상의 것으로 고통하지 말고, 마음속에 있는 더러운 것들을 회개함으로 치우세요. 하나님을 가까이 모시어 들여야 합니다. 세상을 이기기 위해서 오직 필요한 것은 바깥세상이 없어지거나 변화되는 것이 아니라, 회개함으로 우리 속을 깨끗하게 만들어 하나님을 모시는 것입니다. 세상이 아니라 우리가 회개하고 성령 충만을 받는 것입니다.

하나님은 우리가 세상을 이기기 위해서 필요한 모든 것을 주시고, 세상이 주는 모든 악한 것, 아픈 것, 슬픈 것을 이길 수 있는 것을 주시며, 이기기 위해서 필요한 모든 것을 이미 우리에게 풍성하게 주셨습니다. 문제는 이것을 우리의 것으로 받아들이는 통로가 막힌 것입니다. 죄로 막히고, 상처로 막힌 것입니다. 죄와 상처의 담이 쌓여 있는 것입니다. 회개로 이 담을 무너뜨려야 합니다. 회개로 이 통로를 열기를 바랍니다.

생수가 흘러오게 하십시오. 그리고 나에게서 다시 세상을 향하여, 이웃을 향하여 흘러나가게 하십시오. 회개함으로 이 모든 문제를 이겨야 합니다. 온 세상을 이길 수 있는 대단한 능력이 우리에게 이미 와 있습니다. 그것을 회개함으로 퍼 올리세요. 회개함으로 그 통로를 뚫으세요. 회개함으로 내가 도움을 받고, 은총을 받으며, 내가 살아나고, 내게서 생수가 솟구친다는 믿음을 가져야합니다.

그리고 그 믿음으로 회개하십시오. 늘 기쁘게 회개하십시오. 늘 기쁘게 생수를 퍼 올리세요. 회개는 하늘나라의 기쁨이 내 것이 되게 하며, 나를 악한 원수의 지배에서 하나님의 축복으로 장소를 옮겨주는 것이며, 하나님의 은총의 손길이 닿게 하는 것입니다. 성령이 우리에게 주시는 모든 은사, 은총이 내게 한없이 흐르게 만드는 것입니다. 성령님과의 교제, 성령님의 도우심을 얻는 것이야말로 세상최고의 축복입니다.

그리고 이것을 위해서 회개하십시오. 다윗은 이 비밀을 알고 있었던 사람입니다. 늘 회개함으로 하나님과 가까이 하며, 하나님의 은총과 축복을 받고 살았습니다.

성령의 기름부음이 있는 사람, 성령이 누구 신가를 알고 있는 사람은 참으로 세상에서 가장 기쁠 수 있는 사람입니다. 성령님과 늘 교제하는 사람은 진정 세상에서 가장 행복할 수 있는 사람입니다. 성령님에게 푹 빠져있는 사람, 성령님을 모시는 크리스천은 행복을 가슴 가득히 품고 있는 사람입니다.

세상이 불행으로 가득한 것은 세상이 성령님을 모르기 때문에 엉뚱한 곳을 헤매고 있기 때문입니다. 하나님 한 분으로만 만족하십시오. 그 이상, 이외에 어느 것도 이만큼 큰 능력, 행복, 축복을 우리에게 줄 수 있는 존재가 없습니다. 우리는 이미 그분을 우리 속에 가지고 있습니다. 그런데 그 길이 막혀있을 뿐입니다. 회개함으로 그 길을 열어야 합니다.

공격적인 회개를 하십시오. 믿음이 떨어짐에 대한 회개, 첫 사랑이 식은 것에 대한 회개, 하나님과 깊은 교제를 하지 못하는 것에 대한 회개, 성령님께서 주신 무한한 은총을 버려두고 엉뚱한 곳에서 헤매고 있었던 것을 회개하십시오. 이것이야말로 하나님이 기뻐하시는 회개요, 하나님의 중심 속으로 파고 들어가는 회개입니다. 이런 회개를 하십시오. 믿음 떨어짐을 회개하십시오. 하나님을 찾지 않음, 하나님을 더 뜨겁게 찾지 않고 사랑하지 않고 있음을 회개하십시오. 성령님을 찾으시기 바랍니다. 찾기만 하십시오. 부르기만 하십시오.

(잠8:17)"나를 사랑하는 자들이 나의 사랑을 입으며 나를
간절히 찾는 자가 나를 만날 것이니라."

하나님은 찾는 자에게 나타나시고, 부르는 자에게 나타나십
니다. 안에 계시는 그분을 찾으시기 바랍니다, 부르라. 그러
면 영혼이 살아나게 됩니다. 하나님의 성령을 근심하게 하지 마
시기를 바랍니다. 우리가 죄지을 때, 우리가 성령을 찾지 않을
때, 성령께서 근심하십니다.

참된 신앙인, 강한 크리스천일수록 약해져야 합니다. 자아를
약하게 해야 합니다. 강해지려고 하지 마시기를 바랍니다. 강
해지려고 하면 악한 것이 찾아옵니다. 약해지세요. 내가 약해
지면 성령님이 찾아오십니다. 자아를 죽여야 합니다. 약화시키
세요. '도와주세요. 도와주세요. 나는 약해요. 하나님 붙잡고
살게 해주세요.' 이렇게 자꾸 약해지세요. 내가 낮아지면 내 안
에서 성령님이 올라오십니다. 내가 약해지면 내안에서 성령님
이 강해지십니다. 우리의 삶에서, 모든 일에서 준비는 철저히
하되 힘은 빼야 합니다.

(고전15:10)"내가 모든 사도보다 더 많이 수고하였으나 내
가 아니요 오직 나와 함께 하신 하나님의 은혜로라."

사도바울도 모든 일에서 남보다 더 수고한다고 하였습니다.

준비는 누구보다도 더 철저하게 하였다는 것입니다. 그러나 역사는 자기가 아니라 하나님께서 하셨다는 것입니다. 이것이 크리스천의 삶입니다. 준비는 철저히 하되, 준비한 그것을 성령에게 드리세요. 성령님이 사용하시게 하십시오. 내가 사용하지 마시기를 바랍니다. 성령님이 사용하시게 하십시오. 나의 최선과 하나님의 최선이 하나가 되게 하십시오.

우리는 왜 상처를 주고받는가? 우리가 강하기 때문입니다. 약하고 부드러우면 상처를 받지도 주지도 않습니다. 준비는 철저히 하되 힘을 빼세요. 어린아이가 되어야 합니다. 모든 것을 성령의 손에 올려놓으세요. 심령을 찢는 회개, 진정에서 우러나오는 회개, 성령님의 도우심이 함께 하는 회개를 하십시오. 그리함으로 쓴 뿌리를 뽑아내고 치유함을 받으세요.

성령의 감동, 성령의 임재 하에서 어떤 일이 일어나야 그것이 영적 차원에서 일어나는 것입니다. 영적 예배, 깊은 영의기도, 영적 치유, 영적 회개, 영적 설교, 영적 사랑 등등…. 이 모든 것은 성령의 임재, 성령의 감동 하에서 이루어져야 합니다. 그러므로 성령의 임재와 감동은 크리스천의 생명입니다. 생사의 문제입니다. 한 주일에 한 번 드리는 예배에 있어서 성령의 감동, 성령의 임재는 목숨입니다. 성령과의 교제는 생명입니다. 성령의 임재가 없는 것은 예배가 아니라, 인간의 모임에 지나지 않는 모임을 갖는 이런 성전은 필요 없으니 헐어버리라는 것입니다. 성령의 임재, 성령의 감동을 불붙듯이 온 세상에 번지게 하십시오. 이것이 바로 진정한 부흥입니다. 참된 부흥입니다. 교회마다, 성도마다 이러한 부흥이 일어나야 합니다.

1. 회개가 필요한 이유는 무엇인가?

죄는 하나님과 우리와의 관계를 단절시키는 매개체 입니다. 이사야 59장 2절에 "오직 너희 죄악이 너희와 너희 하나님 사이를 갈라놓았고 너희 죄가 그의 얼굴을 가리워서 너희에게서 듣지 않으시게 함이니라" 하십니다. 예수님이 달린 십자가는 하나님과 우리와의 담을 헐고 연결해 줍니다. 주님의 보혈을 의지하여 회개의 삶을 살면 하나님과의 관계가 회복되며 성령의 충만하심을 받게 됩니다. 죄는 마귀를 자신에게서 마음껏 활동하도록 기회를 허락해 주는 것입니다.

> (요 8:34) "예수께서 대답하시되 진실로 진실로 너희에게 이르노니 죄를 범하는 자마다 죄의 종이라."

마귀는 인간이 범죄 하지 않으면 건드릴 수 없지만, 죄를 짓는 순간부터는 죄의 종이므로 제멋대로 할 수 있습니다. 그러므로 마귀는 하나님의 백성들을 어떻게 해서든지 범죄 하도록 유혹하고 충동질 합니다. 죄는 하나님 보시기에 가증한 것입니다.

(겔 14:6)"이는 이스라엘 족속이 다 그 우상으로 말미암아 나를 배반하였으므로 내가 그들이 마음먹은 대로 그들을 잡으려 함이라." (말2:6)"그의 입에는 진리의 법이 있었고 그의 입술에는 불의함이 없었으며 그가 화평함과 정직함으로 나와 동행하며 많은 사람을 돌이켜 죄악에서 떠나게 하였느니라."

떠나라는 말은 하나님의 백성으로서의 결단을 의미합니다. 잘못된 것에 대해 떠나려는 결단이 없는 사람은 하나님의 응답과 축복도 받을 수 없습니다. 하나님은 악인이 하는 기도는 응답하지 않습니다(미 3:4). 하나님은 거룩한 분이시므로 가증한 것, 악한 것과는 함께 할 수 없습니다. 죄인은 하나님을 만나면 죽습니다. 그러므로 자신의 죄악을 알고 회개해야 하나님과 관계가 열립니다. 인간의 행복은 하나님의 불꽃같은 눈으로 지켜주실 때에 있습니다. 회개는 자신의 가치를 다시 찾으며 회복시키는 가장 거룩한 행위입니다. 하나님은 인간을 "신묘막측"하게 지으셨습니다. 그러나 인간은 "괴상망측"하게 타락해 버렸습니다.

하나님의 영광을 위해 인간을 지으셨습니다. 그런데 하나님의 영광을 가장 더럽히는 존재로 타락해 버렸습니다. 하나님의 형상을 따라 인간을 지으셨으나 하나님을 닮지 않고 가장 역행하는 존재로 변해 버렸습니다. 회개하여 자신과 하나님과의 관계를 회복해야 합니다. 회개를 지속적으로 함으로 자신을 변화시키지 않으면 그는 무가치한 존재로 계속 남게 됩니다. 회개가 없으면 성도는 망합니다.

　　(눅 13:3)"너희에게 이르노니 아니라 너희도 만일 회개하
　　지 아니하면 다 이와 같이 망하리라"

　회개하지 않는 자에게 하나님은 아무 것도 줄 수 없습니다.
은혜, 기쁨, 자유 함, 평안, 치유, 축복, 구원, 회복, 은혜주심
과 같은 것을 회개하지 않음으로 주지 못합니다. 회개하지 않음
으로 하나님이 우리들에게 주지 않으시고, 우리는 반드시 받아
야할 생명과 같은 은혜를 받지 못하게 됩니다.

　그를 통해서 아무런 일을 진행 하실 수 없습니다. 하나님은
우리를 통하여 영광을 받으시고 은사와 축복을 주셔서 자신을
영화롭게 하는 일에 쓰시려고 합니다. 그러나 우리가 회개하여
바른 심령을 가지지 못하기 때문에 아무런 일을 진행하시지 못
하신다는 것을 알아야 합니다. 주신 은사, 능력이 약해지거나
변질 됩니다. 회개하면 은사는 발전하게 됩니다. 회개하지 않
으면 받은 은사가 변질되거나 약해집니다. 우리 회개하여 내면
의 상처를 치유 받고, 성령의 은사가 항상 새롭게 나타나도록
합시다. 회개가 없으면 열매를 맺지 못합니다.

　회개함으로 심령이 깨끗하게 됩니다. 심령이 깨끗해지므로
성령의 열매가 심령에서 올라옵니다. 회개하지 않으면 인생 자
체가 무의미하고 소망이 없는 삶이 됩니다. 줄이 끊어진 기타처

럼 아무런 소리를 내지 못하며 소리를 내도 잡음, 소음만을 내게 됩니다. 회개하고 돌이키고 회개에 합당한 삶을 살아 갈 때 비로소 인간은 참 가치를 발견하게 됩니다. 회개함으로 하나님과 바른 관계를 맺고 살아가는 준비를 갖추게 됩니다. 소망은 소망의 대상을 의지하면 그분이 소망을 주시고 이뤄줄 때 가능케 되는 것입니다. 회개하는 삶, 회개를 하여 열매 맺는 삶을 살지 않으면 자신이 점점 더 타락하게 됩니다.

죄는 인간의 영혼을 변질시킵니다. 그 영혼에 하나님이 떠나가시고 사탄의 영이 들어옵니다. 그래서 마귀를 닮은 존재가 됩니다. 회개는 영혼에 붙어 있는 마귀의 영을 쫓아내고, 하나님의 영을 초청하게 합니다. 참된 회개가 없으면 하나님의 위로와 용서와 은혜가 없습니다. 하나님은 회개하는 자에게 찾아오십니다. 하나님은 회개하는 자에게 은혜를 주십니다.

하나님은 회개하는 성도에게 하늘의 복을 허락하십니다. 회개가 없으면 재앙과 마귀의 저주가 임합니다. 회개하지 않으면 죄가 그에게 왕 노릇하고 죄가 인생에 가득하게 됩니다. 마귀가 역사하므로 마귀의 종이 되어 마귀의 저주를 당하게 됩니다.

회개가 없으면 기도가 막히고 찬양이 나오지 않게 됩니다. 죄악의 뒤에는 귀신이 있습니다. 귀신이 역사하므로 영의 통로가 막혀서 기도가 되지 않는 것입니다. 영의 통로가 막히니 영의 찬양이 나오지를 않는 것입니다. 회개하므로 영의 통로가 열리는 것입니다.

2.회개의 대상

1) 하나님에게 잘못한 것을 말씀과 성령으로 찾아서 회개해야 합니다. 하나님을 섭섭하게 해드린 것을 찾아 회개합니다. 십계명을 가지고 내 생활과 대조하며 회개하면 좋습니다.

2) 사람에게 섭섭하게 한 것을 찾아 회개합니다. 자녀들에게 상처준 것을 찾아 회개합니다. 목회자의 마음을 아프게 한 것을 찾아 회개합니다(민12:1-16).

부모에게 잘못한 것을 성령으로 찾아 회개합니다. 남편이나 아내에게 상처주고 잘못한 일을 찾아 회개합니다. 친구들에게 친절하게 못하고 상처준 것을 회개합니다. 상사들에게 잘못한 것을 회개합니다. 부하 직원들에게 잘못한 것을 찾아 회개합니다.

(히12:14)"모든 사람과 더불어 화평함과 거룩함을 따르라 이것이 없이는 아무도 주를 보지 못하리라."

3.적극적이고 깊은 회개를 하라.

1) 성령의 깊은 임재 하에 들어가야 합니다. 찬양이나 방언기도나 호흡기도로 깊은 임재 하에 들어가야 깊은 회개가 됩니다. 반드시 외적인 침묵과 내적인 침묵을 유지해야 합니다.

2) 회개할 대상을 생각하세요. 회개기도에 들어가기 전에 기

도하며 회개할 대상을 종이에 적어 나가는 것도 좋은 방법입니다. 대략 죄의 종류가 어떤 것이 있는지 생각하며 기록하세요. 적은 죄악들을 가지고 한 가지씩 회개해야 합니다. 성령의 임재 가운데 죄를 짓는 장면을 보면서 하는 것입니다.

3) 죄악의 현장 속으로 들어가야 합니다. 현장에 들어가서 그 때 했던 죄악들을 보면서 느낌을 느끼면서 회개해야 죄악의 뿌리가 뽑힙니다.

4) 현장을 영상기도로 보면서 회개하세요. 자신이 죄를 짓고 있는 모습을 보면서 깊은 회개를 하라는 것입니다. 그 때의 상황을 직시하면서 회개하세요. 하나하나 회개하면서 풀어가야 합니다.

5) 죄악을 타고 들어온 귀신들을 쫓아내야 합니다. 죄악의 뒤에는 반드시 그 때 들어온 귀신들이 있습니다. 이 귀신들을 예수 이름으로 몰아내기를 바랍니다. 예수 이름으로 명하노니 내가 죄를 지을 때 죄를 타고 들어온 귀신은 떠나갈지어다.

6) 회개하고 귀신이 떠나간 곳에 반대 영으로 축복하세요. 예)죄를 통하여 역사하던 귀신이 떠나간 곳에 성령으로 충만해질지어다. 항상 성령님과 교통하는 자가 될지어다.

7) 죄를 용서하여 주신 하나님에게 감사하세요. 죄악을 회개하는 것은 죄로부터 돌아서는 것입니다. 다시는 그와 같은 죄를 반복해서 짓지 않겠다고 하나님에게 다짐하고 실천해야 합니다.

20장 영의차원의 용서를 통한 내적치유

> (마6:14-15)"너희가 사람의 과실을 용서하면 너희 천부께
> 서도 너희 과실을 용서하시려니와 너희가 사람의 과실을 용서
> 하지 아니하면 너희 아버지께서도 너희 과실을 용서하지 아니
> 하시리라"

우리 인생은 사건의 연속입니다. 그리고 모든 사건에는 사람이 등장합니다. 상처를 받는다는 것은 그 사건에 가해자와 피해자가 있다는 것입니다. 상처를 받게 되면 자연히 가해자에 대한 미움의 감정이 올라오게 됩니다. 그리고 내가 그것을 풀지않는한 이 감정은 무덤까지 나를 따르게 됩니다. 용서는 이것을 푸는 것입니다. 용서로서 내 속에 묶인 미움의 감정을 풀어버리는 것입니다. 용서는 가해자와 관계되는 것이 아니라, 나의 내적 감정의 문제를 내가 처리하는 것입니다.

그러므로 용서가 바로 내적 치유이며, 내적 치유가 바로 용서하는 것입니다. 용서 없는 내적 치유, 회개 없는 내적 치유는 내적 치유가 아닙니다. 내가 피해자인 경우 말고도 내가 가해자인 경우에도 나는 상처를 받는 것입니다. 양심에 상처를 받는 것입니다. 그런데 사실은 이것이 더 아프고 더 오래갑니다. 이것을 해결하는 것이 회개입니다. 그러므로 회개와 용서는 내적 치유의

양바퀴 입니다.

(롬12:19)"내 사랑하는 자들아 너희가 친히 원수를 갚지 말고 진노하심에 맡기라. 기록되었으되 원수 갚는 것이 내게 있으니 내가 갚으리라고 주께서 말씀하시니라."

(눅6:37)"용서하라 그리하면 너희가 용서를 받을 것이요" (마 6:14)"너희가 사람의 과실을 용서하면 너희 천부께서도 너희 과실을 용서하려니와 너희가 사람의 과실을 용서하지 않으면 너희 천부께서도 너희 과실을 용서하지 아니하시리라."

주님은 모든 죄를 다 용서하시지만, 우리가 용서하지 않는 죄만큼은 용서하지 않으십니다. 용서하지 않는 마음에는 하나님께서 찾아오실 수가 없으십니다. 이 진리야말로 성경에 나타난 진리 중에 가장 무서운 진리입니다. 우리는 자신의 죄에 대해서는 회개의 필요성을 잘 압니다. 그리고 회개하려고 합니다.

그러나 남의 잘못에 대한 용서는 그다지 필요성을 느끼지 않습니다. 용서하지 않는 것과 나와 그다지 관계가 없는 것으로 생각합니다. 그러나 그렇지 않습니다. 내가 용서하지 않으면 나의 회개조차도 무의미합니다.

그러므로 내 자신의 죄의 회개에 쏟는 기도의 시간보다, 기도의 노력보다는 나에게 상처준 사람에 대한 용서에 시간을 더 쏟고 노력을 더 쏟아야 합니다. 그리하면 회개는 저절로, 쉽게 됩니다!

(마5:24)"예물을 제단 앞에 두고 먼저 가서 형제와 화목하고 그 후에 와서 예물을 드리라."

회개를 많이 해도 우리의 회개가 하나님 앞에 상달되지 않는 경우가 있습니다. 먼저 용서를 하지 않았기 때문입니다. 회개는 일차적으로 하나님과의 관계입니다. 그런데 하나님은 이를 위해서는 먼저 사람과의 관계인 용서를 하라고 하십니다. 하나님과의 일대일의 관계성을 살리려면 먼저 사람들과의 관계를 정리하라는 것입니다. 그러므로 용서는 신앙생활 속에서 무엇보다도 중요합니다. 제일 우선이 되어야 합니다. 회개보다 앞서야 합니다.

그런데 우리 깊은 곳에 박혀있는 미움을 빼내는 용서는 내 힘으로는 안 됩니다. 용서에는 나를 아프게 하는 사건이 있기 때문입니다. 그 사건을 없앨 수가 없는 것처럼, 그 사건에 도사리고 있는 감정을 없앨 수가 없는 것처럼, 우리는 우리 힘으로는 온전한 용서를 할 수가 없습니다. 오직 성령의 임재 가운데 예수의 마음으로 해야 합니다. 말로만이 아니라, 진정 성령의 역사가 있는 예수의 마음, 예수의 이름으로 해야 합니다.

1. 성도의 신분

(롬8:1)"그러므로 이제 예수 그리스도 안에 있는 자에게는 결코 정죄함이 없나니 이는 예수 그리스도 안에서 생명의 성령

의 법이 죄와 사망의 법에서 너를 해방하였음이라."

모든 성도는 이미 죄 사함 받고(죄를 용서받고) 구원받은 신분이며, 구원은 즉 하나님으로부터 용서받은 증거입니다. 그리고 이 용서의 주관자는 하나님이시며 이 용서는 취소되거나 변하지 않고 영원합니다. 우리는 용서받은 신분이며, 용서해야하는 신분입니다. 이것이 크리스천의 신분입니다.

용서야말로 최대의 축복입니다. 용서받지 못했다는 것은 최대의 저주입니다. 용서는 엄청난 축복의 능력, 생명의 능력이 있습니다. 반대로 용서하지 못하는 것에는 엄청난 사망의 능력, 저주의 능력이 들어 있습니다. 용서에는 축복이 따르는 것처럼 미움에는 저주의 세력이 뒤따르게 됩니다. 용서하지 않음으로 저주의 세력을 초청하고 저주의 씨를 뿌리는 것입니다.

2. 용서의 의미

1) 엡4:32 서로 인자하게 하며 불쌍히 여기며 서로 용서하기를 하나님이 그리스도 예수 안에서 너희를 용서하심과 같이 하십시오. 용서는 하나님의 뜻입니다. 용서는 엄청난 특권임과 동시에 남도 반드시 용서해야하는 의무입니다. 용서하라는 말씀은 권고가 아니라 명령이며, 그 이유는 우리가 이미 용서받았기 때문입니다. 용서는 구원의 기쁨과 연결되는 것입니다.

구원과 연결시켜야 합니다. 용서받은 자는 용서해야합니다. 우리는 마음에 용서해주고 싶은 마음이 들 때까지 기다려서는 안 됩니다. 우리가 용서하겠다는 결심을 한 순간 이미 미움을 틀어잡고 있는 마귀는 힘을 잃어버리게 됩니다.

2) 용서는 잊어버리는 망각의 행위가 아닙니다.

3) 용서는 다른 사람이 지은 죄의 결과를 부인하고, 우리 속에 있는 원망, 미움의 감정을 버리고, 십자가 보혈의 공로로 씻고 살기로 결심하는 것입니다. 우리는 용서를 이미 받았습니다. 회개해야 용서를 받는 것이 아니라, 믿음으로, 믿는 순간에 이미 용서를 받았습니다. 용서, 이것이 우리가 받는 최고최대의 축복입니다. 그 축복이 큰 만큼 우리가 남을 용서해주지 않는 것이 큰 저주가 됩니다. 왜냐하면 그만큼 내가 용서를 받지 못하기 때문입니다.

4) 히브리서 12장 15절에 "너희는 돌아보아 하나님의 은혜에 이르지 못하는 자가 있는가 두려워하고 또 쓴 뿌리가 나서 괴롭게 하고 많은 사람이 이로 말미암아 더러움을 입을까 두려워하고." 말씀하십니다. 우리 안에 상처를 준 사람에 대해 쓴 뿌리(미움, 원망)를 가지고 있는 것은 하나님과 자신을 분리시키는 것이며, 하나님이 주시고자 하는 은총, 축복, 자유 함을 막고 묶는 것입니다. 스스로 저주를 자초하고 있는 것입니다. 이러한 마음에는 스스로 초청한 저주의 씨앗으로부터 다시 쓴 뿌리가 생기며, 더 악하고 상한 감정에서 벗어나지 못하게 됩니다. 스스로가 어두움의 포로가 되는 것입니다. 용서하지 않으면, 우리에게 상처를 준 사

람이나 상처가 된 사건의 영향권을 영원히 벗어나지 못합니다.

왜 용서하지 못하는가요? 미움 때문입니다. 미움을 즐겨 씹는 사람이 있습니다. 이것은 마귀에게 사로잡힌 것입니다. 미움의 능력이야말로 마귀가 사용하는 최대의 무기입니다. 용서하지 않는 것은 미워하는 것이요, 이 미움 속에 어두움의 세력이 강하게 역사 하는 것입니다. 용서하지 않는 마음속에 악한 세력이 숨어 듭니다. 그러므로 용서하지 않고 미움을 붙들고 있는 것은 저주를 초청하고 있는 것입니다. 구원 이후의 모든 축복이 용서를 통해서 줄줄이 오게 되는 것처럼, 미움을 통해서 엄청난 저주가 줄줄이 찾아오게 됩니다. 용서하지 않는 것은 스스로에게 저주를 하는 것입니다. 자해를 하는 것입니다. 자신을 어두움의 세력에게 넘겨주는 것입니다. 용서 못함은 자신을 감옥에 가두는 것이며, 내속에 불씨, 쓰레기, 불붙은 화약을 안고 있는 것입니다.

용서에는 나를 잘되게 하는, 나로 하여금 하나님의 축복을 받게 하는 위대한 능력이 들어 있습니다. 용서해주는 일에 익숙해져야 합니다. 남을 용서할 때, 내 자신이 하나님으로부터 용서받았다는 사실을 실감합니다. 용서함으로 우리는 미움의 감옥에서 자신을 해방시키며, 하나님과의 관계를 막는 벽을 허물어뜨리게 됩니다. 용서함으로 영적인 질병 중 가장 고질병인 미움에서 자유하게 되며 나머지 다른 부분도 치유를 받게 됩니다. 용서는 나를 위한 것입니다.

상처는 상처를 준 사람에 대하여 내 속에서 미움의 감정이 생기게 합니다. 이것이 상처에서 흐르는 쓴 물입니다. 이것을 용서함으로 내 속에서 청소해버려야 합니다. 성령의 도우심으로 용서해버리세요. 씻어내 버리세요. 이것이 쓴 뿌리를 뽑아내는 것입니다. 상처의 치유는 용서와 너무 밀접한 관계가 있습니다. 회개와 용서가 치유의 핵심입니다.

> (마18:23-35)"내가 너를 불쌍히 여김과 같이 너도 네 동관
> 을 불쌍히 여김이 마땅치 아니하냐 하고 주인이 노하여 그 빚
> 을 다 갚도록 저를 옥졸들에게 붙이니라"

용서는 남은 것이 하나도 없어야 합니다. 우리는 하나님에게 이러한 용서를 받지만, 남을 용서하지 못함으로 하나님이 주시는 은혜(용서로 말미암은)가 내 것이 되지 못합니다. 다른 사람에 대한 사소한 것을 용서하지 못함으로 하나님의 엄청난 은혜를 쏟아버리는 것입니다. 구원의 은혜의 기쁨이 사라지는 것은 바로 우리의 이러한 용서하지 못하는 마음 때문입니다.

5) 나에게 상처를 준 사람을 용서하는 것은 그 사람이 잘못한 일을 잘했다고 인정하는 것이 아니라, 그 사람에 대한 나의 감정적인 반응을 바꾸는 것입니다. 좋지 않은 감정으로부터 그 사람을 자유하게 하는 것입니다. 그리고 이처럼 나에게 상처를 준 사람을 용서하고 자유하게 하는 것은 결국 나를 자유하게 하는 것입니다.

6) 이는 누구도 대신해줄 수 없고, 오직 내 자신이 하나님의 도우심으로 해야 합니다. 용서는 나 홀로는 하지 못합니다. 하나님의 도우심이 필요합니다. 구원도, 회개도, 용서도 우리가 하지 못합니다. 성령의 도우심이 있어야 합니다. 성령의 임재를 간구하십시오. 용서의 능력을 간구하십시오. 신유의 능력은 남을 고치는 것이지만, 용서의 능력은 나를 고치는 것입니다.

이 능력을 간구하십시오. 남을 복 받게 하는 것보다 나를 복 받게 하는 용서의 능력을 먼저 구하십시오. 용서의 능력이 생기면 신유의 능력은 저절로 생깁니다. 용서는 영적인 차원의 일입니다. 성령님의 도우심을 간구해야만 합니다. 성령의 임재 가운데 해야 합니다. 감정으로 꽉 막힌 좁은 마음으로는 용서하지 못합니다. 감정을 풀어달라고 성령님에게 간구하십시오. 가해자를 피해자로 볼 수 있는 넓은 마음을 달라고 성령님에게 간구하십시오. 가해자에게 역사하고 있는 악한 영을 볼 수 있게 해달라고 성령님에게 간구하십시오. 가해자를 불쌍히 여길 수 있는 마음을 달라고 간구하십시오. 내가 저를 용서하지 않으면 나 자신도 가해자가 됨을 깨달으세요.

7) 히브리서 12장 14절에 "모든 사람으로 더불어 화평함과 거룩함을 좇으라. 이것이 없이는 아무도 주를 보지 못하리라" 말씀하십니다. 용서는 삶 전체에 있어서 가장 치유에 도움이 되는 것이며 가장 필요한 부분입니다. 용서하고 화평해야 하나님과 동행하는 복된 삶, 승리의 삶을 살 수 있기 때문입니다.

3. 용서의 과정

1) 용서는 용기이며 선택입니다. 용기를 내어 용서를 선택해야 합니다. 용서하기로 결단해야 합니다. 용서할 마음이 생길 때까지 기다리려 한다면 언제 까지고 용서하지 못합니다. 용서는 다른 사람은 그대로 내버려두고 자신의 과거로부터 해방되고자 하는 의지적 결단이며 의식적인 선택입니다. 상처받은 것의 부분적인 책임은 자신에게 있다는 것을 인정해야 합니다.

2) 나에게 상처 준 사람을 생각하세요. 나에게 상처를 준 사람들의 이름을 종이에 적어 나가라는 것입니다. 대략 그에게 받은 상처가 어떤 종류였는지 생각하며 기록하세요(거절, 사랑 결핍, 불공평, 신체적 학대, 폭언, 성적 학대, 배반, 무시, 손실의 내용).

3) 성령의 임재 가운데 사건의 현장 속으로 들어가세요. 현장에 들어가서 그때 당한 수치, 자존심, 아픔, 치욕 등을 느끼라는 것입니다.

4) 자신의 상처와 증오를 직시하세요. 당신에게 상처를 준 사람과 그 행위에 대하여 자신이 갖고 있는 감정을 기록하세요. 나쁜 감정들을 주님에게 드리세요.

5) 십자가의 의미를 통하여 용서를 배우고 용서를 해야 합니다. 상처는 상처를 준 사람을 생각하면 자꾸 내 속에서 미움의 감정이 생기게 합니다. 이것이 상처에서 흐르는 쓴 물입니다. 이것을 용서함으로 내 속에서 청소해버려야 합니다. 성령의 도우심으

로 용서해버리세요. 씻어내 버리세요. 이것이 쓴 뿌리를 뽑아내는 것입니다. 상처의 치유는 용서와 너무 밀접한 관계가 있습니다. 회개와 용서가 치유의 핵심입니다.

용서는 남은 것이 하나도 없어야 합니다. 우리는 하나님에게 이러한 용서를 받지만, 남을 용서하지 못함으로 하나님 주시는 은혜(용서로 말미암은)가 내 것이 되지 못하는 것입니다. 다른 사람에 대한 사소한 것을 용서하지 못함으로 하나님의 엄청난 은혜를 쏟아 버리는 것입니다. 구원의 은혜의 기쁨이 사라지는 것은 바로 우리의 이러한 용서하지 못하는 마음 때문입니다.

용서는 고통이 따릅니다. 주님은 십자가를 지셨습니다. 임신해서 출산과정의 고통이 따릅니다. 고통이 두려워서 아이를 낳지 않으면 둘 다 위험하게 됩니다. 용서는 이와 같습니다.

6) 나에게 상처를 준 사람을 용서하는 것은 그 사람이 잘못한 일을 잘했다고 인정하는 것이 아니라, 그 사람에 대한 나의 감정적인 반응을 바꾸는 것입니다. 좋지 않은 감정으로부터 그 사람을 자유하게 하는 것입니다. 그리고 이처럼 나에게 상처를 준 사람을 용서하고 자유하게 하는 것은 결국 나를 자유하게 하는 것입니다.

7) 상처 준 사람을 먼저 불쌍히 여기세요.

ⓐ 그 사람을 가해자로 여기지 말고 자신과 같은 피해자로 보세요.

ⓑ 상처 준 사실보다 보이지 않는 동기나 이유를 찾으세요.

ⓒ 나쁜 감정을 주님께 드리고, 감정을 지우라. 좋은 감정을 유지하세요.

8) 목록을 하나님께 드리고 다음과 같이 기도하세요.

"하나님, 저는 아버지께서 명하신 대로 용서하기를 원합니다. 아버지께서 그리스도 안에서 저를 용서하신 것처럼 저도 ×××의 ○○○한 죄를 용서합니다."저에게 잠재해 있는 좋지 못한 감정을 하나님이 가지고 가시고, 저에게는 주님의 평안한 마음을 허락하여 주옵소서.

9) 목록을 찢어버리세요. 나는 잊었다고 선포하세요. 한 사람씩 용서해야 합니다. 두루뭉술하게 하면 안 됩니다.

10) 당신이 상처받은 결과로 얻은 영적 성장과 교훈에 대하여 또 상처를 입힌 사람들을 용서함으로 인한 모든 유익에 대하여 하나님께 감사하세요. 자신에 마음의 상처 때문에 하나님을 찾고 기도하여 영성이 깊어지는 것입니다. 그래서 감사하라는 것입니다.

11) 자신이 상처를 받아 괴로움을 당한 것을 교훈으로 여겨 다른 사람에게 상처주지 않도록 기도하세요. 말을 할 때에 상대방이 어떻게 반응할 것인지 한번 깊게 생각해보고 말을 하는 습관을 들여야 합니다.

12) 용서한 사람을 위해 기도하고 축복하세요. 용서한 사람이 축복을 받을 그릇이 되지 못하면 기도한 축복이 자신에게 돌아오는 것입니다. 이는 영적인 법칙입니다.

3부 내적치유 사역 기술

21장 상담을 통한 내적치유

(딤후3:16-17)"모든 성경은 하나님의 감동으로 된 것으로 교훈과 책망과 바르게 함과 의로 교육하기에 유익하니, 이는 하나님의 사람으로 온전하게 하며 모든 선한 일을 행할 능력을 갖추게 하려 함이라"

하나님은 상담을 하되 예수처럼 권세 있고 능력 있는 상담을 하라고 하십니다. 상담에서 제일 중요한 것은 무엇이겠는가?"자신감"입니다.

1.상담의 기본 자료와 무기들

1) 상담의 이론과 기법들: 상담의 이론과 기법이 중요하다고 생각합니다.

2) 좋은 자료들: 그리고 좋은 자료를 많이 가지고 있으면 자신감이 생긴다고 말들을 합니다. 물론 훌륭한 상담자가 되기 위해서는 많은 이론들과 기법들이 필요로 하고 좋은 자료들도 필요로 하지만 이보다 더 중요한 것은 상담에 대한 자신감입니다. 하나님이 함께하시면서 지식의 말씀과 지혜의 말씀을 주시면서 친히

함께 하신다는 믿음입니다.

3) 말씀에 대한 확신: 그러면 이 믿음(자신감)은 어디에서 나오겠는가? "말씀에 대한 확신"에서 나옵니다. 그리고 이 확신은 어디에서 나오느냐? 믿음에서 나옵니다. 하나님의 말씀이 세상의 그 어떤 이론과 지식보다 더 우월하다는 믿음 위에서 확신이 나오는 것입니다. 그렇다고 자신감은 아무나 가지는 것이 아닙니다.

4) 자신감을 가질 수 있는 방법

① 개인치유. 말씀의 능력으로 개인의 삶이 변화된 간증이 있는 사람이라야 자신감을 가지고 상담할 수 있습니다.

② 치유의 역사. 그런가하면 말씀성취의 역사를 현장에서 본 증인이라면 자신감을 가지고 상담할 수 있습니다. 그런데 상담에 대한 이론도 약하고 말씀의 능력을 믿는 믿음도 약하다면 상담자로서는 영(빵)점이라고 할 수 있습니다. 우리는 상담자로서 현장에 가기 때문에 상담공부를 하는 것이 좋습니다. 기본적인 상담의 이론과 지식들을 갖추고 있는 것이 도움이 될 것입니다.

그런데 이것이 사람마다 다르고 시대마다 달라집니다. 전문적인 상담연구가가 아닌 이상 그 이론들을 다 공부하기에는 우리의 현장이 너무 급합니다. 그래서 현장을 돕고 사역을 돕기 위해서 상담공부를 하게 된 것입니다. 그래야 상담의 기본 방향에서 벗어나지 않을 것이며 하나님이 원하시는 상담을 할 수 있기 때문입니다.

2. 상담의 큰 틀 세 가지

1) **심리적인 방법**: 이것은 심리학을 근거로 해서 사람들의 정신적 및 정서적 문제를 치료하고 변화시켜 보려는 인간의 방법입니다. 대부분의 정신의학자들이나 심리학자들이 여기에 속합니다. 이 사람들은 성경을 아예 취급하지 않습니다. 오히려 성경은 인간의 문제를 해결하는데 도움이 안 된다고 말합니다. 그리고는 사람이 가지고 있는 모든 문제에 병명을 다 붙입니다. 편두통 때문에 고생하면'통증장애'라고 합니다.

안절부절못하면'활동과민성'이라고 합니다. 어린 아이들이 약이나 치료를 거부하는 것을'치료불복종증'이라고 하고, 수학을 잘 못하면'수학장애'라고 하고, 작문을 잘 못하면'서면표현장애'라고 합니다. 책을 잘 읽지 못하면'독서 장애'라고 하고, 부모에게 반항하거나 부모와 늘 다투는 아이를 '반대 및 반항 장애'라고 합니다. 어린 아이들이 엄마가 주는 것을 먹지 않고 다른 것을 먹으면'섭식장애'라고 하고, 노인들이 기억력을 잃으면'노인성 치매증'라고 합니다. 불을 자주 지르면'방화 상습증'이라 하고, 남의 물건을 자주 훔치면'병적 도벽증'이라고 합니다.

그리고 1996년 올림픽 때 폭탄으로 사람을 죽인 것을 가르켜 '영웅증세' 라고 했습니다. 이렇게 해 가지고는 정신과 의사들은 병원에 입원시켜서 돈 벌고 약 제조회사는 병명에 맞는 약을 만들어서 돈을 법니다. 그런가하면 상담가들은 심리적으로 치료하니 상담료를 내라고 합니다.

2)기독교 심리적인 방법

① 신학과 심리학의 통합을 유도하면서 하는 상담입니다.

② 이들이 하는 주장은 "그리스도인이라고 심리적 문제로부터 자유를 얻을 수 없다"고 하면서 "심리학이 상담에 필요하다"고 말합니다.

③ 여기에 해당하는 학자들이 '게리콜린스', '로렌스 크랩'입니다. 이 사람들은 성경과 심리학을 같이 둡니다. 성경도 중요하지만 심리학도 중요하다는 것입니다.

3)성경적인 방법(영적인 방법)

① 이것은 하나님의 말씀을 근거로 해서 하는 상담입니다. 인간의 이론을 참고로 하지 않고 오직 하나님의 말씀으로만 상담하는 방법입니다.

② 그래서 피상담자가 성경적인 생각과 성경적인 말과 성경적인 행동을 하도록 가르치는 것입니다.

③ 여기에 대표되는 학자는 제이 아담스입니다. 이 외에도 많이 있습니다(짐 클락, 에드 버클리, 손경환박사). 성경적 상담자들은 세상의 심리학이 교회에 깊이 침투되어 있다고 한탄을 하고 있습니다. 그래서 성도들이 성경을 믿고 따르는 것이 아니라 심리학을 믿고 따르는 경우가 많습니다. 한마디로 "교회는 지금 몽땅 심리학화 되고 있다" 불신자들이 심리학을 따르는 것은 당연하지만 하나님의 전능하심을 믿는 성도들이 왜 심리학의 이론을 진

리로 받아들이는지 의아해 하고 있습니다. 어찌 성경과 심리학을 비교할 수 있겠는가? 그런데 심리학이 성경 위에 있습니다. 우리는 빨리 심리학을 성경 밑으로 내려야 합니다.

3. 성경적 상담의 순서

개인적으로 문제와 내면을 치유 받고자 원하는 사람이 본인을 찾게 되면 보통 다음과 같은 단계로 그의 병의 문제를 놓고 대화(상담)를 하고 말씀을 전하고 기도하는데 반응이 대단히 좋았고 위의 치유 사례들은 거의 이와 같은 방법에 의하여 이루어진 것입니다. 먼저 하나님에게 기도하여 그 사람에 대한 성령님의 음성을 듣습니다. 어떻게 문제를 풀어가기를 원하시며 무슨 방법을 사용하기를 원하시는가?

1단계로 대화(상담)을 먼저 깊숙이 한다. 기도할 사람을 의자나 방에 앉히고 긴장을 완화하도록 얼마간의 대화를 나눕니다. 다양한 질문들을 통하여 기도 받을 내용과 원인을 알아냅니다. 주로 하는 질문은 어느 곳에서 그러한 상처를 입었는가? 그 상처가 얼마나 오래 지속되었는가? 어떻게 언제 시작되었고, 다른 사람들은 무엇이라 하는가? 어떤 치료를 받았는지? 어떤 계기로 그 병이 발생하게 되었는지를 알아내어야 합니다. 그리고 상담 중에 하나님께서 주시는 특별한 정보를 즉 어떤 예감이나 유사한 갈등을 인지합니다.

2단계로 진단 적인 결정을 바르게 내리도록 하여야 한다. 상담이 진행되는 동안에 그 증상에 깔려 있는 숨은 원인을 찾아야 합니다. 신체적인 증상은 정서적, 영적인 문제 때문에 일어나기도 하기에 내적 치유는 신체의 치유에 선행될 필요가 있습니다. 이 때 본인의 은사와 영분별의 은사를 적절히 사용하여야 합니다. 특히 지식의 은사를 잘 활용하여 영적 주파수를 맞춥니다.

3단계로 말씀을 전한다. 준비한 말씀을 그 환자의 상태에 일치되는 말씀을 전합니다. 본인에게 필요한 성경 말씀을 찾아서 읽어 가면서, 본인이 읽도록 하면서 자신을 보고 발견하게 유도합니다.

4단계로 치유기도 방법을 선택하여야 한다. 심령이 열리고 기도할 내용을 알았으면 어떤 방법으로 기도할 것인가를 결정합니다. 앉아서 기도할까? 누운 상태로 할까? 일어서서 서있는 상태로 할까? 를 병자의 상태를 보고 결정하여야 합니다. 가장 일반적인 유형은 중보기도입니다. 기도하는 이가 단순히 하나님께 병자의 병이 무엇이든 지간에 치유하여 달라고 요청하는 것입니다. 다른 유형은 명령형입니다. 내적 상처, 아픈 부위, 통증, 부종, 종양 등 아픈 것에 대하여 직설화법으로 명령을 내립니다. 이것이 떠나든지 죽든지 녹아 버리든지 원하는 대로 명령하는 것입니다. 만약 악한 영에 관계된 것을 깨달았으면 꾸짖음의 기도로 합니다. 경우에 따라 성령의 기름부음을 확인하고 기도하는 것도 바람직합니다. 어떤 종류의 기도를 할 것인가를 성령님께 끊임없이 물어가면서 마음에 감동이 되는 방법을 따라 하되 성경적으로 기도하면 됩니다.

5단계로 기도를 행한다. 기도의 실시와 따르는 영적인 현상. 이 단계는 치유, 영적 현상이 실제적으로 나타나는 단계입니다. 치유 기도는 보편적으로 몸에 손을 얹고 기도합니다. 그러나 이성인 경우에는 다른 사람의 손을 대거나 본인의 손위에 손을 얹고 기도합니다.

① 먼저 성령께서 상대방에게 임재 하여 달라는 기도를 하세요. "성령이여 역사하시옵소서, 임재, 역사, 충만하게 하시옵소서"물리적으로 오시라는 것보다는 역사(役事)가 임하게 해 달라는 표현으로 보아야 할 것입니다.

② 상담하여 기도하는 사역자는 기도하면서 눈을 뜬 상태로 상대방의 나타나는 현상을 주의 깊게 주시하며, 계속 기도를 진행하면서 성령께서 마음에 주시는 말씀을 기다리세요.

③ 성령의 능력이 임하면 다양한 육체적인 반응이 나타납니다. 몸의 중심을 잃고 뒤로 넘어지는 현상, 넘어져서 평온히 있는 상태, 몸을 심하게 떠는 상태, 통곡, 웃음, 방언, 서 있는 상태에서 진동, 뛰는 현상 등 다양한 현상들이 나타납니다.

④ 격렬하게 몸을 비틀거나 또는 얼굴이 심하게 일그러지는 등 현상에서 어떤 혐오감, 두려움의 현상은 귀신들림과 관계가 있습니다. 그 사람을 점령하고 있던 악령과 성령의 권능의 능력 대결이 내면에서 벌어지고 있음을 드러내어 주는 것입니다. 차분히 현상을 주시하면서"더욱 강하게 역사 하시옵소서" "예수 이름으로

명하노니 더러운 귀신은 떠나갈지어다"선포 기도를 해야 합니다.

⑤ 이러한 현상이 일어나면 함께, 그 사람의 귀신 축출을 위하여 기도할 사람 외에는 현장에 있지 않도록 하세요. 나타나는 영적 현상, 죄의 고백 등이 인격 손상과 깊은 관계가 있기 때문입니다.

⑥ 흥분하거나 당황하지 말고, 조용히 간절한 마음으로 기도해야 합니다. 또한 기도의 용어에 조심해야 하며, 상대방에게 상처를 주는 용어는 가급적 사용치 말아야 합니다. 소리를 크게 지른다고 치유되는 것은 아닙니다. 성령의 감동에 의한 영력 있는 말이 생명력이 있어 치유를 유발합니다. 성령이 주시는 감동을 받아 선포하는 것입니다. 이 감동의 말이 성령의 검이 되어 치유를 유발합니다.

⑦ 심하게 몸이 진동을 일으키면 머리나 몸을 받쳐서 보호하여 주어야 합니다. 이런 경우는 시간을 많이 소비하기 때문에 인내를 가지고 기도해야 하며 토하는 경우가 있으므로 휴지를 준비해야 합니다.

⑧ 주의할 점은 성령의 역사를 외적인 부분에만 치중하지 말아야 합니다. 외적으로 현상이 나타나지 않는다고 성령의 역사가 그에게 없었다고 속단하지 마세요. 사람마다 성령의 역사는 다르다는 것을 명심하세요.

⑨ 기도 받는 당시에는 아무런 외적 현상이 나타나지 않아도 내적으로 성령께서 변화를 일으키는 예가 많습니다. 성령께서 각 사람에게 임하셔서 역사 하시는 방법은 우리가 예측할 수 없으므

로 어떤 속단을 내리는 것은 금해야 합니다. 능력기도는 받으면 받을수록 쌓이기 마련입니다.

⑩ 임재의 외적 현상이 나타났다고 해서 그 사람이 치유를 받았다고 단정을 내릴 수 없습니다. 상대방이 자신에게 일어나는 현상에 대하여 두려워하면 기도를 잠시 멈추고 현상에 대한 간단한 설명과 성령의 역사에 온전히 맡기라고 권면하세요. 하나님이 사랑하여 치유하여 주시는 축복이니 마음을 열라고 권면하며 기도하세요.

⑪ 기도 중에 상대방이 어느 부분이 아프다거나 고통을 받는 경우 , 어디가 어떻게 아픈가? 또는 현재 마음의 상태가 어떠한지를 물어보세요. 많은 경우 병든 부분에 통증이 오면 치유가 그 부분에서 일어나는 표적입니다. 그곳에 손을 사역자 또는 본인이 손을 얹고 기도하면 금방 통증이 없어집니다.

기도하기 전에 점검할 사항

① 화장실에 다녀올 필요가 있는가? ② 물을 마실 필요가 있는가? ③ 어떤 자세로 기도할 것인가? 본인은 병자를 위하여 기도할 때는 눈을 뜨고 기도합니다. 성령님께서 행하시는 사역이 우리가 눈으로 볼 수 있는 현상으로 나타나기도 하기 때문입니다. 안수할 때에 머리에 손을 올리거나 환부에 손을 올려서 기도합니다. 이성간에는 목 아래에는 절대로 손을 대지 말아야 합니다. 어쩔 수 없이 목 아래 부위에 손을 올려야할 때는 부군이나 병자의

손을 환부에 올린 상태로 그 위에 손을 올려서 기도합니다. ④ 기도를 시작합니다. 성령님의 임재를 먼저 기도합니다. 성령님께 전폭적으로 맡겨야 합니다. 치료는 본인이 하는 것이 아니라 성령님께서 하시는 것입니다.

그런고로 보통의 경우에는 상담을 통하여 병자의 모든 표현을 통하여 병의 상태를 알았기에 그것을 반복하여 기도의 말로 사용하지는 않습니다. "성령님임하여 주시옵소서." "성령님 사로잡아 주시옵소서" "성령님께서 치료하여 주옵소서" "더 깊고 더 강하게 성령님께서 역사하셔서 깨끗이 치유하옵소서." "예수 이름으로 통증은 즉시 사라질지어다." "성령님께서 임하셔서 기름부어 주시고 치료하여 주사 깨끗하게 하옵소서."

"예수 그리스도의 이름으로 명하노니, 상처는 지금 즉시 떠나가고, 심령에 평안을 임할지어다." "예수 이름으로 상처속에 붙어 있는 더러운 영은 환부에서 분리될지어다." "예수 이름으로 저주받을 이 더러운 영은 즉시 묶음을 놓고 떠나갈지어다."라고 기도합니다. 그리고 안수 상태에서 조용히 기다립니다. 하나님께서 역사 하셔서 치유하시는 것을 기다리는 인내가 필요합니다. 이때 행동을 유발하는 어떤 명령어도 사용하지 않고 성령의 역사를 기다립니다. 성령님께서 역사 하시면 되는 것입니다. 성령님이 역사 하시면 병자에게 어떤 현상이 일어나는 것을 대부분 볼 수 있게 됩니다. 눈꺼풀이 떨리거나 몸에 진동이 오거나 흔들거립니다. 몸이 연하여지거나 오히려 더 굳어지기도 합니다. 기도 받는 사람 주위를 둘러싸고 있는 영적 기운이 어른거립니다. 하품을 하거나, 기침을 하거나, 떨거나, 울거나, 여러 현상이 나타나기도 합니다.

　기도하는 이는 영적으로 잘 분별하여야 합니다. 눈으로는 병자를 바라보고 마음으로는 하나님을 향하여 간절한 심령으로 병 낫기를 소원하고 입으로는 성령님이 더 충만히 더 깊숙이 더 강하게 임하도록 기도하여야 합니다. 기도 중에 나타나는 여러 가지 외적 현상에 당황해 하지 말고 담대하게 기도합니다. 실로 치료하시는 하나님의 뜻을 알면 평소에는 상상할 수 없는 담대함으로 기도할 수 있고 이 때 적극적인 기도는 수동적인 기도보다 큰 치유의 능력을 가져옵니다만 항상 염두에 두셔야할 것은 치유사역자의 혈과 육이나 의가 치료하는 것이 아니라 성령께서 치료하심을 알고 겸손히 기도에 임하여야 하는 것입니다.

　6단계는 기도가 끝난 후에 반드시 후속조치를 위하여야 한다는 것이다. 기도가 끝나면 기도 받은 사람에게 느낌이 어떠하였는지 물어볼 필요가 있습니다. 어떤 느낌이 반드시 필요한 것은 아니지만 때때로 특별한 느낌이 동반됩니다. 이는 증상이 사라진 느낌이었다면 감사하고 증상이 계속된 느낌이면 즉시 다시 기도합니다. 또 통증이나 증상이 계속될 경우에 하나님께서 즉각적이기보다는 점진적으로 고쳐 주실 것이라는 의견을 제시할 수도 있는 것입니다. 능력기도는 자꾸 하면 할수록 쌓이게 됩니다. 때로는 다른 전문 치유기관이나 기도 그룹으로 소개하여 보낼 수도 있습니다.

기도의 종결과 권면.

① 치유 기도의 마지막 단계는 사역을 종결하는 부분으로서 매우 중요합니다. 앞에서의 모든 단계가 원활히 진행되었어도 종결 단계에서 잘 마치지 못하면 좋은 결과를 얻을 수 없습니다.

② 기도 후에 기도를 받으실 때 어떠한 느낌이 있었는가를 물어 보아야 합니다. 이에 대답은 낳았습니다. 모르겠습니다, 입니다. 치유 받은 사실을 자신이 확신하면 몸을 움직여 보라든지, 걸어 보라든지 하여 함께 실제적인 확인을 하고 하나님께 찬양과 영광을 돌리게 해야 합니다.

③ 죄, 영적인 문제처럼, 내적인 문제에 의한 질병의 고침을 받은 후에는 그 사람에게 다시 병에 걸리지 않기 위해서 영적, 신앙적 후속 조치(성경 읽기, 예배 참석, 기도 모임, 성경 공부 그룹, 바른 삶)에 대해 권면하세요. 성령의 역사가 있는 교회의 소그룹에서 신앙 생활하라고 조언하세요. 치유 받던 영적 수준을 유지하지 못하면 시간 경과 후 100% 재발합니다. 목사님도 재발하는 경우가 있습니다.

④ 아무런 느낌이 없는 사람은 그 자리에서 한번 더 기도를 하거나, 하나님에 대한 사랑과 믿음에 손상이 가지 않도록 위로하고. 병의 치료가 즉각적일 수도 있으나, 지속적 치료의 예를 설명하여 치료의 어떤 현상, 느낌을 갖지 못함으로 인한 실망감과 좌절을 지니지 않도록 권면해 주어야 합니다.

22장 예배를 통한 내적치유

(마4:23)"예수께서 온 갈릴리에 두루 다니사 저희 회당에서 가르치시며 천국 복음을 전파하시며 백성 중에 모든 병과 모든 약한 것을 고치시니."

하나님은 예배하는 사람이 영과 진리로 드리라고 하십니다. 예배는 영이신 하나님을 만나는 것입니다. 하나님을 만나지 못한 예배는 헛된 수고입니다. 예배는 몇 번 드렸는가보다 과연 예배 답게 드렸는가가 핵심입니다. 우리는 예배를 통하여 하나님이 살아 계심을 체험하고 하나님의 말씀을 듣고, 하나님을 만났는가? 어떻게 하나님을 만났는가? 성령으로 충만한 상태가 되어야 하나님을 만날 수 있습니다.

예배 속에서 우리의 상한 마음이 치유되고, 무거운 짐이 내려 놓아지고, 그 대신 하나님의 은총을 받아서, 내 삶이 변해 가는 역사가 있어야 합니다. 이것이 내적 치유입니다. 하나님이 주시는 자유 함을 가지고 세상으로 가야 합니다. 세상에서 얻은 상처, 짐, 피곤을 가지고 와서 내려놓고, 다시 하나님이 주시는 에너지를 가지고 세상을 향하여 나아가야 합니다. 세상과 싸우기 위한 실탄과 에너지를 예배에서 받아야 합니다.

이것을 못하면 피곤하고 답답한 믿음생활을 하게 됩니다. 예배 속에서 주님을 만나야 합니다. 세상에서 상처받은 사람들이 와서 말씀과 성령으로 고침 받고, 배고픈 자가 배부름을 얻고, 문제해결을 받고 세상을 향하여 나갈 수 있어야 합니다. 그렇지 않고 단지 사람들이 모이는 모임이 되고, 인간의 말잔치가 되어서는 안 됩니다. 예배 속에서 하나님을 만나야 합니다. 모두가 예배자가 되어서 영이신 하나님께 드려야합니다.

예배는 인간이 하는 모든 행위 중에서 가장 거룩하고 귀한 행위입니다. 하나님을 만나고 하나님 앞에 나아가는 것이므로 예배 중에서 치유가 일어나야 합니다. 예배 중에서 하나님의 은총을 받아야 합니다. 예배는 하나님과 하나가 되는 것입니다. 하나님의 자녀가 아버지 보좌 앞으로 담대히 나아가는 것입니다.

예배는 영과 진리로 드려야 합니다. 진리라는 말은 영적으로라는 말입니다. 즉 예배에는 성령의 감동함이 있어야 합니다는 것입니다. 교회 안에 성령이 운행하셔야 합니다. 그래야 그 예배가 영적인 예배가 되면서 성공하는 예배가 됩니다. 기도도 마찬가지입니다. 성령 안에서 하는 기도란 성령의 감동, 성령의 임재가 있는 기도입니다. 성령으로 기도할 수 있어야 합니다. 영이 깨어서 기도할 수 있어야 합니다.

성령이 운행하시는 예배, 성령으로 하나 되는 예배가 되게 해 달라고 간구해야합니다. '성령님, 충만하게 역사하소서. 충만하게 역사하소서. 감동시켜주소서.' 예배에 성령의 도우심이 너무 필요합니다.

예배는 드리는 것이지만 결국은 받는 것입니다. 성도는 예배를 통하여 은총을 받고 은혜를 받고 사랑을 받고 축복을 받게 됩니다. 예배를 드리는 일에 성공하면 받는 일에도 성공하는 것입니다. 성령의 감동으로 예배를 드리면 점점 치유 받게 되어 있습니다. 자신도 모르게 강건하여지고, 점점 삶이 풍요해지는 일이 생깁니다. 하나님 앞에 와서 예배를 드릴 때, 우리의 약한 것이 점점 강해지는 것입니다. 이것이 치유입니다.

예배는 인간의 모든 행위 중에서 가장 축복된 행위, 시간입니다. 하나님을 만나며, 하나님을 느낄 수 있는 시간이므로, 지상에서 가장 복된 시간입니다. 하나님을 느낄 수 있다는 것이야말로 얼마나 복된 것인가. 우리를 귀찮게 하고, 하나님이 대접받으시려고 예배를 드리라는 것이 아니라, 우리를 위한 것입니다. 예배를 드림이 바로 우리가 가장 좋은 것을 받는 것입니다. 섬김이 바로 가장 높아지는 것입니다. 신령과 진정의 예배를 드리라고 하시는 것은 우리에게 주실 것이 많기 때문에 요구하시는 것입니다.

예배와 찬양 속에서 하나님의 임재하심을 느끼세요. 우리를 채워주고, 우리를 일으키고, 우리를 강건하게 하기 위하심입니다. 하나님의 생명력이 내게 들어오고, 하나님의 치유가 내게 들어오고, 하나님의 능력이 들어옴을 느낄 수 있어야 합니다. 하나님이 이곳에 계시기 때문입니다. 이것을 깨닫고 드리는 예배는 전혀 다른 예배가 됩니다. 하나님의 감동이 있는 예배가 됩니다. 하나님은 느헤미야 8장 10절에서"여호와를 기뻐하는 것이 너희의 힘이니라." 말씀하십니다.

내 안에 계신 하나님을 기뻐하는 것, 내 안에 계시는 성령님을 귀하게 여기세요. 그분이 나의 힘이 되어주십니다. 그러므로 성전인 나를 귀하게 여기세요. 그리고 기뻐하십시오. 우리는 세상을 이기는 힘을 내안에 모시고 있습니다. 기뻐하고 감사하십시오. 그리고 이제 마음 깊은 곳에서 늘 주님을 부르세요. 늘 주님을 만나야 합니다. 하나님을 느끼세요. 새 노래를 부르세요. 새 기도를 드리세요. 새 삶을 살아가야 합니다. 살아 계신 하나님의 감동으로 예배를 드려야 합니다. 나를 늘 보살피시고 지키시는 하나님, 분초도 나를 떠나지 않고 함께 하시는 하나님, 그 하나님을 느끼세요. 하나님을 느끼며 사는 것이야말로 가장 좋은 축복입니다.

예배를 통해서 늘 하나님과 새롭고 친밀한 관계를 유지하십시오. 그러면 예배를 통해서 하나님의 권세가 우리에게 점점 더 들어옵니다. 엄청난 권세로 세상을 다스리게 됩니다. 이제는 내 감정이 아니라, 성령의 감동에서 나오는 말, 권세 있는 자의 말이 됩니다. 바리새인과 서기관의 말과 같지 않고 권세 있는 자의 말이 됩니다. 이것이 바로 우리의 이야기입니다. 전과 같지 않습니다. 무엇인가 달라졌다는 것을 내가 느끼고 세상이 느끼게 됩니다.

(사40:31)"오직 여호와를 앙망하는 자는 새 힘을 얻으리니 독수리의 날개 치며 올라감 같을 것이요 달음박질하여도 곤비

치 아니하겠고 걸어가도 피곤치 아니하리로다."

영과 진리로 예배드리는 자가 바로 여호와를 앙망하는 자입니다. 이러한 사람에게 새 힘이 넘치게 됩니다. 내가 모르는 새 힘이 나로 하여금 새 삶을 살게 합니다. 이러한 사람에게 모든 문제를 이기고 독수리처럼 하늘을 차고 날아오르는 힘이 부어집니다. 마음이 담대해지고, 육체가 강건해지고, 자신 안의 스트레스가 성령의 권능으로 튕겨 나가는 존재가 됩니다. 마음이 영적으로 강건해지면, 타이어에 바람이 가득해진 것처럼 망치로 쳐도 튕겨 나가고, 방탄조끼를 입은 것처럼 화전이 튕겨 나가게 됩니다. 피해를 입거나, 쉽게 상처받지 않게 되었습니다. 왜냐하면 이러한 사람에게는 뜨겁고 간절한 찬양, 간절한 기도, 열린 마음이 있기 때문입니다. 이러한 곳에 하나님이 스스로 자신을 우리에게 나타내십니다. '나다! 내가 너희에게 나타나리라! 이것이 바로 나다! 문제를 이기는 나, 거룩한 나, 이것이 나다!'

예배를 통해서 우리는 이렇게 하나님과 하나가 됩니다. 하나님과 연합하게 됩니다. 어느 누구도 더 잘나고 못나고가 없습니다. 하나님과 하나 된 존재일 뿐입니다. 누구나 서로를 섬겨야할 존재입니다. 성령님은 서로 섬기려는 마음이 있는 곳에서 역사하십니다. 계급 사회에는 예수님이 찾아가지 못하셨고, 환영받지도 못하셨습니다. 섬김의 사회에 예수님이 찾아가십니다. 섬김이 있는 곳이 바로 신령과 진정의 예배가 있는 곳입니다.

성령의 역사는 낮아지는 곳, 겸손한 마음이 있는 곳, 죽고자 하는 마음이 있는 곳에 나타납니다. 이러한 곳에 성령께서 나타나셔서 세상을 이기고 세상의 위에 설 수 있는 능력으로 역사 하십니다. 스트레스를 이기는 능력으로 역사 하십니다. 눌린 자가 아니라, 누르는 자로 만들어주십니다. 이런 사람이 되어야 합니다. 눌린 자가 아니라, 누르는 자가 되시기를 바랍니다.

이런 의미에서 예배는 영적 전쟁입니다. 영적인 힘을 받고, 영력을 받아 마귀와 싸워 이기러 나가는 영적 전쟁터입니다. 기도로 공격하십시오. 우리 앞에 늘 하나님의 은총과 능력이 있도록 공격적인 기도를 하십시오. 찬양은 예배의 한 순서가 아니라, 찬양 그 자체가 바로 예배입니다. 하나님 중심의 찬양을 하십시오. 하나님 중심의 찬양이 엄청난 역사를 만들어냅니다.

(시103:1-5)"내 영혼아 여호와를 송축하라 내 속에 있는 것들아 다 그 성호를 송축하라. 내 영혼아 여호와를 송축하며 그 모든 은택을 잊지말찌어다. 저가 네 모든 죄악을 사하시며 네 모든 병을 고치시며, 네 생명을 파멸에서 구속하시고 인자와 긍휼로 관을 씌우시며, 좋은 것으로 네 소원을 만족케 하사 네 청춘으로 독수리 같이 새롭게 하시는 도다"

여호와를 송축함이 바로 영과 진리로 예배를 드리는 것입니다. 이때에 죄사함이 있습니다. 죄의 사슬, 올무, 무거운 짐이 벗

겨집니다. 찬양 중에 거하시는 하나님이 모든 질병을 고치시고, 모든 상처를 회복시키십니다. 찬양 중에 하나님께서 모든 소원을 만족시키시고, 청춘(육체, 심령)을 맑고 깨끗하고 강건하게 만들어주십니다.

크리스천은 예배 속에서 하나님을 만남으로 모든 스트레스를 해소하고 새 힘을 얻어야 합니다. 예배가 의식화되고 형식화되고 추상화되고 의무화되어서는 안 됩니다. 초대교회의 삶의 중심은 예배였습니다. 그들의 삶의 활력소는 예배 속에서 만나는 하나님이었습니다. 하나님을 만나는 살아있는 예배를 드리려고 해야 합니다.

현대교회에는 지식과 공부는 흘러넘치고 있으나, 고침, 변화, 치유가 없습니다. 성경에서 원하고 보여주는 확실한 변화, 고침, 치유가 없습니다. 예배에서 성령을 체험하지 못하기 때문입니다. 그래서 삶의 습관, 관점, 태도 등에 변화가 없습니다. 이런 것들의 변화가 바로 성화입니다. 성화가 없는 것이 현대교회의 문제입니다. 그리고 이러한 성화는 오직 심령의 고침을 통해서만 가능합니다.

치유는 한평생 계속되어야 하는 것입니다. 온전한 자는 세상에 없고, 세상은 온전한 자를 그대로 두지 않습니다. 늘 치유가 있어야 합니다. 이를 위해서 늘 하나님과 관계를 긴밀하게 유지해야 합니다.

1. 교회의 모든 예배를 성령 충만하게 인도하라.

우리 교회는 모든 예배를 성령이 역사하는 집회 형식으로 인도합니다. 왜냐하면 성도들이 주일날 하루만 교회에 나오는 성도들이 있기 때문입니다. 그래서 주일 낮 예배도 동일하게 성령 집회식으로 인도를 합니다. 왜냐하면 성도들에게 성령의 충만을 항상유지하게 하기 위해서 입니다. 성도들의 영을 깨우기 위해서입니다. 그리고 성령의 인도를 받는 영적인 체질을 만들기 위해서입니다. 우리 교회 주일 예배 순서를 요약설명하면 이렇습니다. 먼저 찬양을 20분간 합니다. 그리고 통성기도를 합니다. 통성기도를 한 후에 제가 성령의 임재를 구하는 기도를 합니다.

그리고 사도신경하면서 예배를 시작합니다. 교독문을 낭독합니다. 찬양 단이 나와서 찬양을 합니다. 그리고 대표기도를 합니다. 대표기도를 한 후에 바로 헌금시간을 갖습니다.

헌금시간을 앞에 둔 것은 성령이 충만한 예배를 인도하기 위해서입니다. 말씀을 전하고 바로 기도시간에 들어가기 위해서 헌금 시간을 앞으로 돌렸습니다. 헌금기도를 하고 광고를 간단하게 합니다. 그리고 본문 말씀을 읽습니다. 그리고 서로 인사를 합니다. 인사하고 말씀을 전합니다. 말씀은 40-50분 정도 전합니다. 말씀을 전하고 모두 일어서서 성령의 임재가 있는 찬양을 부릅니다. 찬양은 시간적인 여유가 있을 때만 부릅니다.

대략 한곡을 두 번 연속해서 부르는 것이 보통입니다. 그러면 여기저기서 성령의 임재 현상이 일어나기 시작을 합니다. 몸을 앞뒤로 흔드는 성도도 있습니다. 기침이나 하품을 하는 성도도 있습니다. 우는 성도도 있습니다. 저는 계속하여 성령의 임재를 요청하는 안수 기도를 합니다.

그리고 안수를 사모하고 나와 있기 때문에 대부분 성령의 은혜를 체험합니다. 이렇게 약 40-50분간 기도를 합니다.

그리고 성도들의 기도를 정리하고 제가 선포기도를 합니다. 상처와 질병의 치유. 가정의 문제의 치유. 물질 문제의 치유를 선포합니다. 그리고 축도하고 예배를 마칩니다.

우리교회 성도들은 아주 강퍅한 사람을 제외하고 주일날 하루만 나오더라도 모두 성령의 불세례를 체험합니다. 내면의 상처가 치유됩니다. 성도들이 성령의 불세례를 체험하면 발에 발동기를 달아준 것과 같은 효과가 납니다. 이렇게 주일날 신령한 하늘의 능력을 받아 한주동안 세상에 나가 마귀와 대적하며 승리하는 삶을 사는 것입니다. 정말 주일이 중요합니다.

모두 중요한 주일을 잘 활용하시기를 바랍니다. 평일 날 교회에 나와서 은혜는 받고 싶으나 먹고 살아가기 위해서 여건이 되지 못하는 분들이 많습니다. 성도는 하늘의 양식을 먹고 능력을 받아야 합니다. 하늘의 양식을 먹는 시간이 예배시간입니다. 예배를 성령이 역사하는 예배를 드려야 합니다. 그래야 성령으로 말씀을 깨달을 수가 있습니다.

2. 예배에 성령의 역사를 일으키는 방법

예배에는 성령이 역사해야 합니다. 성령이 주인 되어 집회를 이끌어가게 해야 하는 것입니다. 그러면 성령께서 역사하여 청중들에게 성령의 불세례를 체험하게 하십니다. 성령의 불세례를 체험하면 내면의 상처가 치유되고, 악한 영들이 떠나갑니다. 치유의 목적은 어디까지나 영적 구원의 하나님 나라가 그 심령 속에 도래하는데 목적이 있기 때문에 성령의 역사가 있어야 합니다.

성령을 체험하고 내면을 치유하며 예배의 성과를 높이기 위하여서나 혹은 환자에게 심령에 유익한 변화를 주기 위해서는 성령의 인도함을 받는 사역자의 능력이 필요합니다. 반드시 예수 그리스도의 십자가를 통과한 성령의 역사와 영성이라야 합니다. 성령의 불세례가 임하는 성령집회를 인도하는 방법은 이렇습니다.

1) 찬송으로 성령이 임재하게 한다. 예배에서 찬송은 정말로 중요합니다. 그래서 찬양인도자는 성령의 불세례를 체험하고 성령의 인도를 받는 찬양사역자가 되어야 합니다. 성령의 임재는 찬양인도자의 영성을 통하여 역사하기 때문입니다. 찬양을 인도하는데 청중들이 잘 따라서 부를 수 있는 영감이 있고 성령의 역사가 있는 곡을 선택하여 부릅니다. 앉아서도 부르게 합니다. 때로는 서서 부르게도 합니다. 그때그때마다 성령의 인도에 따라 찬양을 부릅니다. 찬양은 청중들로 하여금 마음을 열고 성령의 임재를 받게 하는 기초적인 수단입니다. 그러므로 찬송이 잘못되

면 성령집회가 힘이 들어 지는 것입니다.

2) **통성기도를 하여 성령의 충만함을 구한다.** 찬송을 통하여 어느 정도 성령의 임재가 되었다고 성령님이 감동하시면 이제 통성으로 기도하여 성령을 충만하게 합니다. 그런데 통성기도를 하지 못하는 성도들도 있습니다. 그러므로 통성기도를 시작하기 전에 잠간 안내를 합니다. 통성기도를 못하는 분들은 호흡을 들이쉬고 내쉬면서 주여! 주여! 주여! 하면서 소리를 내라고 합니다. 소리를 내야 마음의 문이 열려서 성령의 역사가 나타나기 때문입니다.

3) **말씀을 전한다.** 성령의 불세례가 임하고 성령으로 치유가 임하는 예배를 인도하는 목회자는 반드시 성령의 불세례를 체험해야 합니다. 말씀을 전하는 자가 성령의 불세례를 체험하여 영으로 말씀을 전하여 성령의 나타남이 있어야 합니다. 반드시 말씀을 전하는 자가 성령의 불세례를 체험해야 전하는 말씀에 성령의 역사가 나타나는 것입니다. 또한 말씀을 듣는 자는 마음의 문을 열고 영으로 말씀을 받아들일 때 성령의 불세례를 체험하게 되는 것입니다.

분명하게 말씀으로 영성 훈련된 자에게 살아 계시면서 역사 하시는 말씀 하나님이 말씀을 전하는 심령을 통하여 나타나게 됩니다. 그러나 말씀에 대한 지식은 많지만 성령의 나타남이 없거나, 말씀에 대한 영안이 열리지 않은 자들이나, 성령의 가르침을 들을 귀가 열리지 않은 자는 이성적인 신학지식으로는 성경은 알 수 있으나, 말씀의 비밀은 알지 못하게 되는 것입니다. 그래서 말씀을 들어도 성령의 불세례를 체험하지 못합니다.

그래서 성령집회를 인도하는 목회자는 자신만의 레퍼토리를 가지고 있어야 합니다. 목회자가 말씀을 어떻게 전하느냐에 따라서 성령의 역사가 따라오기 때문입니다. 말씀을 전할 때 영육의 자유 함이 있어야 합니다. 성령은 영육의 자유 함이 있을 때 강하게 역사합니다. 그래야 말씀을 전하는 목회자의 영에서 생명이 청중들에게 흘러가는 것입니다. 이 생명의 역사가 청중들의 영을 깨워서 성령의 불세례를 체험하게 하는 것입니다.

4) 성령이 나타나게 하는 여러 조치를 한다.

① 먼저 준비 단계로서 성령님이 자신을 통하여 나타나기를 간구합니다. 집회 인도자는 집회 간에 성령의 인도함을 받을 수 있도록 간구하는 것입니다. 성령님은 여러 가지 영감과 느낌과 환상으로 깨우쳐 주십니다. 체험을 통하여 확신을 갖게 되고, 마음속에 일어나는 느낌으로 새로운 사실에 대한 지식의 말씀이나 지혜의 말씀을 하나님께서 주시는 것을 알게 되는 것입니다. 집회 인도자는 성령님이 자신을 통하여 나타난다는 믿음이 있어야 합니다. 치유사역은 자신에게 나타난 성령의 역사를 환자에게 전이시켜서 치유가 일어나게 하는 것입니다. 그러므로 성령의 깊은 임재를 유지하도록 깊은 영의기도를 해야 합니다. 그리하여 집회할 때 성령의 임재를 상대방들에게 일어나게 하는 것입니다.

② 다음으로 성령의 임재를 기원하며 기다립니다. 성령이 임

재 하시어 역사하기 위해서는 시간이 필요하다는 사실을 결코 잊지 말아야 합니다. 성급하게 먼저 성령이 역사하기를 구하는 기도에 임하지 말고, 성령의 임재를 기원하는 기도가 앞서야 합니다. 많은 집회 인도자들이 여기서 습관이 되어있지 않습니다. 먼저 성령의 기름부음을 위하여 상대방의 장애요인들이 제거되어야 합니다. 이를 위해 마음의 문을 열도록 긴장을 풀게 해야 합니다. 만약에 영적인 분위기가 되어있지 않는다면 하나님에 대한 믿음을 고백하게 하고, 마음의 죄를 깨닫도록 간절하고 절실한 중보의 기도가 먼저 드려져야합니다.

다음으로 성령의 임재가 조용하게 상대방에게 입하는 모습을 볼 때까지 기다리는 습관과 훈련이 필요합니다(3분이상). 기다리는 시간에 청중들이 여러 가지 형태와 모습을 할 수가 있습니다. 성령을 모셔드리거나 능력을 받으려는 자세와 모습은 이렇게 하면 됩니다.

ⓐ 앉아서 조용히 찬송 부르면서 성령의 임재를 기다립니다. ⓑ 앉아서 조용히 묵상기도하면서 성령의 임재를 기다립니다. ⓒ 무릎을 꿇고 부르짖고 기도하면서 성령의 임재를 기다립니다. ⓓ 일어서서 임재를 기다리는 묵상기도의 자세로 성령의 임재를 기다립니다. ⓔ 일어서서 찬송하거나 부르짖으면서 성령의 임재를 기다립니다. ⓕ 격렬하게 춤을 추거나 부르짖으면서 성령의 임재를 기다립니다.

앞의 순서는 보다 강력한 성령의 역사가 일어나기 쉬운 순차로 기록한 것입니다. 참고하기를 바랍니다. 찬양을 앉아서 하거나 일어서서 하거나 다 같은 현상들이 나타나지만, 일어서서 하면 더 강력한 역사가 일어납니다. 일어서서 하는 이러한 방법은 생소하고 강력한 역사가 일어나기 때문에 거부반응이 있을 수 있습니다. 더구나 격렬하게 손을 흔들면서 춤을 추거나 부르짖으면 광신자로 취급하기 십상입니다. 주의를 요합니다.

③ 그 다음으로는 성령님이 역사하시기를 간구하거나 명령합니다. 성령께서 능력과 권세로 역사해 주시기를 간절한 마음으로 조용히 기도하거나, 예수님의 이름으로 확신과 권위에 찬 명령을 할 때, 혹은 예수님의 이름으로 죄 사함을 선언할 때, 성령께서 역사하시는 여러 가지 현상들을 보게 될 것입니다.

저는 보편적으로 말씀을 마치면 찬양을 한곡 이상 부릅니다. 성령의 인도에 따라 앉거나 서거나 하게 하여 찬양으로 성령의 깊은 임재를 이끌어 냅니다. 서서 하는 것이 더 성령의 역사가 강하게 일어납니다. 자신만의 노하우를 개발하는 것이 좋습니다.

(요20:22)"이 말씀을 하시고 그들을 향하사 숨을 내쉬며 이르시되 성령을 받으라."

상대방이 뒤로 넘어지거나 성령께서 임하시어 역사하시는 여러 가지 현상과 모습에서 성령께서 역사하시는 것을 느끼거나 알

수 있게 됩니다.

④ 다음으로 성령이 깊고 강하게 사로잡아 주실 것을 간구 합니다. 성령이 깊고 강하게 모든 사람들을 사로잡으면 여러 가지 역사가 일어납니다. 넘어지는 자는 그대로 방치하지 말고, 누운 데로 이마나 가슴에 또는 머리에 안수하면 회개가 일어나는 자나 방언이 터지는 자가 생기기도 합니다. 성령의 불세례를 체험하게 됩니다. 그리고 신령한 은사를 받게 되거나, 치유의 역사가 일어나기도 합니다. 혹은 잠복되어 있던 악령이 표면 의식에 떠오르거나 발작하기도 합니다.

이때에는 안수하거나 명령하여 귀신의 정체를 들추어내고 축사합니다. 혹은 입신(성령의 깊은 임재)으로 들어가는 경우도 많이 있습니다. 그러기 때문에 이럴 때는 여러 가지 특별한 사역을 통하여 질병의 정확한 진단이나 불치의 병을 치유하거나 문제를 해결하는 사역을 할 수가 있습니다.

반응이 없는 사람도 있는데, 이러한 사람은 마음을 열지 않았기에 굳어진 마음으로 심령상태가 성령님이 역사할 수 있는 영적인 상태가 이루어지지 않는 성도로서, 예수를 영접한지 얼마 되지 않은 성도와 영적으로 강하게 묶인 성도인 경우입니다. 이것을 영적인 차원에서 설명하면 능력 받거나 치유가 일어날 수 없는 여러 가지 문제나 이유가 하나님과의 관계에서 남아 있기 때문에 하나님의 응답의 때가 덜 된 사람입니다.

이런 경우는 안수하여 성령의 불을 계속 집어넣는 것입니다.

성령께서 장악을 할 때까지 기다려야 합니다. 성령으로 장악이 되면 서서히 역사가 일어나기 시작을 합니다.

또는 치유사역자의 편에서도 성령의 역사나 능력의 흐름이 약하거나 나오지 않는 경우도 있을 수 있습니다. 이렇게 반응이 없는 사람은 다음 항목을 참조하여 문제 해결을 시도합니다. 예를 든다면 특별한 방법으로 숨을 들이쉬고, 내쉬고 합니다. 또 주여! 주여! 하게 합니다. 사역자가 명령하여 영을 뜨게 하거나, 깨어나게 하거나, 정신없게 하는 등등이 있습니다. 이러한 사역들이 개별적인 사역과 단체적인 사역 간에 차이가 있습니다. 그러나 거의가 짧은 순간에 이루어지는 현상이나 사역들입니다. 때로는 동시에 혹은 좀 더 많은 시간을 필요로 하면서 이루어지는 경우도 있습니다.

나타나는 현상이 조용하게 이루어지는 경우나, 혹은 요란하게 법석을 떨거나, 발작하거나, 흐느껴 울거나, 울부짖는 경우나, 또는 웃거나, 헐떡거리거나, 여러 가지 현상이 나타납니다. 이러한 현상은 하나님의 능력 아래에서 일어나는 현상이지만, 성령의 역사로 말미암아 회개의 역사가 일어나는 경우도 있고, 여러 가지 은사가 임하는 경우도 있지만, 억압된 잠재의식이 발로되거나 폭발하는 경우도 있으며 때로는 악령의 발작 현상도 있습니다.

몸부림을 치거나 울부짖거나 헐떡거리는 경우는 잠복된 귀신이 외부적으로 드러나는 현상으로 이때에 사단이나 악령이 축사되어 지는 현상 중에 하나일 경우입니다.

23장 토설로 스스로 내적치유비결

(사61:1-3)"주 여호와의 영이 내게 내리셨으니 이는 여호와께서 내게 기름을 부으사 가난한 자에게 아름다운 소식을 전하게 하려 하심이라 나를 보내사 마음이 상한 자를 고치며 포로된 자에게 자유를, 갇힌 자에게 놓임을 선포하며, 여호와의 은혜의 해와 우리 하나님의 보복의 날을 선포하여 모든 슬픈 자를 위로하되 무릇 시온에서 슬퍼하는 자에게 화관을 주어 그 재를 대신하며 기쁨의 기름으로 그 슬픔을 대신하며 찬송의 옷으로 그 근심을 대신하시고 그들이 의의 나무 곧 여호와께서 심으신 그 영광을 나타낼 자라 일컬음을 받게 하려 하심이라"

하나님은 말씀과 성령으로 내면의 상처가 치유된 성도를 사용하십니다. 많은 분들이 내적치유하면 질병이 있어야 받는 것으로 알고 있습니다. 우리가 바르게 알아야 할 것은 내적치유는 에덴동산에서의 영성을 회복하는 적극적인 방법입니다. 에덴동산에서는 죄가 없었기 때문에 하나님과 동행하며 대화를 했습니다. 아담이 죄를 짓자 하나님과의 관계가 끊어지고 에덴동산에서 쫓겨나게 된 것입니다. 죄로 인하여 하나님과의 교통이 끊어진 것입니다. 사랑이 많으신 하나님은 예수님을 우리에게 보내주셔서 십자가에서 죽으심으로 믿는 우리의 죄를 사해주셨습니다. 예수를 믿음으로 원죄가 사해져서 하나님과 교통할 수가 있게 된 것입니다. 예수를 믿는 우리는 말씀과 성령으로 내면의 상처를 치유함으로 영성을 회복하여 주님과 동행하며 살아가야 합니다. 마음의 상처는 주님과 영의 통로를 열고 교통하며 살아가는데 큰 방해물이 됩니다. 또, 상처는 자신의 건강에도 좋지 못한 영향을 미칩니다. 우리는 깊은 영성을 유지하고 강건하게 살아가기 위하여 의지를 가지고 상처를 치유해야 합니다. 토설기도를 통한 내면의 상처를 치유 받으려면 대략 이런 순서로 진행을 합니다.

1.성령의 임재를 느끼고 받아드리라.

기도를 통하여 스스로 내적치유를 하려면 먼저 성령의 임재와 불의 역사가 강한 곳에 가서서 성령을 체험해야 합니다. 스스로 상처를 치유하여 뿌리를 뽑으려면 먼저 성령의 세례를 받아야 한다는 말입니다. 성령의 세례를 쉽게 체험하려면 저의 저서 "성령의 불로 불세례 받는 법."과 "성령의 불로 충만 받는 법."을 참고하시기를 바랍니다. 성령을 체험하였으면 이제 깊은 영의기도로 깊은 경지에 들어갈 수가 있어야 합니다. 영상기도를 할 줄을 알아야 한다는 것입니다. 영상기도란 상처를 받는 실제 상황을 영상으로 보면서 하는 기도를 말합니다. 영상으로 상처를 받는 자신의 모습을 보면서 상처받을 때 느끼는 감정을 하나님에게 드리면서 치유하는 것을 말합니다. 그래서 스스로 기도를 통한 내적치유는 성령의 임재가 중요합니다. 성령께서 무의식에 들어있는 상처를 알게 하고, 느끼게 하고, 보게 하기 때문입니다. 따라서 성령의 깊은 임재를 받고, 느껴야 합니다. 이를 위하여 자신이 성령의 임재가 되면 자신에게 어떤 현상이 나타나는지 체험하고 유지를 하려고 해야 합니다. 성령은 살아있는 역사이기 때문에 반드시 자신을 장악하면 무슨 현상이 나타난다는 것입니다. 절대로 성령이 임재 되었다고 말로 하는 것이 아니고, 실제로 살아서 역사하는 성령의 임재를 느끼고 체험해야 합니다. 대략적으로 성령의 임재로 일어나는 현상은 이렇습니다.

성령이 임재해서 성도를 장악하면 뜨거움을 체험합니다. 뜨거움은 성령의 임재를 상징하기 때문입니다. 성령님이 전인격을 장악하시면 쓰러지는 현상이 나타날 때가 많습니다. 이는 성령 안에서 육신의 이성적 기능이 잠깐 동안 멈추는 현상입니다. 그래서 성령의 이끌림에 의한 깊은 임재(입신)에 들어가서 여러 가지 신비한 것들을 체험하는 분들도 많습니다. 환상을 보고 예수님을 만나서 말로 표현 할 수 없는 이야기를 듣기도 합니다. 어떤 경우에는 하나님을 찬송하기를 몇 시간이나 쉬지 않고 계속하는 현상이 나타나기도 합니다. 어느 분은 잠을 자다가도 찬양을 했다는 간증을 하기도 합니다. 성령의 임재로 방언이 터지기도 합니다. 많은 분들이 방언통역의 은사가 같이 임하기도 합니다. 성령이 임재 하여 역사하기 시작하면 여러 가지 이해 할 수 없는 현상이 우리 교회 집회 때에 일어납니다. 손발을 움 추리면서 게발 처럼 되거나 얼굴을 찌푸리며 몸이 경직되는 현상이 나타납니다. 이는 특정한 죄를 해결하게 되는 경우입니다. 몸이 뒤틀리거나, 호흡이 가빠지거나 빨라지기도 합니다. 슬픔이 솟구치며 울음이 터집니다. 가슴을 찌르는 아픔, 위장이나 아랫배 부근에서 뭉치가 움직이고, 큰소리가 터지고, 가슴이 답답해지고 기침을 합니다. 하품이나 트림이 나오고, 심한 구토현상, 멀미하는 것처럼 속이 울렁거리며 토할 것 같은 현상이 일어나기도 합니다. 몸 안에서 무엇인가 빠져나가는 느낌이 생깁니다. 이는 귀신이 떠나가는 경우와 상처가 치유되는 현상이기도 합니다.

때로는 사람들에게 마음과 몸이 술에 취했을 때와 같이 몸이 흔들리는 현상이 일어나기도 합니다. 그래서 의자에 앉아 있지 못하고 의자에서 내려와 드러눕기도 합니다. 이런 술 취함을 체험한 후에 몸이 가벼워져서 걸음걸이가 비틀거리며 말까지 더듬게 되는 경우도 있습니다. 그리고 말로 표현할 수 없는 환희를 체험했다고 간증하기도 합니다.

지금까지 설명한 것은 분명하게 나타나는 현상이지만 그런데 미세하게 나타나는 현상도 있습니다. 그래서 우리가 성령께서 임하심을 영으로 깨닫지 못한 채 지나치게 되는 경우도 있습니다. 즉 몸이나, 눈까풀의 미세한 떨림, 깊은 호흡, 약간의 땀 흘림, 가슴이 울렁거리는 증상이 있습니다. 커피를 많이 마신 것과 같은 현상이 나타납니다. 때로는 가슴이 짓눌리는 것 같은 기분이 들거나 공기가 답답하게 느껴지기도 합니다.

많은 분들이 이러한 현상을 느꼈다고 성령을 체험했다고 나름

대로 단정하고 계시는 분들이 있다는 것입니다. 반드시 밖으로
축출하는 체험을 해야 된다는 것을 아시기를 바랍니다. 그런데
더 큰 문제는 많은 분들이 이런 현상이 나타나면 두려워하거나 자
리를 이탈하려고 합니다. 그러나 참고 인내해야 성령의 세례를 체
험하고 성령으로 자신의 심령이 장악을 당할 수가 있습니다. 만약
에 성령이 역사하여 자신을 사로잡을 때 두려움을 견디지 못하고
성령의 역사를 거부하고 자리를 이탈하면 성령의 역사를 훼방하
는 행동이 될 수도 있습니다. 자신이 기도하며 스스로 내적치유를
하시려면 반드시 불같은 성령으로 세례를 체험해야 합니다.

2.성령의 이끌림을 받아라.

기도 통해서 스스로 내적치유를 하려면 성령의 이끌림으로 상
처 안으로 들어가야 합니다. 그러므로 상처 받는 자신의 모습을
정확하게 보기 위해 성령의 이끌림을 받아야 합니다. 자신은 상
처를 모를 수 있습니다. 그러나 성령님은 정확하게 알고 계십니
다. 그러므로 자신의 의지를 내려놓고 성령의 이끌림을 따라 사
건 현장 속으로 들어가야 합니다. 사건의 현장 속에 들어가 자신
이 상처를 받고 있는 모습을 보면서 감정을 속이지 말고 가감 없
이 토설하며 기도를 하는 것입니다. 그래서 성령의 이끌림이 중
요합니다.

3.성령님에게 질문하라.

자신의 상처가 무엇인지 성령님에게 물어보는 것입니다. 자신의 상태를 성령님에게 아뢰면서 물어보는 것입니다. 예를 든다면 왜 자신에게 혈기가 심한가 물어보는 것입니다. 왜 스트레스를 받으면 소화가 며칠씩 안 되는 것입니까? 왜 나는 조그마한 일에도 잘 놀랍니까? 왜 놀라고 나면 기도가 되지를 않습니까? 왜 나는 이렇게 가슴이 답답합니까? 왜 나는 마음이 우울한가요? 왜 나는 다른 사람이 조금 섭섭한 말을 하면 속에서 서러움이 올라옵니까? 상처를 받아서 인가요? 아니면 혈통으로 대물림되는 문제인가요? 아니면 다른 무슨 문제가 있어서 그러는지 성령님에게 물어보는 것입니다. 성령의 임재 하에 치유 과정에 집중하면서 물어보아야 합니다. 금방 알려주시기도 하지만, 어느 정도 시간이 걸립니다. 절대로 중간에 포기하지 말고 집중적으로 물어보는 것입니다. 반드시 성령께서 알려주신다는 생각을 하고 물어보기를 바랍니다. 치유는 인내력과 끈기도 있어야 합니다.

성도가 영성이 깊어지고 치유를 받아 심령이 변하려면 기도를 바르게 해야 합니다. ①성령 충만을 받는 기도는 호흡을 들이쉬고 내쉬면서 지속적으로 합니다. 최대한 깊이 호흡을 들이쉬고 내쉬고 해야 깊은 곳에서 성령의 불이 올라옵니다. ②자기 치유를 위한 기도는 호흡을 들이쉬고 내쉬면서 기도합니다. 기도하면서 자신의 특이 사항을 성령님에게 물어 봅니다. 성령님 내가 왜 혈기를 잘 냅니까, 성령께서 감동하면 회개도 하고 용서도 하면서 풀어냅니다. 성령의 임재가 충만하면 귀신도 축사합니다. ③ 안수를 받으면서 하는 기도는 자기 기도는 하지 말고 호흡을 들이쉬고 내쉬면서 안수를 받습니다. ④누워서 하는 기도는 호흡을 방광까지 깊게 들이쉬고 내쉬면서 성령님을 찾습니다. 호흡을 들이쉬면서 성령님! 내쉬면서 사랑합니다. 이렇게 지속적으로 하다가 보면 깊은 영의 상태에 들어갑니다. ⑤길을 걸어가면서 하는 기도는 호흡을 깊게 들이쉬고 내쉬면서 성령님을 찾는다든지, 물어본다든지 하면서 마음으로 기도를 합니다. 기도가 바르게 되어야 스스로 기도하며 내적치유를 할 수가 있습니다. 기도가 성령 충만이고, 기도가 치유입니다.

4.문제 안으로 들어가라.

기도하면서 내적인 상처를 치유할 때 머리로 생각으로 하는 기도는 효과가 적습니다. 현장을 영상으로 보면서 감정을 가감 없이 토설하며 기도를 해야 하기 때문에 문제 안으로 들어가야 하는 것입니다. 문제 안에 들어가 자신이 상처를 받는 모습이 보일 때까지 영상기도를 해야 합니다. 영상기도란 자신이 상처받고 상처를 주고 있는 모습을 그대로 보라는 것입니다. 마치 동영상을 보는 것과 같이 말입니다. 현장을 생생하게 보면서 감정을 토로하며 기도하는 것입니다.

5.감정을 가감 없이 표현하라.

영상기도를 통하여 자신이 상처를 받는 모습이 보이면 자신에게서 나타나는 현상대로 토설하며 기도를 하는 것입니다. 절대로 자신의 감정을 속이지 말고 그대로 표현하는 것입니다. 상처의 치유는 쉽게 되는 것이 아닙니다. 반드시 하나님은 자신이 상처를 받던 상황을 직시하면서 치유 받게 하십니다. 그래서 내적치유에 토설하며 기도하는 것이 중요하다는 것입니다. 하나하나 상황을 보면서 토설하며 기도 하는 것입니다. 감정을 가감 없이 토설하며 기도 할 때 마음의 문이 열리니 성령께서 강하게 역사하는 것입니다. 성령께서 강하게 역사하면 자신의 감정을 솔직하게 표현하게 됩니다. 이때 악을 쓰는 분들이 있습니다. 가슴을 치는 분들도 있습니다. 옷을 찢는 분들도 있습니다. 온몸과 사지가 틀어지는 발작을 하면서 토설하기도 합니다. 어린 아이 소리로 우는 분들도 있습니다. 욕설을 하는 분들도 있습니다. 좌우지간 영상기도를 통하여 성령께서 보여주시는 모습을 보면서 그대로 표현하는 것입니다. 내적인 상처의 치유는 토설하면서 하는 기도를 통해서 해야 깊은 치유를 이끌어 낼 수가 있습니다.

1) 죄와 허물을 토설해야 합니다. 다윗은 "허물의 사함을 얻고 그 죄의 가리움을 받은 자는 복이 있도다. 마음에 간사가 없고 여호와께 정죄를 당치 않은 자는 복이 있도다. 내가 토설치 아니할 때에 종일 신음하므로 내 뼈가 쇠하였도다. 주의 손이 주야로 나

를 누르시오니 내 진액이 화하여 여름 가물에 마름같이 되었나이다. 내가 이르기를 내 허물을 여호와께 자복하리라 하고 주께 내 죄를 아뢰고 내 죄악을 숨기지 아니하였더니 곧 주께서 내 죄의 악을 사하셨나이다"(시32:1-5)라고 고백 했습니다. 다윗은 자기 속에 있는 죄와 허물을 토설치 아니할 때의 괴로움을 고백하면서 하나님 앞에 죄와 허물을 성령의 임재 하에 토해낼 것을 말씀하고 있습니다. 죄는 의지적으로 행한 잘못이며 허물은 부지중에 행한 잘못입니다. 죄와 허물은 우리의 마음을 더럽히는 것이며 삶의 과정에서 나온 찌꺼기이기 때문에 성령의 임재 하에 깊은 토설기도를 통해서 날마다 털어내고 토해내야 합니다.

2) 마음의 상처와 근심을 토해내야 합니다. 시102편 설명 부분에 "곤고한 자가 마음이 상하여 그 근심을 여호와 앞에 토하는 기도"라고 기록되어 있습니다. 시편102편에서 다윗은 마음의 상처와 근심으로 뼈가 냉과리같이 탔으며 살이 뼈에 붙었다고 고백하고 있습니다. 옛날 우리나라 여인들이 앓았던 화병은 상처와 근심을 오래도록 품고 있어서 생기는 병입니다. 이러한 상처와 근심을 성령의 임재 하에 토해내지 않고 마음에 품고 있으면 불면증, 신경통, 소화 불량 등, 여러 가지 질병을 끌어들이게 됩니다.

그러므로 마음의 상처와 근심을 날마다 십자가 앞에 토해내는 깊은 영의기도를 통해 치유될 수 있습니다. 성령의 깊은 임재 가운데 영상으로 상처를 받는 모습을 보면서 솔직하게 토설하며 기도하는 것입니다.

3) 마음의 원통함을 토해내야 합니다. 시142편은 다윗이 사울을 피해 굴에 숨어있을 때 지은 기도 시입니다. 다윗은 특별히 잘못하거나 죽을 만한 죄가 없었습니다. 그는 이스라엘을 골리앗의 손에서 구원했으며 사울의 충신이었으나 사울의 시기 때문에 도망을 다녀야 했습니다. 칭찬과 보상을 받아 마땅한 사람을 죽이려고 할 때 이보다 더 억울하고 원통한 일이 어디 있겠습니까?

그러나 다윗은 그렇게 원통한 일을 당하면서도 살길을 알았습니다. 그 원통함을 하나님께 기도로 토해낸 것입니다. 다윗은 "내가 내 원통함을 그 앞에 토하며 내 우환을 그 앞에 진술 하는 도다"(시142:2)라고 고백하고 있습니다.

사무엘상 1장에 보면 한나는 아이를 낳지 못한다는 이유로 브닌나에게 많은 고통을 받았습니다. 얼마나 고통을 받았는지 성경은 "그 대적 브닌나가 그를 심히 격동하여 번민케 하더라."(삼상 1:6)고 했습니다. 브닌나는 한 지붕 아래 사는 가족이었지만 한나를 공격하는 대적이었습니다."브닌나가 그를 격동시키므로 그가 울고 먹지 아니하니"(삼상1:7) 브닌나의 공격 때문에 한나는 밥을 먹지 못했습니다. 그런데 한나에게 살길이 열렸습니다. 한나가 그 마음의 원통함을 하나님에게 기도로 상한 마음을 토해냈기 때문입니다. "한나가 마음이 괴로워서 여호와께 기도하고 통곡하며 서원하여 가로되."(삼상1:10). 얼마나 심하게 통곡하며 마음을 토해냈는지 엘리 제사장은 한나가 술에 취한 줄 알고 포도주를 끊으라고 권면했습니다. 한나는 엘리 제사장에게 자신을 이렇게 설명합니다. "나의 주여 그렇지 아니하니이다. 나는 마음이 슬픈 여자라 여호와 앞에 나의 심정을 통한 것뿐이오니 당신의 여종을 악한 여자로 보지 마소서. 내가 지금까지 말한 것은 나의 원통함과 격동됨이 많음을 인함이니이다."원통함과 격동됨이 많은 심정을 솔직하게 하나님에게 통회 자복하는 것이 토설기도입니다. 이렇게 마음의 상처를 토설하며 기도하니 심령이 깨끗해집니다. 마음이 치유되니 하나님의 응답을 받습니다. "엘리가 대답하여 이르되 평안히 가라 이스라엘의 하나님이 네가 기도하여 구한 것을 허락하시기를 원하노라 하니"(삼상 1:17). 사무엘상 1장 18절에 보니까 한나가 "가서 먹고 얼굴에 다시는 수색이 없으니라."라고 기록하고 있습니다. 브닌나가 변한 것이 아닙니다. 한나의 마음의 원통한 감정이 토설을 통해 다 빠져 나갔기 때문에 마음이 치유되고 회복되니 하나님이 응답하신 것입니다.

6. 토설기도 통한 내적치유 방법

토설을 통한 깊은 기도는 죄와 허물, 상처와 근심, 억울함과 원통함을 성령의 임재 가운데 토해냄으로서 마음이 치유되고 평강이 회복되는 기도입니다. 토설기도의 대표적인 사람은 다윗으로서 그의 시편을 보면 많은 부분에서 죄와 허물을 토하는 기도를 했으며 마음의 속상함이나 원통함을 하나님 앞에 통회하는 깊은 영의기도를 한 내용을 볼 수 있습니다.

다윗이 억울한 일을 그렇게 많이 당하고도 그들을 용서할 수 있었던 힘은 그의 토설기도에서 나온 것입니다. 토설기도는 우리의 마음을 청소하는 것과 같은 기도입니다. 죄와 상처와 원통함을 털어내는 마음의 대청소가 토설기도입니다. 한국 교회가 그동안 토설 기도에 대해 무지했던 이유는 유교사상 때문이었습니다. 유교사상은 윗사람에게는 참고 아랫사람에게 화풀이하는 사상입니다. 그래서 하나님 앞에 와서는 참고 사람 앞에서는 화풀이하며 살았습니다. 그러나 하나님의 뜻은 하나님 앞에 와서 토설하며 풀고 사람 앞에서 용서해주고 참는 것입니다. 그 길만이 원수까지 사랑할 수 있는 유일한 방법입니다. 오늘부터 성령의 깊은 임재 가운데 자신의 심정을 가감 없이 하나님에게 토설하여 보십시오. 주님의 놀라운 평강과 축복이 넘치게 될 것입니다.

7. 뿌리를 뽑아라.

　　한 가지 한 가지 상처받는 모습을 보면서 감정을 가감 없이 표현합니다. 내가 지금까지 내적치유사역을 하면서 체험적으로 느낀 것은 상처마다 뿌리가 있다는 것입니다. 그러므로 상처마다 있는 뿌리를 뽑아내야 합니다. 그래야 재발하지 않습니다. 어느 정도 토설이 되고 성령이 장악하면 뿌리는 캐내야 합니다. 뿌리에는 귀신이 있을 수도 있습니다. 뿌리에서 역사하던 귀신을 떠나보내야 완전치유가 되는 것입니다. 토설하며 기도만 하고 뿌리를 뽑아내지 않으면 반드시 재발합니다. 그러므로 성령의 임재 하에 솔직하게 토설을 하고, 예수 이름으로 축귀를 해야 합니다. 많은 내적치유 센터에서 이와 같이 뿌리를 뽑지 않기 때문에 치유를 받은 후 며칠이 안 되어 재발을 합니다.

또, 내적치유를 받은 후 증세가 더 악화되기도 합니다. 이유는 뿌리를 완전하게 뽑아내지 않고 상처받던 감정만 드러나게 하는 이성적인 사역을 하기 때문입니다. 많은 분들이 유명하다는 치유 센터에서 내적인 상처 치유를 받은 후 더 심하여 우리 교회에 와서 완전하게 치유 받고 갑니다. 그러기 때문에 내적치유는 3박 4일 집회에 참석해가지고 완벽하게 치유 받을 수가 없습니다. 지속적으로 치유 집회를 하는 곳에서 장기적인 치유를 받아야 뿌리가 뽑히는 분들이 있습니다. 내가 지금까지 내적치유 사역을 하면서 체험한 바로는 내면의 상처가 치유되는 것은 깊은 말씀을 듣고 깨달아 알아지는 만큼씩 치유가 됩니다. 다시 말하면 영적으로 자라는 만큼씩 치유가 된다는 것입니다.

8.치유를 지속적으로 하라.

내면의 상처 치유는 단기간에 되지를 않습니다. 지속적으로 해야 합니다. 아니 천국에 갈 때까지 해야 하는 것이 치유입니다. 그러므로 항상 기도하면서 치유를 하는 것입니다. 성령의 임재 하에 깊은 영의기도를 통한 내적치유 원리를 적용해가면서 지속적으로 치유하는 것입니다. 새벽기도에 가서 기도하면서도 감정을 토설하며 풀어내는 것입니다. 철야기도에 가서도 토설하며 상처를 치유하는 것입니다. 감정을 토설하며 상처를 치유하면 치유할 수 록 심령이 정화가 됩니다. 심령이 정화가 되는 만큼 성령이 장악을 합니다. 성령이 자신을 장악하니 권능이 나타납니다. 마귀의 계략을 알고 몰아냅니다.

9. 기도를 통한 깊은 상처 치유의 원리는 다음과 같다.

1) 자신의 문제를 직시하고 자신의 책임을 인정해야 합니다. 그리고 치유를 받고자 하는 마음을 가져야 합니다. 자신의 상처를 치유 받고 말겠다는 의지가 중요합니다.

2) 자신의 문제와 관련된 사람들을 용서하고자 하는 마음과 그들로부터 용서받고자 하는 마음을 가져야 합니다. 용서와 회개는 내면의 상처를 치유하는 양대 축입니다.

3) 자신에게 정말 심각한 문제가 무엇인지 알려 달라고 성령님께 지속적으로 간구해야 합니다. 그리고 토설하며 기도하도록 현장을 보여 달라고 기도하세요. 솔직하게 자신의 속마음을 감추지 말고 토설해야 합니다.

4) 내적 치유는 점진적인 치유의 역사로 이루어진다는 것을 알고 인내해야 합니다. 절대로 내적치유는 단번에 되지 않습니다. 시간과 노력이 필요합니다. 그리고 하나님의 시간표에 맞추어야

합니다. 급하다고 빨리 치유가 되는 것이 아닙니다. 급하게 마음을 먹으면 오히려 시간이 더 걸립니다. 마음을 편안하게 먹고 성령의 이끌림에 순복해야 합니다. 성령님은 우리의 모든 것을 통찰하고 이해하십니다. 또, 자신의 상처를 모두 알고 계십니다. 우리는 깊은 영의기도를 통해 과거에 잘못 입력된 것들을 지워버리고 마음을 새롭게 함으로써 자신을 새롭게 개조할 수 있습니다 (롬12:1-2). 하나님을 만나고 교제함으로 내 안에 악인의 멸망을 바라보던 마음이 하나님을 바라보게 될 때 참된 기쁨으로 충만해집니다. 이 때 내 입에서는 감사가 넘쳐 나고 하나님을 사랑하는 찬양이 끊이지 않게 되는 것입니다.

그런데 이렇게 변하게 되려면 어떻게 해야 하는지 생각해 봅니다. 그것은 바로 심경을 가감 없이 토설하는 것입니다. 하나님 앞에 나의 상처를 나의 고통을 곤경에 처해있는 환경을 낱낱이 토해내는 것입니다. 세상을 살면서 상처를 받지 않고 사는 사람은 별로 없습니다. 그런데 상처를 그냥 놔두면 나중에는 더 심각해지는 병에 걸리거나 정신적 또는 육체적 마음과 인격의 장애가 됩니다.

그래서 상처는 반드시 치유되어야 합니다. 상처를 치유하는 방법 중의 하나는 마음을 하나님 앞에 토설하는 것입니다. 상처를 하나님 앞에 토설하는 것은 마음을 수술하는 것과 같습니다. 상처는 치료가 되기 때문에 상처라고 합니다. 상처를 빨리 치료 받는 길은 하나님과 가까워지는 것입니다. 마음에 상처를 담아 두지 말고 토설해 내기 시작할 때 하나님의 치료가 시작되는 것입니다.

24장 발전된 내적치유사역 비결

(히12:14-16)"모든 사람으로 더불어 화평함과 거룩함을 좇으라 이것이 없이는 아무도 주를 보지 못하리라. 너희는 돌아보아 하나님 은혜에 이르지 못하는 자가 있는가 두려워하고 또 쓴 뿌리가 나서 괴롭게 하고 많은 사람이 이로 말미암아 더러움을 입을까 두려워하고 음행하는 자와 혹 한 그릇 식물을 위하여 장자의 명분을 판 에서와 같이 망령된 자가 있을까 두려워하라"

내적치유는 깊은 차원의 치유입니다. 깊은 곳의 아픔, 상처를 치유하는 것입니다. 잠재의식, 무의식의 치유입니다. 또 내적치유는 인간관계의 치유입니다. 인간은 영적이고 심리적인 존재이기 때문에 인간관계는 감정의 관계, 심리적인 관계입니다. 그런데 감정이나 심리상태, 영적상태가 좋지 못하면 인간관계가 좋지 못하게 되며, 한걸음 더 나아가 하나님과 좋은 관계를 맺지 못합니다. 사람들은 하나님을 믿지만, 하나님과 좋은 관계를 맺지 못하고 있습니다.

내적치유는 이러한 관계성을 치유하는 것입니다. 내적치유는 인간의 가장 내적인 부분인 영으로부터 시작하여 성품, 인간관계, 하나님과의 관계까지도 치유하며, 육신의 질병까지도 치유합니다. 내적치유는 전인격적인 치유입니다. 미국 캘리포니아

주의 어느 지방에서 나이가 수백 년이 된 나무 한 그루가 마침내 쓰러졌습니다. 식물학자들이 그 나무를 잘라본 결과 재미있는 사실을 발견했습니다. 그 나무는 나이를 알려 주는 나이테일 뿐만 아니라 산불이 나고 한해가 나서 성장이 일시 멈추었던 것까지 자세히 기록하고 있었습니다.

1. 내적치유 하는 실제적인 방법

내적 치유는 피 사역자에게 상처를 많이 드러내어 성령으로 치유하는 것이 관건입니다. 그럼 어떻게 무의식과 잠재의식의 상처를 드러나게 하는 가? 먼저 성령의 임재가 충만하여 환자의 영육을 장악하게 해야 합니다. 그리고 상처로 인하여 발생 가능한 상황을 많이 만들어 전합니다.

무의식과 잠재의식의 상처를 현실로 많이 노출되게 하여 드러내야 치유가 잘됩니다. 성령으로 충만하게 하여 마음이 열리게 한 다음 자신을 볼 수 있는 말씀을 증거 하여 최대한 상처가 드러나게 해서 근원을 치유해야 성공적인 내적치유 사역이 됩니다.

필자가 담임하는 충만한 교회에서는 말씀과 성령의 깊은 임재 하에 세 가지 방법으로 사역을 진행합니다. ① 자신에게 나타나는 현상을 이용하는 방법. ② 자라나고 성장한 시기별 치유하는 방법. ③ 상처가 생기게 하는 충격적 사건이나 상황을 이용하는 방법. 이렇게 3가지를 가지고 내적치유 사역을 진행하고 있습니다.

1) 사람에게 나타나는 현상을 이용하여 상처를 드러내고 치유하는 방법: 눈치 살피기, 집착감, 결핍감, 두려움, 불안, 분노, 미움, 원한, 용서하지 못함, 저항, 비판의식, 실패감, 수치심, 죄책감, 증오심, 시기, 잘 놀랜다. 열등감, 우울함, 불면증, 혈기, 실어증(대인기피) 등등 의 상황을 말씀으로 상황을 만들어 전하면서 치유하는 방법입니다.

2) 자라나고 성장하는 시기별 상처를 드러내고 치유하는 방법.

① 성령의 깊은 임재 하에 태아기를 조명합니다.

② 성령의 깊은 임재 하에 유아기를 조명합니다.

③ 성령의 깊은 임재 하에 유-소년기를 조명합니다.

④ 성령의 깊은 임재 하에 중-고등-청년시절을 조명합니다.

⑤ 성령의 깊은 임재 하에 장년기를 조명합니다.

⑥ 성령의 깊은 임재 하에 현재의 삶에 대해 어떤 생각을 하는지 조명합니다.

⑦ 성령의 깊은 임재 하에 미래에 대해 자신이 어떻게 생각하고 있는지 조명합니다. 시기별 자세한 것은 9장 무의식의 상처 내적치유와 13장 태아상처 내적치유 과정을 참고하시기를 바랍니다.

3) 상처가 생기는 사건이나 상황을 이용하여 상처를 드러내고 치유하는 방법. 사람은 감정을 가지고 사는 존재입니다. 과거에 사건 사고를 당했거나 상처를 받았으면 감정에 상처를 입게 됩니다. 감정에 상처를 받고 치유 받지 못하면 영적인 생활과 육적인

건강에 지대한 영향을 미칩니다. 지난날 받은 상처의 감정으로 인하여 순간 사람이 이성을 잃어버려 짐승이 될 수 도 있습니다.

사람이 육적인 감정이 살아나면 육의 활동이 강화되어 영성이 소멸됩니다. 그래서 사리분별을 혼동하게 되어 순간 실수를 하기도 합니다. 그래서 하나님은 항상 기뻐하라, 쉬지 말고 기도하라, 고 명령하시는 것입니다. 마음이 상하는 것은 감정이 상하는 것입니다. 감정이 상처를 받으면 이성을 잃게 됩니다. 감정이 좁아지면 정신을 잃게 되기도 합니다. 감정이 이제 나의 조절을 받지 않게 되는 것입니다. 내가 감정의 지배를 받게 되는 것이요, 이성을 잃게 되는 것입니다. 상처를 입게 되면 거기서 나오는 분노의 감정을 통하여 더 깊은 상처를 입고 남에게도 상처를 입히게 됩니다. 상처를 치유 받지 못한 사람에게도 물론 성령님이 내재하시지만, 성령을 체험하기는 하지만, 성령님이 상처받은 마음속에 갇히게 됩니다. 성령이 활발한 활동을 하실 수가 없게 됩니다. 상처로 인하여 우리의 마음이 굳어지고, 강퍅해짐으로, 우리 속의 성령님이 역사 하실 수가 없게 됩니다.

상처는 우리 속에 계신 성령님이 역사 하시지 못하도록 마음의 문을 닫아버리게 만듭니다. 상처가 있는 한, 마귀는 더욱 강하게 역사하고, 성령님은 점점 더 갇히게 되는 것입니다. 이것을 나의 대에서 끊어야 합니다. 자녀에게 흘러 들어가지 못하게 해야 합니다. 다른 사람에게 상처 주는 일을 끊어야 합니다. 다른 사람들에게 치유를 주어야 합니다. 상황은 11장을 참고하시면 됩니다.

3. 상처의 기억과 치유하는 방법

① 깊은 기도로 성령의 임재가 깊어져서 마음이 평안한 상태가 되어야 합니다. 마음이 외부의 영향을 받지 않는 상태가 되어야 합니다. 성령 임재로 평온한 상태가 되어야 합니다. 치유에 집중하는 마음 상태가 되어야 깊은 곳에 숨겨진 상처를 성령님의 도우심으로 치유 받을 수 있습니다.

② 성령님의 임재를 간구합니다. 영에서 마음으로, 이성으로 임재가 나타나시도록 간구합니다. 성령님의 깊은 임재 하에 성령의 도우심으로 자신의 과거로 돌아가서 과거에 받았으나 묻혀있는 크고 작은 상처의 기억을 떠올리며, 상처와 함께 그때 겪었던 당황함, 부끄러움을 회상한 후, 하나씩 그 상처를 주님께 드립니다. 또 한가지 방법은 오늘 어저께 그저께 살아오면서 일어난 비정상적인 사건을 가지고 성령님에게 물어보는 것입니다.

예를 들어: 이제 오늘부터 쭉 생각하시면서 절망 , 분노, 고통당했던 일 실수 했던 부분을 찾아보세요. 그리고 성령님께 물어보세요. 내가 왜 그런 행동을 하는 지. 왜 그렇게만 해야 하는지. 왜 그런 성격이 고쳐지지 않는 지. 성령님 그런 행동이 어디서 나왔죠. 내가 왜 교인들에게 고통을 줍니까. 아내. 자식 남편에게 왜 고통을 주고 있는지. 내가 왜 그런 행동을 하는지. 이런 행동이 나의 성장 과정의 무슨 문제 때문인지. 내가 왜 내 성격을 조절할 수 없는지를 성령님께 물어보세요.

어떤 사람이 나에게 별말을 하지 않았는데 내가 왜 그렇게 화를 내는지를 알게 하소서. 아무것도 아닌데 내가 그 소리들을 때 왜 그렇게 혈기를 냈는지요? 지금 생각하면 아무 것도 아닌데 왜 그 소리 듣고 화를 냈는지요? 왜 나는 사람 앞에 서는 것이 두려운가요? 알게 하소서. 깨닫게 하소서. 내가 성장해온 과정 중에서 무슨 인연이 없는 가요? 성령이여 오소서. 성령이여 깨닫게 하소서.

③ 당시에 받았던 상처로 말미암는 감정이 내면에 떠오르거나 감정이 되살아나면 (수치감, 답답함, 분노, 좌절감, 깊은 슬픔, 두려움 등) 억제하거나 감추지 말고 의식수준으로 표현하십시오. 그리고 그것을 주님에게 드리세요.

④ 이 때 자신의 상처와 관련된 사람을 용서하는 작업을 해야 합니다. 용서하지 않고 단순히 감정만 처리하는 것은 상처의 근원은 그냥 두고 감정만 치유하는 것이며, 이러한 치유는 후에 다시 재발됩니다. 큰 사건, 큰 상처일수록 이 부분에 세심한 주의를 기울여야 하며, 세심한 치유를 했어도 같은 감정이 오면 몇 번이고 계속해서 치유해야합니다. 자신의 마음에 상처를 준 사람을 용서하지 않으면 진정한 치유가 되지 않습니다. 어두움과 저주의 세력에게 자신을 묶어놓고 있는 것입니다.

⑤ 성령님의 능력으로 치유 받은 후에는 마음에 평안함을 느끼게 됩니다. 계속하여 이 평안을 유지하는 것은 자신의 책임입니다. 오래된 상처나 깊은 상처는 일회적인 치유보다 장기적이

고 지속적인 치유를 해야 합니다.

⑥ 성령님과 교제를 하여 악한 생각이 나지 않도록 기도생활을 해야 합니다. 진정한 치유란 지속적인 성령 하나님과의 동행입니다. 늘 마음에 하나님을 느끼고, 하나님과 동행하고 하나님을 의지하여야 합니다. 그리함으로 늘, 점점 마음이 맑아지고, 자유해지고, 평안해지는 삶을 살아야 합니다. 내적 치유사역은 대중 치유사역과 개인치유사역으로 구분할 수 있습니다.

1. 대중을 대상으로 하는 내적치유사역

1) 영적 준비를 잘합니다. 성령 충만과 성령의 기름부음이 임하도록 합니다.

2) 치유 집회 전 준비단계

① 대상이 누구냐가 중요합니다. 구성원의 종류, 회중의 영적 상태, 교파의 신학적 편견, 성령체험을 했는지, 거부가 일어날 수 있으니 사전 조치.. 치유나 성령의 역사의 경험 등에 대해 미리 알아보아야 합니다.

② 회중의 상태: 상처, 질병이 어떤 병이 많이 있는 지, 아는 것이 중요, 교회 생활에서 성도들의 영적 육적 상태, 혈기, 분노, 의견 대립 등등… 내적 치유를 하고 신유사역을 위한 참고 자료로 활용합니다.

3)치유 집회 단계

③ 찬양을 통해 마음의 문을 열고.

④ 말씀을 통해 심령의 변화를 주어 믿음을 유발시킵니다 (30-1시간). 1시간이 제일 좋습니다. 최대한 자신의 심령을 돌아 볼 수 있는 말씀을 전합니다.

⑤ 영혼을 건드리는 기도를 합니다. 이때 할 수 있으면 개별 안수를 가볍게 해주는 것도 좋습니다. 주여! 나 할렐루야나 방언 통성 기도로 잡념을 제거하는 기도를 할 수도 있습니다.

⑥ 제거 기도를 하게 합니다. 자신이 상처를 찾는 것을 말합니다. 통성 기도를 한 후(10-15분) 묵상-통성-호흡 기도를 하게 합니다.

⑦ 명령하여 추출시킵니다. 성령의 역사가 강하게 나타나는 사람부터 기도합니다.

⑧ 종료한 후 필요한 사람은 남아서 기도해 줍니다. (남는 자는 어느 정도 사모하는 자입니다) *완전히 치유를 해준다고 생각하고 해야 하나 본인의 사모하는 믿음이 중요합니다. 그러나 한 번에 완전하게 치유 된다고 생각하는 것은 인간의 욕심에 불과 합니다.

2. 개인별 치유사역.

개인적으로 문제와 내면을 치유 받고자 원하는 사람이 본인을 찾게 되면 보통 다음과 같은 단계로, 그의 상처와 병의 문제를 놓고 대화(상담)를 하고, 말씀을 전하고 기도하는데 반응이 대단히 좋았고, 치유 사례들은 거의 이와 같은 방법에 의하여 이루어진 것입니다. 먼저 하나님에게 기도하여 그 사람에 대한 성령님의 음성을 듣습니다. 어떻게 문제를 풀어가기를 원하시며 무슨 방법을 사용하기를 원하시는가? 개인별 내적치유 사역은 21장 "상담을 통한 내적치유"를 참고하세요.

이른 간증을 삼가시기를 바랍니다. 마귀의 도구가 될 수가 있습니다. 모든 경우에 아프든 건강하든지 간에 하나님의 사랑과 하나님이 병자 자신과도 함께 계신다는 사실을 확신시킵니다. 그리고 의학적인 치료를 계속 받은 사람은 의사에게 보이도록 합니다. 그가 약을 계속 복용하라고 의사가 말 했다면 그 지시를 따르게 합니다. 그러나 의사나 사역자나 보호자의 눈에 증상이 사라진 것이 확인이 되면 약을 계속 복용할 의미는 없다고 봅니다. 기도로 치유되든 의약으로 치료되든 모든 치유는 하나님의 역사입니다. 그런고로 의료적인 도움을 받는 일이 치유를 거부하는 행위가 아니라는 사실을 항상 우리들은 알아야 합니다. 치유 후에도 재발방지를 위하여 창조질서에 의한 몸 관리를 하도록 조언해줍니다. 기도의 결과가 어떻든지 간에 기도를 받은 그 사람이 솔직하게 말할 수 있도록 격려하십시오. 능력 있는 척할 필요는 없는 것입니다.

치유가 계속 유지될 수 있기 위하여 환자가 지켜야할 사항은, ① 짐짓 알고도 계속 죄 가운데 있어서는 안 될 것입니다 (요5:14). ② 치유에 대한 불신앙과 부정적인 환경에서 떠나야 합니다(마11:21). ③ 완전히 낫지 않았는데 낫은 것처럼 때 이른 간증을 삼가야 합니다. ④ 어떤 경우는 병이 낫았으나 통증은 남아있는 경우도 있습니다. 요컨대 반복되는 증상 앞에서 병자 자신이 담대하게 치유를 선언하고 고백하는 것이 필요합니다. 거짓 증상이 나타날 수 있다는 것입니다. ⑤ 하나님께서 주시는 일상적인 건강의 법칙을 무시하여서는 안 됩니다. 적절한 휴식, 가벼운 식단, 물과 소금의 섭취, 편안한 보살핌을 무시하여서는 안 됩니다(엡5:29).

관리를 잘하도록 지도해야 합니다. 치유가 되어도 육을 가지고 있기 때문에 성령 충만한 생활을 하지 않으면 얼마가지 않아 재발할 수 있기 때문입니다. 치유 받을 당시와 같은 성령의 충만함을 유지하는 것이 좋습니다.

25장 받은 치유를 유지하는 법

(눅17:21)"하나님의 나라는 너희 안에 있느니라."

하나님은 매일 우리의 마음의 상처를 치유하며 상처가 무의식에 잠기지 않기를 원하십니다. 자기 치유를 위해서 하는 기도는 밖으로 하지 말고, 안으로 해야 합니다. 주님이 가르치시는 기도는 구약 선지자들의 기도처럼 하늘을 향하여 외치고 부르짖는 기도가 아니라, 내 안에 계신 성령 하나님을 향하여 안으로 하는 기도입니다. 그러므로 주님은 골방으로 들어가라고 하시는 것입니다. 즉 내 영혼 안에 계신 하나님을 만나라는 것입니다. 내 영혼 속에 하나님의 임재, 임마누엘의 하나님을 인식하고 만나라는 것입니다.

하나님이 계신 하늘은 바로 나에게 접촉한 곳, 즉 나의 속입니다. 다만 우리의 마음에 계신 하나님을 만나기 위해서는 마음으로부터 문제와 답답함을 분리시켜야 합니다. 우리의 마음에서 어려운 현실이 주는 걱정, 근심, 두려움, 답답함을 씻어내야, 하늘에 계신 하나님, 즉 우리의 마음 안에 계신 하나님을 만나게 되는 것입니다.

그래서 주님은 마음이 청결한 자가 하나님을 볼 것이라고 하시는 것입니다. 깨끗하고 평안한 마음속으로, 하나님이 계신 깊은 속으로 들어가야 합니다. 내 영혼 안에 계신 하나님과 만나고, 연합하고, 도움을 받으면, 그것이 즉 하나님의 손길을 느끼게 되는 것이며, 여기서부터 시작하여 하나님의 손을 잡고 점점 밖으로 나가서 현실 속에, 문제 속에 하나님의 영광, 하나님의 임재, 하나님의 능력을 나타내게 되는 것입니다.

그런데 우리는 멀리, 밖에서부터, 높은 하늘에서부터 하나님을 만나려고 하기 때문에 기도가 어려운 것입니다. 나와 함께 내 안에서 살아서 역사하고 계시는 주님을 발견하게 될 때, 내가 주 안에, 즉 보좌에 계신 하나님을 발견하게 되는 것입니다. 내 안에 계신 성령 하나님을 만나고 발견하지 못하게 되면 보좌에 계신 하나님도 발견하지 못하게 됩니다. 내 안에 계신 성령 하나님을 만나는 기도를 하지 못하면, 그런 훈련을 받지 못하면 우리가 드리는 예배도 성공하지 못하는 것이요, 삶에서 성공하지 못하는 것입니다. 환경도 열어가지 못합니다.

나는 누구인가, 무엇을 하는 사람인가? 내 안에 하나님을 모시는 사람입니다. 내 안에 살아 계신 하나님을 모시는 것이 바로 살아있는 예배입니다. 내 안에 계신 하나님이 일하실 때, 내가 일하는 것이요, 내 안에 계신 하나님께서 영광을 받으실 때에 나도 덩달아 영광을 받게 되는 것입니다. 이것이 나의 본질입니다. 하나님이 그냥 막연하고 피상적이기만 하면, 나의 삶도 역시 막연하고 피상적입니다. 왜 사는지, 어떻게 사는 지도 모르고 뜬구름 잡다가 끝나고 마는 것입니다.

피상적인 하나님은 피상적인 나의 삶을, 구체적인 하나님은 구체적인 나의 삶을 만드는 것입니다. 피상적인 하나님 체험은 피상적인 나의 삶의 체험이 됩니다. 그러므로 기도를 통하여 내 안에 살아 계신 하나님과 교제하고, 만나고 느끼고, 하나님을 사랑하고 하나님의 사랑을 받으시기 바랍니다. 그런 훈련을 하세요. 사람의 마음은 깊습니다. 깊은 곳에서 성령의 은혜가 올라와야 심령에 상처가 치유되고 하루하루 심령에 상처를 만들지 않고 관리가 가능한 것입니다.

1.상처를 머무르지 못하게 하는 삶과 기도의 자세.

우리가 세상을 살아가면서 스트레스와 상처를 받지 않고 세상을 살아간다는 것은 거의 불가능합니다.

문제는 나에게 상처가 오면 마음의 무의식에 쌓이게 하는 요인이 있다는 것이 더 문제입니다. 즉, 마음에 평안이 없고 성령의 은혜가 적다는 증거입니다. 먼저 상처가 마음에 쌓이게 하는 원인을 찾아 치유해야합니다.

그래서 상처를 받지 않는 것도 중요하지만, 시시 때때로 오는 상처를 성령의 권능으로 들어오지 못하게 하는 것이 중요합니다. 자신 안에 상처가 들어오지 못하게 하는 것은 성령입니다. 깊은 영의기도를 하여 성령이 충만하게 해야 합니다. 그리고 상처를 나의 마음에 받아들이지 않고, 그때그때 상처를 해결하는 심령상태를 가지는 것이 더 중요합니다.

자기 나름대로의 치유 방법을 터득하는 것이 무엇보다 중요합니다. 저는 상처가 나에게 머무르지 못하게 하기 위하여 호흡 기도를 합니다. 항상 마음으로 성령하나님을 찾는 것입니다. 이는 깊은 영의 기도를 숙달하여 실제 삶에 적용하는 것입니다. 호흡으로 기도하여 성령의 임재를 마음에 유지하므로 상처가 머무르지 못하는 것입니다. 고로 상처를 치유하는 것도 중요하지만 내 마음에 상처가 쌓이지 않게 하는 심령 관리가 더 중요합니다.

깊은 영의기도를 할 때 깜짝 깜짝 놀라고, 움직움직하게 하는 것은 상처입니다. 어려서나 언제 놀란 일이 있어 무의식에 심겨 있는 것입니다. 성령의 깊은 임재 가운데 찾아서 풀어내고 좋아내야 합니다. 자신의 능력으로 안 되면 사역자의 도움을 받아 치유해야 합니다.

1) 잠자기 전 자기 치유기도

(엡4:26-27)"분을 내어도 죄를 짓지 말며 해가 지도록 분을 품지 말고 마귀로 틈을 타지 못하게 하라."

하루하루를 성령의 깊은 임재 하에 정리하는 것입니다. 우리가 세상을 살아가면서 상처를 받지 않고 살아갈 수가 없습니다. 세상에서 받은 상처를 그 날 그 날 정리하는 것입니다. 침소에 들어가기 전에 성령의 임재 하에 호흡으로 기도하면서 그 날의 수고와 무거운 짐을 하나님께 드리고, 영이 깨어난 상태에서 잠이 들면 깊은 잠도 잘 수가 있고 상처가 마음에 집을 짓지를 못합니다.

2) 인간관계 후 감정과 스트레스 제거 위한 **치유기도**. 세상에 나가 세상 사람들과 대화를 하다가 보면 나도 모르는 사이에 세상 것들이 들어올 수가 있습니다. 성령의 깊은 임재 하에 깊은 호흡이나 명상기도로 영의 활동을 강화하여, 나도 모르게 들어온 세상 것들을 정리하는 것입니다. 우리가 세상 사람들과 대화를 하다가 보면 머리가 무겁고 속이 거북스러울 때가 있습니다.

이는 세상 것이 나에게 들어온 것을 나의 영이 알아차린 것입니다. 이를 그대로 두면 나에게 집을 짓게 되고 나의 영은 무디어지게 됩니다. 성령의 임재 하에 세상 것들을 몰아내고 영을 밝게 해야 합니다. 이는 습관이 되어야 합니다. 집을 짓기 전에 풀어내는 것이 중요합니다.

호흡을 깊게 들이쉬고 내쉬면서 성령의 임재를 요청합니다. 성령의 임재가 충만해지면 아랫배에 손을 얹고 호흡을 깊게 들이쉬고 내쉬면 악한 기운들이 성령의 역사로 하품이나 기침이나 재채기를 통하여 떠나갑니다. 머리가 맑아지고 편안해질 때까지 지속적으로 하여 마음을 정화합니다.

3) 충격적인 사건을 접한 후 **치유기도**. 우리가 세상을 살아가다가 갑자기 사고를 당한다거나, 갑자기 가족이 죽는 다거나, 사람들이 싸우는 것을 본다거나, 질병으로 병원에 입원하여 수술을 한다거나, 사기를 당한다거나, 부부간에 의견 충돌이 있는 경우가 있습니다. 이때 나도 모르게 심령에 멍이 듭니다. 이런 상황을 생각하거나 접하게 되면 나도 모르게 가슴이 두근거리고 깜작깜

작 놀라게 됩니다.

이런 상황이 오래가면 심장과 혈액계통에 문제가 생깁니다. 이런 일을 당한 후에는 꼭 성령의 깊은 임재 하에 영의 기도로 내 속에 들어와 있는 충격적인 사건의 잔재를 몰아내야 합니다. 내가 혼자 할 수 없다면 목회자의 도움을 받아 처리하는 것이 좋습니다. 그냥 두면 영육의 문제가 생깁니다.

심장이 약한 분들의 자가 진단 방법은 충격적이거나 놀란 일이 있은 후에나 사람에게 상처받은 후, 피곤해지고 의욕이 떨어지고 잠을 잘 이루지 못하거나 잠을 자는 동안 꿈이 많아지는 경우는 심장에 문제가 생긴 것입니다. 의학적인 진단에는 잘 나타나지 않습니다.

4) 불안이나 두려움이 엄습할 경우. 성령이 역사하면 평안합니다. 자신이 이유 없이 불안하고 두려움이 엄습할 경우는 악한 기운이 나에게 역사하고 있는 것을 성령께서 자신에게 알려주는 것입니다. 이때에는 호흡을 들이쉬고 내쉬면서 성령의 임재를 요청합니다. 성령의 임재가 충만해지면 마음으로 명령을 하세요. "나를 불안하게 하는 악한 영은 예수 이름으로 명하노니 떠나갈지어다." "나를 불안하게 하는 악한 영은 예수 이름으로 명하노니 떠나갈지어다." 자꾸 호흡을 하면서 대적기도를 합니다. 이때 중요한 것은 성령의 임재 하에 부드럽고 가벼운 소리로 명령을 합니다. 악을 쓰면서 떠나라. 떠나라. 하는 기도는 육성이 강하므로 귀신이 떠나가지 않는다는 것을 알아야 합니다. 성령의 임재 하

에 부드러운 영의 소리로 가볍게 명령하면 떠나갑니다.

5) 밤에 잠이 잘 들지 못할 경우. 밤에 잠이 잘 들지 않는 다는 것은 심신의 장애가 있는 것이 분명합니다. 이때에는 이렇게 하세요. 편안하게 눕거나 소파나 안락의자에 앉아서 기도를 합니다. 양손을 배에 대고 호흡을 들이쉬고 내쉬면서 성령의 임재를 요청합니다. 성령의 임재가 충만해지면 지속적으로 마음의 기도를 합니다. "성령님 사랑합니다." "성령님 도와주세요." "성령님 사랑합니다." "성령님 도와주세요." 의식을 아랫배와 마음에 두고 지속적으로 마음의 기도를 합니다. 그러면 잠을 이루지 못하게 하는 악한 기운이 성령의 권능으로 밀려 나갑니다. 그러면서 마음이 평안해집니다. 지속적으로 하다가 보면 잠이 들게 됩니다. 중요한 것은 마음의 기도를 하면서 다른 생각을 하거나 잡념에 빠지면 안 됩니다.

6) 좋지 못한 꿈을 꾼 경우. 많은 분들이 좋지 못한 꿈을 꾸고 영적으로 눌림을 당하는 경우가 있습니다. 꿈에 뱀을 보았다든지, 죽은 사람이 나타나는 꿈을 꿉니다. 이는 성령께서 나에게 좋지 못한 영들이 역사하는 것을 알려주신 것입니다. 이러한 꿈을 꾼 후에 반드시 축귀를 해야 합니다. 나는 이러한 좋지 못한 꿈을 꾼 후 조치를 하지 않고 방치했다가 큰일을 당한 분들을 다수 치유하여 보았습니다. 좋지 못한 꿈을 꾼 다음에 이렇게 해서 축귀하세요. 제일 좋은 것은 꿈속에서 대적 기도하는 것입니다. 만약 그렇게 하지 못했을 경우는 이렇게 해서 귀신을 축귀하세요. 호

흡을 들이쉬고 내쉬면서 성령의 임재를 요청하세요. 성령의 임재가 충만해지면 영상기도로 꿈속에서 보이던 모습을 그리는 것입니다. 꿈속에서 나타난 영상을 보면서 명령을 합니다.

이때 명령하는 음성은 영에서 나오는 음성으로 명령을 합니다. "꿈속에서 나타났던 조상의 악한 영은 예수 이름으로 명하노니 떠나갈지어다." "꿈속에서 뱀의 모습으로 나타났던 귀신은 예수 이름으로 명하노니 떠나갈지어다." "꿈속에서 나타났던 조상의 악한 영은 예수 이름으로 명하노니 떠나갈지어다." "꿈속에서 뱀의 모습으로 나타났던 귀신은 예수 이름으로 명하노니 떠나갈지어다." 호흡 기도를 지속적으로 하면서 꿈의 모습을 보면서 지속적으로 명령하세요. 그러면 하품이나 기침이나 재채기를 통해서 떠나갑니다. 악귀가 떠나가면 머리가 시원해지고 마음에 평화가 임하기도 합니다.

어느 때는 성령께서 마음에 감동하시기를 악한 영이 떠나갔다. 하면서 알려주시기도 합니다. 꼭 좋지 못한 꿈을 꾼 다음에 대적 기도하여 악한 기운을 몰아내는 것을 습관화하는 것이 좋습니다. 이렇게 하므로 자신의 영을 지킬 수가 있습니다. 그리고 성령님과 인격적인 관계가 될 수가 있습니다.

7) 길을 가다가 아찔한 느낌을 받은 후. 저는 종종 이런 일을 체험합니다. 제가 사는 방배동에는 조그마한 사찰도 있습니다. 무당이 사는 집도 있습니다. 새벽에 기도를 마치고 운동을 하기 위해서 걸어갈 때 사찰이나 무당집을 지나게 됩니다. 그때 갑

자기 무엇이 호흡을 통해서 쑥 들어옵니다. 그러면 영락없이 머리가 띵해집니다. 성령으로 충만하여 민감한 저의 영육에 귀신이 들어온 것을 알아차린 것입니다. 제 안에 귀신이 들어왔다는 것입니다. 그러면 저는 이렇게 합니다. 절대로 당황하지 않고 호흡을 들이쉬고 내쉬면서 야! 더러운 영아 여기가 어디인줄알고 감히 들어왔어 예수이름으로 명하노니 떠나가라. 하면 재채기가 나오면서 떠나갑니다. 방금 들어온 것이므로 쉽게 잘 떠나갑니다. 어느 때는 호흡 기도를 하지 않고 방언기도를 해도 떠나갔습니다. 좌우지간 나에게 귀신이 들어온 것을 아는 것이 중요합니다. 영적지각 능력이 있으려면 영이 예민한 상태가 되어야 합니다. 깊은 영의기도를 많이 하여 성령이 충만한 상태에 가장 잘 느끼게 됩니다.

8) 깊은 기도 중에 성령이 감동하실 때. 자신에게 역사하던 귀신이 떠나갈 때가 되면 성령께서 알려주십니다. 기도를 하는데 성령께서 너를 괴롭히는 질병의 영을 몰아내라. 이렇게 감동하실 수가 있다는 것입니다. 그러면 성령께서 알려주신 것이므로 쉽게 귀신이 잘 떠나갑니다. 호흡을 들이쉬고 내쉬면서 성령의 임재를 요청합니다. 성령의 임재가 충만해지면 마음으로 명령을 하세요."나에게 와서 질병을 일으키고 있는 악한 영은 예수 이름으로 명하노니 떠나갈지어다." "나에게 와서 물질을 손해나게 하는 악한 영은 예수 이름으로 명하노니 떠나갈지어다." 자꾸 호흡을 하면서 대적기도를 합니다. 그러면 어느 때는 아랫배가 아프면서

떠나갑니다. 어느 때는 가슴이 답답해지다가 재채기나 하품을 하므로 떠나갑니다. 좌우지간 귀신은 인격적인 존재이므로 떠날 때 조용하게 떠나가지 않는다는 것입니다. 분명하게 떠나가는 것을 본인이 느끼게 된다는 것입니다.

9) 치유집회를 인도한 후에 자기 정화 작업. 저는 치유집회를 인도하고 반드시 호흡 기도를 하면서 정화작업을 합니다. 요즈음에는 체험이 많고 관리를 잘해서 그런 일이 드물지만 몇 년 전만 하더라도 집회를 끝내고 나면 여러 가지 이해하지 못하는 현상으로 고생을 했습니다. 그러면 저는 이렇게 합니다. 양손을 아랫배에 대고 호흡을 강하게 들이쉬고 내쉽니다. 상당한 시간동안 이렇게 기도합니다.

그러면 배가 아프면서 하품을 통하여 사역 간에 들어온 악한 세력들이 떠나갑니다. 그러면 머리가 맑아지면서 기분이 좋아집니다. 가슴도 시원하고 마음도 평안합니다. 거의 한 시간 정도를 하는 편입니다. 왜냐하면 나를 관리하기 위해서 입니다. 이렇게 관리하지 않으면 더러운 것들이 사역 간에 나에게 타고 들어와 집을 짓게 됩니다. 집을 짓기 시작을 하면 여러 가지로 이해하기 힘든 일들이 생깁니다. 졸음이 오기도 하고 기력이 떨어지기도 합니다. 정신이 맑아져서 밤에 잠을 잘 자지 못하기도 합니다.

이것을 영적손상이라고 합니다. 이와같은 상태를 그냥 지나치면 자신의 안에서 더러운 영들이 집을 지어서 이해할 수 없는 문제가 발생할 수도 있습니다. 힘들어서 사역을 할 수 없을 수도 있습니다. 사역자는 항상 자신의 관리를 잘 해야 합니다. 영들의 전이와 손상에 대해서는 "하나님의 복을 전이 받는 법"을 읽어보시기를 바랍니다.

2.상처가 마음에 머물지 않게 하기 위한 기도.

성실, 경건의 삶을 살아가려고 노력하세요. 좋은 선수는 평소에 늘 훈련과 실제상황을 대비한 연습을 충실히 하는 것처럼, 늘 하나님 앞에서 사는 삶의 훈련, 하나님과 함께 걷는 경건한 삶의 훈련을 해야 합니다. 험담을 금지하고 순종, 사랑, 용서와 경건, 거룩한 삶의 훈련을 하시기를 바랍니다. 늘 하나님의 임재 속에서 내적치유와 회개를 하시기를 바랍니다. 얕은 수준에서 하지 말고, 깊은 수준에서 하시기를 바랍니다. 감정을 절제하시기를 바랍니다. 흥분, 좌절, 분노, 염려, 고민, 질투, 원한 등의 부정적 감정을 씻으시기를 바랍니다. 성실과 경건으로 가기 위해 늘 기도해야 합니다.

깊은 영의기도를 습관적으로 하여 성령으로 충만하게 하여 성령으로 마음이 넓어져야 합니다. 나의 영성을 해치는 일에는 관심을 멀리하고, 하나님과 영적 교통에 관심을 가져야 합니다. 세상만사가 다 내 생각대로 되는 것이 아닙니다. 하나님의 권능의 역사가 개입하면 해결되는 것입니다. 수고하고 무거운 짐을 하나님에게 드리는 자세가 중요합니다.

3. 치유 받은 내면의 상태를 유지해야 한다.

치유를 받는 것보다 받은 치유를 유지하는 것이 더욱 좋습니다. 가장 중요한 것은 치유 받을 때와 같은 성령 충만을 유지해야 합니다. 성령 충만을 유지하지 못하니까, 얼마못가서 다시 옛날 상태로 돌아가는 것입니다. 받은 치유를 유지 하려면 매일 기도를 통하여 성령으로 충만하게 지내야 합니다. 우리는 육을 가지고 있습니다. 고로 상처를 받게 됩니다. 상처받은 것을 그냥두면 쌓이게 되는 것입니다.

상처가 쌓이지 않게 하려면 매일 매일의 삶을 바르게 살아야 합니다. 바르게 산다는 것은 항상 하나님을 찾으면서 사는 것을 말합니다. 많은 분들이 내적치유를 몇 번 받았는데 조금 지나면 다시 원위치로 된다고 합니다. 이는 치유 받을 당시의 성령 충만을 유지 하지 못했기 때문에 원위치가 되는 것입니다. 우리는 천국에 갈 때까지 내면을 관리해야 합니다. 우리에게 육체가 있고 세상에 마귀가 있기 때문입니다.

1) 내면을 하나님의 은혜로 채우라. 하나님의 은혜는 흐르는 것입니다. 흘러 들어오기도 하지만, 흘러나가기도 합니다. 그러므로 자꾸 채워야 합니다. 내면을 항상 하나님의 은혜로 채우도록 노력해야 합니다. 하나님의 은혜는 생명력입니다. 여기에 집중해야합니다.

① 쫓겨난 마귀는 자신이 나온 집에 대하여 강한 집착과 미련

을 가집니다. 마귀는 영적 존재이나, 제한적인 존재이기에 자신이 거했던 사람의 성품과 습관에 익숙하여 자신의 일을 행하기에 매우 쉽고 효과적으로 죄를 짓게 만들 수 있으며, 마귀는 자신의 거할 장소를 찾아야 하기에 다시 거했던 그곳을 찾아옵니다. 그러므로 마음의 밭이 중요한 것입니다. 어려서부터 영적인 체질이 되어야 합니다. 마음을 성령으로 충만 하게 채우면 귀신은 들어오지 못합니다.

② 단순히 축사만 한 상태는 병원에서 수술을 받은 것과 같은 상태입니다. 수술 후에 계속 투약과 건강관리를 하지 않으면 병이 재발하는 것처럼 축사후의 삶이 매우 중요합니다. 치유도 중요하지만, 치유후의 관리도 매우 중요합니다.

③ 치유 후에는 치유전의 상태인 미움, 분노, 원망, 부정적인 의식을 버리고 성령님과 교제하는 삶을 살아가야 합니다. 무시로 기도하라는 것입니다.

2) 성령 충만을 유지하라. 성령으로 충만한 것이 무엇인가? 성령으로 충만하다는 것은 삶에서 항상 하나님을 무의식적으로 찾는 상태가 성령으로 충만한 상태입니다. 세상을 살아가다가 혈기나 분을 내면 육체가 됩니다. 이때는 깊은 기도를 해서 성령의 역사가 자신의 안에서 나오게 해야 합니다. 그래서 하나님은 이렇게 말씀을 하시는 것입니다.

(엡5:16-20)"세월을 아끼라 때가 악하니라 그러므로 어리

석은 자가 되지 말고 오직 주의 뜻이 무엇인가 이해하라 술 취하지 말라 이는 방탕한 것이니 오직 성령의 충만을 받으라 시와 찬미와 신령한 노래들로 서로 화답하며 너희의 마음으로 주께 노래하며 찬송하며 범사에 우리 주 예수 그리스도의 이름으로 항상 아버지 하나님께 감사하며."

① 세월을 아끼고, 육적이고 세상적인 것에 시간을 투자하지 마세요. ② 주의 뜻을 분별하시고, 기도하여 성령의 음성을 들어야 합니다. ③ 술(세상)에 취하지 말고 오직 성령 충만을 받으세요. ④ 하나님을 찬양하세요. ⑤ 하나님께 늘 감사하세요.

3) 하나님 안에 거하라. 하나님 안에 거하는 것이 무엇인가? 항상 하나님을 찾는 것입니다. 무엇이든지 하나님에게 물어보고 하는 것입니다. 그래서 기도가 깊어져야 한다는 것입니다. 기도가 깊어진다는 것은 항상 하나님을 찾아서 하나님의 임재 안에 거하는 것을 말합니다. 자신 안에 계신 성령하나님과 보좌가 연결된 상태를 하나님 안에 거하는 상태라고 합니다(요15:4-7).

4) 선한 싸움(영적전쟁)을 싸우라.

① 교회는 정기적 예배와 헌금, 교육, 사회봉사에서 더 나아가 선한 싸움, 견고한 진을 파함, 마귀를 대적함, 전신갑주를 입음에 대하여 가르치며 훈련을 해야 합니다. 성도는 영성훈련을 열심히 참여하여 영을 분별하는 능력을 길러야합니다.

② 영성, 은사, 성령님의 활동, 영적 싸움 등은 적당히 넘어가

거나 무시될 수 없는 모든 크리스천에게 매우 필수적인 과제입니다. 그동안 교회가 이 부분에 대하여 등한시하거나 외면함으로 현재 많은 성도들이 마귀로부터 공격을 받고 있으며, 어떠한 조치를 취해야할지를 모르고 있습니다. 성도는 영적인 눈이 열려야 합니다. 성도들의 영적인 눈이 열리도록 깊은 영성 훈련을 해야 합니다.

③ 모든 크리스천들은 그리스도의 군사로 영적전투를 위하여 부르심을 받았습니다. 그러기에 악한 존재들에 대한 실제적인 교육, 지식, 은사사용과 실전에 대비한 훈련을 받아야 합니다. 실전을 통하여 적용해야 합니다(딤전6:12).

5) 선한 싸움에서 이기라(계3:12). 내 영혼을 세속으로 더럽히지 않으려는 것, 하나님과 악한 것을 동시에 섬기지 않으려는 것, 이러한 것이 바로 우리의 싸움입니다. 이러한 싸움에서 우리가 이겨야합니다. 하나님 앞에 이긴자로 서야 합니다. 이 땅에 있는 것 때문에 싸우려 하지 마시기 바랍니다.

영적인 것을 위하여 싸우려 하세요. 마귀의 유혹에 대적하여 싸우세요. 마귀와 싸워 이겨야합니다. 환경이 어려워도 환경에 지지 마시기 바랍니다. 절망감을 가지지 마시기 바랍니다. 우리의 승리는 영적인 부분에서 시작됩니다. 우리를 둘러싼 환경은 실상이 아니라, 허상입니다. 지나가는 스크린에 지나지 않습니다. 이러한 것들에게 충격을 받지 마세요. 환경을 두려워하지 마세요. 우리는 믿음으로 환경을 만들어갑니다.

이 책을 통해 예수님이 땅끝까지 전파 되기를 소원합니다.
(출판으로 인한 이익금은 문서선교와 개척교회 선교에 사용합니다.)

내적치유 쉽게 하는 법

발 행 일 | 2014.05.20초판 1쇄 발행

지 은 이 | 강요셉

펴 낸 이 | 강무신

편집담당 | 강무신

디 자 인 | 강무신

교정담당 | 원영자

펴 낸 곳 | 도서출판 성령

신고번호 | 제22-3134호(2007.5.25)

등록번호 | 114-90-70539

주   소 | 서울 서초구 방배천로 4안길 20(방배동)

전   화 | 02)3474-0675/ 3472-0191

E-mail | kangms113@hanmail.net

유   통 | 하늘유통. 031)947-7777

ISBN | 978-89-97999-22-4 부가기호 | 03230

가   격 | 18,000원